DEVOCIONAL

NA PRESENÇA DO PAI

NAOR PEDROZA

DEVOCIONAL

NA PRESENÇA DO PAI

Uma experiência
diária de paz e alegria

Vida

Editora Vida
Rua Conde de Sarzedas, 246 — Liberdade
CEP 01512-070 — São Paulo, SP
Tel.: 0 xx 11 2618 7000
atendimento@editoravida.com.br
www.editoravida.com.br
@editora_vida /editoravida

NA PRESENÇA DO PAI

■

Todas as citações bíblicas desta obra foram extraídas da versão Almeida Revista e Atualizada (ARA), salvo indicação contrária.

Todas as citações bíblicas e de terceiros foram adaptadas segundo o Acordo Ortográfico da Língua Portuguesa, assinado em 1990, em vigor desde janeiro de 2009.

■

Direção: Renan Menezes
Editora-chefe: Sarah Lucchini
Assistente editorial: Larissa da Mata
Editora responsável: Bárbara Bie
Revisão ortográfica: Rosalice Gualberto
Revisão de provas: Thaís P. Gomes
Coordenadora de design gráfico: Claudia Fatel Lino
Projeto gráfico e diagramação: Philipe Santos
Capa: Lira Lira

As opiniões expressas nesta obra refletem o ponto de vista de seus autores e não são necessariamente equivalentes às da Editora Vida ou de sua equipe editorial.

Os nomes das pessoas citadas na obra foram alterados nos casos em que poderia surgir alguma situação embaraçosa.

Todos os grifos são do autor, exceto os indicados.

1. edição: set. 2025

Dados Internacionais de Catalogação na Publicação (CIP)
(Câmara Brasileira do Livro, SP, Brasil)

Pedroza, Naor
Na presença do pai : uma experiência diária de paz e alegria / Naor Pedroza. -- São Paulo : Editora Vida, 2025.

ISBN 978-65-5584-812-0
e-ISBN 978-65-5584-813-7

1. Literatura devocional I. Título.

25-291524 CDD-242

Índice para catálogo sistemático:

1. Literatura devocional : Cristianismo 242
Cibele Maria Dias - Bibliotecária - CRB-8/9427

Agradecimentos

Meu coração se enche de gratidão ao se lembrar do meu amado pastor, Aluízio A. Silva, um mestre incansável da Palavra, cuja paixão pelo Evangelho da graça tem impactado gerações. Suas ministrações sobre o amor de Deus têm sido, ao longo dos anos, uma fonte constante de encorajamento, fé e consolo para enfrentarmos a vida com esperança e coragem.

Agradeço profundamente à minha esposa, Marília. Sua presença ao meu lado, com amor firme, apoio generoso e intercessão fiel, foi um sustento indispensável, especialmente durante o processo de escrita deste devocional. Cada palavra aqui também carrega sua dedicação silenciosa e sua força.

Sou igualmente grato a todos os irmãos que, convictos da mensagem que carregamos, contribuíram de maneira generosa para que este livro chegasse até suas mãos. Que o Senhor os recompense abundantemente por cada gesto de fé e apoio.

Introdução

Você está prestes a embarcar em uma jornada transformadora, onde, dia após dia, conhecerá mais profundamente o amor constante e a direção segura do nosso Pai celestial. Por isso, antes de começar, permita que seu coração se abra à presença suave e poderosa de Deus, que acompanhará você em cada página deste livro.

Esta nova edição conserva a razão deste devocional: a boa notícia do Evangelho da graça. Ele não serve para apresentar uma religião cheia de exigências, mas para revelar um relacionamento real com o Pai celestial, que entrega todo o bem a filhos indignos. Ele é um convite a viver essa graça, que muda não apenas comportamentos, mas corações.

Ao longo dos próximos 365 dias, você receberá porções da Palavra que fortalecerão sua fé e renovarão sua mente. As verdades do Evangelho transformarão suas crenças mais profundas, alinhando seus pensamentos com a realidade do Céu e enchendo sua vida de coragem, cura e esperança. E eu creio: nenhuma tristeza, enfermidade, medo ou acusação terá poder para permanecer em você.

Minha oração é que a presença do Pai se torne tangível a cada leitura, inundando você com paz, alegria e confiança. Que, ao longo desta caminhada, você descubra que a vitória não está em nossas forças, mas em saber que somos amados, justificados e acolhidos por Deus, por meio de Jesus Cristo.

Mais do que uma simples leitura, este livro é um encontro com o Pai. Receba cada devocional como um momento íntimo com ele. Desfrute de um tempo em que a revelação, a verdade e a graça o alcançarão de forma viva e transformadora. Que esta jornada seja marcada por encontros diários com o amor de Deus. Boa leitura!

Na Presença do Pai

Janeiro

01 — 12

ANO NOVO, VIDA NOVA

"E, assim, se alguém está em Cristo, é nova criatura; as coisas antigas já passaram; eis que se fizeram novas."

• 2Coríntios 5.17 •

Seja cheio de fé para viver o melhor de todos os anos da sua vida até aqui!

Mais um ano está começando, e a vontade de Deus é que a sua vida também seja nova. Quando estamos em Cristo, as coisas antigas ficam para trás e tudo se faz novo. Este é um dia importante de deixar para trás o que passou: mágoas, ressentimentos e frustrações. Perdoe assim como você foi perdoado. Não vale a pena levar para o novo ano as coisas ruins do ano velho.

Hoje é um dia de gratidão pelas bênçãos recebidas no ano que passou, mas é também um tempo de avançar para as bênçãos reservadas para o novo ano. Encha o seu coração de esperança segundo as promessas do Pai para você. Ele é bom e já planejou muitas surpresas boas para sua vida e sua família. Espere coisas boas daquele que é poderoso para fazer infinitamente mais do que tudo quanto pedimos ou pensamos (cf. Efésios 3.20).

A Palavra de Deus nos promete sete novas coisas para começarmos este novo ano, e eu desafio você a crer em cada uma delas: uma nova canção em seus lábios (cf. Salmos 40.3); um novo nome de honra e glória (cf. Isaías 62.2-3); um novo coração abençoado (cf. Ezequiel 11.19); um novo vinho de alegria (cf. Mateus 9.17); uma nova aliança com ele (cf. Mateus 26.28); um novo mandamento de amor (cf. Mateus 13.34) e o poder de viver como uma nova criação (cf. Efésios 4.24). Separe um momento para meditar em cada um do *novo* de Deus para sua vida!

Leia hoje

Salmos 1-2 • Provérbios 1 • Mateus 1

Anotações

DECLARAÇÃO

Eu declaro que viverei um ano abençoado, em Cristo Jesus. Eu me aproprio de todo o novo de Deus para mim e minha família, pois sou um filho amado do Pai!

DESCANSO NO FAVOR DE DEUS

"Se o Senhor não edificar a casa, em vão trabalham os que a edificam; se o Senhor não guardar a cidade, em vão vigia a sentinela [...] aos seus amados ele o dá enquanto dormem."

• Salmos 127.1-2 •

O versículo acima nos ensina uma verdade fundamental para uma vida de sucesso a cada novo ano que começa: Deus dá aos seus amados enquanto descansam. Esse descanso não se refere apenas ao sono literal, mas a confiar plenamente em Deus, entregando-lhe nossas preocupações e, assim, vivendo em paz. Muitas vezes, diante de problemas financeiros, desafios no casamento ou outras dificuldades, nós nos esforçamos sozinhos para encontrar soluções, sem perceber que Deus nos convida a descansar, confiar e lembrar que ele está no controle.

A paz é a chave para acessar o descanso e o favor de Deus, pois somente ele nos faz repousar seguros (cf. Salmos 4.8). Quando estamos em paz, podemos confiar e ver o favor de Deus fluir em nossa vida. A prova de nossa fé é o descanso experimentado pela convicção de que fomos justificados e perdoados em Cristo.

Descansar em Deus é também um sinal de que acreditamos em suas promessas. Quando entregamos nosso caminho ao Senhor, ele endireita nossas veredas e nos abençoa. Portanto, não permita que a preocupação e a ansiedade roubem sua paz. Entregue-se ao Senhor, confie nele e permita que o favor divino se manifeste em sua vida. Deus é o nosso refúgio, e ele age na vida daqueles que confiam nele. Um novo ano está começando, e o grande segredo é vivê-lo sem estresse e ansiedade, descansando nas promessas do Pai!

A paz que vem de Deus é a chave para o descanso e o favor em nossa vida.

Leia hoje

Salmos 3-4 • Provérbios 2 • Mateus 2

Anotações

DECLARAÇÃO

Eu descanso em Deus, confio em suas promessas e recebo seu favor em todas as áreas da minha vida. Por isso, creio que viverei um ano abençoado.

A DÍVIDA FOI PAGA!

"Ora, tudo provém de Deus, que nos reconciliou consigo mesmo por meio de Cristo [...]"

• 2Coríntios 5.18 •

A paz vem quando acreditamos que nossa dívida foi paga!

Leia hoje

Salmos 5-6 • Provérbios 3 • Mateus 3

Anotações

Normalmente, quando devemos algo para alguém, é inevitável que passemos a evitar nos encontrar com a pessoa que nos emprestou. Da mesma forma, quem sente que está em dívida com Deus se afasta dele, seja por medo ou por vergonha. Mas a verdade é que a nossa dívida já foi paga! A boa notícia é que um novo ano está começando e você não deve nada para Deus, pois o preço foi pago na cruz, por amor.

Imagine que Pedro devia uma grande quantia a João, mas Paulo pagou a dívida. Se Pedro não souber disso, continuará se sentindo angustiado sem necessidade. Assim acontece com muitos de nós. Jesus pagou nossa dívida na cruz, mas muitas pessoas ainda vivem presas ao sentimento de culpa.

Deus quer que você saiba que já foi perdoado e reconciliado com ele. Quando cremos nisso, temos paz e vivemos sob o favor de Deus. Abraão se fortaleceu na fé porque manteve uma boa opinião sobre Deus. Ter fé é confiar na bondade do Pai, sabendo que, mesmo quando algo não acontece como esperamos, ele tem algo melhor preparado para nós. Você está perdoado e sua dívida foi paga! Portanto, fique em paz e viva, com confiança no amor do Pai, o melhor ano de sua vida!

DECLARAÇÃO

Eu creio que Jesus pagou minha dívida na cruz e, por isso, fui reconciliado com Deus e vivo uma vida plena, cheia de paz e favor.

A BOA OPINIÃO SOBRE DEUS

"[...] No mundo, passais por aflições; mas tende bom ânimo; eu venci o mundo."

• João 16.33 •

Todo cristão precisa lembrar-se de que Deus é bom e não deseja o mal para ninguém. Ter uma boa impressão sobre Deus faz toda a diferença em nossa vida e no novo ano que está começando, pois, mesmo diante das dificuldades, você pode confiar que ele está sempre cuidando de você. Com certeza, este será um ano maravilhoso.

Abraão é um exemplo de alguém que tinha uma boa opinião sobre Deus. Quando lhe foi pedido que sacrificasse seu filho Isaque, confiou que Deus poderia até mesmo ressuscitá-lo. Mesmo sem enxergar a saída, Abraão seguiu em fé. Enquanto subia a montanha com Isaque, Deus já preparava o carneiro que seria oferecido em sacrifício no lugar deste.

Jesus disse que passaríamos por aflições, mas deveríamos ter bom ânimo porque ele já venceu o mundo. Se você confia que Deus é bom, saberá que ele sempre tem o melhor para a sua vida, mesmo quando você não vê a saída. Não importa o tamanho das lutas que teremos que passar neste novo ano, o Senhor é maior do que todas elas e está ao nosso lado. Por isso, podemos viver com confiança e alegria cada dia deste ano!

Quando tenho uma boa opinião sobre Deus, confio no seu cuidado e vivo em paz.

Leia hoje

Salmos 7-8 • Provérbios 4 • Mateus 4

Anotações

DECLARAÇÃO

Eu escolho pensar bem de Deus, pois sei que ele é bom e sempre cuida de mim. Mesmo diante das dificuldades, decido confiar no seu amor e cuidado.

A VIDA CRISTÃ E A OBRA DE CRISTO

"Reconcilia-te, pois, com ele e tem paz, e assim te sobrevirá o bem."

• JÓ 22.21 •

Descansar em Cristo é confiar que ele já cuidou de tudo.

Você não precisa se sacrificar para viver um ano abençoado, porque Jesus já fez isso por você. Ele levou sobre si o castigo que nos traz a paz e nos libertou do peso do pecado. A vida cristã não é sobre carregar fardos, mas sobre descansar na obra de Cristo.

Imagine que você esteja subindo uma montanha sem saber o que há do outro lado. Foi assim com Abraão, quando Deus lhe pediu que oferecesse seu filho em sacrifício, embora já tivesse providenciado um carneiro. Da mesma forma, enquanto você caminha pela fé, Deus já preparou tudo de que você precisa para um novo ano muito abençoado.

Se você sente que está distante de Deus, lembre-se de que ele já tomou a iniciativa de se reconciliar com você. Tudo o que precisamos fazer é aceitar esse amor e descansar. Muitas pessoas vivem ansiosas, tentando fazer algo para merecer as bênçãos de Deus, mas ele deseja que confiemos nele.

Leia hoje

Salmos 9-10 • Provérbios 5 • Mateus 5

Anotações

DECLARAÇÃO

Eu descanso na obra de Cristo e confio que ele já preparou tudo para mim. Estou em paz, porque sou amado por Deus e o meu ano será grandemente abençoado!

O SEU VALOR ESTÁ EM CRISTO

"Por preço fostes comprados; não vos torneis escravos de homens."

• 1Coríntios 7.23 •

Imagine que você encontra um rascunho inacabado de Leonardo da Vinci. Mesmo sem ser uma grande obra, ele valeria milhões! Isso acontece porque o valor não está no que foi feito, mas em quem o fez. Da mesma forma, o seu valor não vem daquilo que você faz, mas do preço que foi pago por você.

Jesus entregou sua própria vida para resgatá-lo. O sangue dele foi o preço da sua salvação! Você não precisa provar nada para ser importante, pois Deus já o fez valioso. Em Cristo, você é amado, perdoado e aprovado.

Os homens costumam julgar as pessoas pelo que fazem, mas Deus olha para quem elas são. Ele o vê como filho, independente dos seus erros ou acertos. Quando você entende que foi comprado por um alto preço, sua vida ganha um novo significado. Reconcilie-se com ele, descanse em seu amor e contemple as bênçãos alcançando você!

Seu valor não está no que você faz, mas no preço que foi pago por você!

Leia hoje

Salmos 11-12 • Provérbios 6 • Mateus 6

Anotações

DECLARAÇÃO

Eu fui comprado pelo sangue de Jesus! Sou amado, perdoado e aprovado por Deus. Ele supre todas as minhas necessidades.

A PAZ DE DEUS EM NOSSA VIDA

"Deixo-vos a paz, a minha paz vos dou; não vo-la dou como a dá o mundo. Não se turbe o vosso coração, nem se atemorize."

• João 14.27 •

A paz de Cristo acalma o coração e nos lembra de que Deus está no controle.

Leia hoje

Salmos 13-14 • Provérbios 7 • Mateus 7

Anotações

A paz é um desejo universal, mas a que o mundo oferece é frágil e passageira. A paz de Jesus é diferente: é profunda, constante e presente até mesmo em meio às tribulações. Ele nos dá o *shalom*, uma paz completa, que envolve harmonia, plenitude e bem-estar. Essa paz toca nossa mente, acalma nosso coração e fortalece nossas emoções.

Quando tudo parece incerto, o *shalom* de Cristo nos lembra de que não estamos sozinhos. Sua presença fiel traz segurança, mesmo quando as tempestades da vida insistem em soprar forte. Essa paz não depende do que acontece ao nosso redor, mas da certeza de que ele está conosco, no controle de todas as coisas.

Jesus nos convida a confiar. Quando o medo bater à porta e a ansiedade quiser dominar, lembre-se: ele já nos deu a sua paz. Não se trata de qualquer paz, mas da paz do próprio Cristo, que é firme, inabalável e capaz de guardar nosso coração em meio ao caos. Hoje, você pode descansar nessa promessa. Receba essa paz, abrace essa verdade e viva com o coração tranquilo, sabendo que ele cuida de você.

DECLARAÇÃO

Recebo a paz de Cristo em meu coração e descanso seguro em sua presença e cuidado constante.

VENÇA RAÍZES PROFUNDAS DE ANSIEDADE E MEDO

"Porque Deus não nos tem dado espírito de covardia, mas de poder, de amor e de moderação."

• 2Timóteo 1.7 •

A ansiedade e o medo são raízes profundas que, muitas vezes, acabam por nos paralisar. Quando confrontamos esses sentimentos, precisamos ir além dos sintomas e buscar entender suas origens. A ansiedade, geralmente ligada ao futuro, e o medo, muitas vezes relacionado à nossa falta de confiança em Deus, são como frutos de uma árvore cujas raízes precisam ser tratadas.

A Organização Mundial da Saúde tem revelado dados alarmantes sobre o aumento dos casos de depressão e ansiedade, com números crescentes também no Brasil. Esse cenário nos leva a refletir sobre como essas doenças emocionais se enraízam em nosso ser e como podemos buscar a cura. Como em uma árvore, se não tratarmos as raízes desses sintomas, os problemas voltarão, assim como frutos que reaparecem. Por isso, precisamos ir além dos paliativos e lidar com as causas.

O pecado original, cometido por Adão no Éden, mostra-nos que, quando o homem se afastou de Deus, o medo e a vergonha entraram no mundo. O medo do futuro e do desconhecido é um reflexo dessa separação. Mas Deus nos oferece algo mais poderoso e restaurador: poder, amor e moderação. Quando confiamos em sua Palavra e buscamos tratar as raízes espirituais, experimentamos a cura verdadeira. O medo e a ansiedade surgiram por causa da separação de Deus; a cura, porém, vem à medida que nos aproximamos do Pai.

É possível eliminar as raízes do medo e da ansiedade ao nos voltarmos para Deus e sua cura, crendo que somos perdoados e amados.

Leia hoje

Salmos 15-16 • Provérbios 8 • Mateus 8

Anotações

DECLARAÇÃO

Eu rejeito a ansiedade e o medo, pois sei que Deus me deu espírito de poder, amor e moderação. Através da Palavra, sou restaurado e curado.

SOMOS LIVRES DO PECADO

"Porque o pecado não terá domínio sobre vós; pois não estais debaixo da lei, e sim da graça."

• Romanos 6.14 •

A graça não autoriza o pecado; ela nos liberta do seu poder.

Leia hoje

Salmos 17-18 • Provérbios 9 • Mateus 9

Anotações

O pecado é como um câncer que corrói a alma e abre espaço para toda praga do inferno em nossa vida. Ele traz culpa, vergonha, medo e condenação. Desde o Éden, vemos como o pecado quebrou a comunhão entre o homem e Deus, gerando medo e afastamento. Adão e Eva pecaram, sentiram vergonha e se esconderam. Esta ainda é a estratégia do Inimigo: afastar-nos da presença de Deus pelo peso da culpa.

Contudo, a graça entra em cena como resposta poderosa. Ela não é uma autorização para continuar pecando. Pelo contrário, ela é libertadora. A graça é o favor de Deus nos alcançando quando não merecemos, tirando-nos do domínio do pecado. Como diz Romanos 6.14, não estamos mais sob a lei, mas sob a graça, que nos liberta.

Você não precisa viver preso ao pecado. A graça está disponível. Ela não apenas perdoa, mas transforma. O que o pecado destrói, a graça restaura. Receba esta verdade hoje: o pecado não tem mais poder sobre você. Quando você estiver tentado a pecar, não procure vencer sozinho. Ore e peça graça a Deus para vencer a tentação, e um milagre acontecerá!

DECLARAÇÃO

A graça de Deus reina sobre mim. O pecado não tem mais domínio sobre a minha vida.

REMOVENDO A RAIZ DO ESTRESSE E DA PREOCUPAÇÃO

"E conhecereis a verdade, e a verdade vos libertará."

• João 8.32 •

O estresse e a preocupação são frutos da maldição trazida pelo pecado. Deus disse a Adão que agora ele comeria do suor do rosto. Antes, no Éden, ele vivia em abundância, cercado de riquezas e provisão, sem precisar se preocupar. Mas, por causa da Queda, ele foi expulso do paraíso e forçado a lutar na terra amaldiçoada. O mundo tornou-se árido e incerto, e assim surgiram as preocupações, o trabalho árduo e o estresse.

A raiz dos problemas que enfrentamos muitas vezes está enterrada nas circunstâncias que nos cercam. Vivemos em um mundo caído, onde o estresse parece ser inevitável. Relacionamentos, trabalho, finanças, tudo isso pode gerar tensão e ansiedade. Não podemos escapar. Mas a boa notícia é que a verdade de Deus nos liberta.

Quando entendemos que o estresse é uma consequência do pecado, conseguimos olhar para ele com uma nova perspectiva. Ele não deve dominar nossa vida. Segundo João 8.32, ao conhecermos a verdade, somos libertos. E constatamos que, mesmo em um mundo de pressões, podemos encontrar descanso em Deus, pois ele nos ama e tem cuidado de nós.

Você pode não conseguir eliminar todas as fontes de estresse, mas pode aprender a viver com paz em meio às tempestades. Não deixe que as preocupações dominem você. A graça de Deus oferece libertação, uma vez que ela significa: "Deus dando tudo para quem não merece nada".

O estresse é uma consequência da queda, mas a graça nos liberta das suas garras.

Leia hoje

Salmos 19-20 • Provérbios 10 • Mateus 10

Anotações

DECLARAÇÃO

Recebo a paz de Deus para lidar com as pressões da vida, confiando que ele me liberta do estresse e da preocupação.

ADOÇANDO AS ÁGUAS DA ALMA

"Então, Moisés clamou ao Senhor, e o Senhor lhe mostrou uma árvore; lançou-a Moisés nas águas, e as águas se tornaram doces [...]."

• Êxodo 15.25 •

A Cruz tem poder para transformar as águas amargas da alma em doçura e paz.

Leia hoje

Salmos 21-22 • Provérbios 11 • Mateus 11

Anotações

Há momentos em que, mesmo tendo acesso à "água", ela se torna amarga por causa das feridas da vida. Palavras duras, atitudes injustas, mágoas acumuladas, tudo isso transforma nossa alma em um poço de amargura. E quando as águas estão amargas, a vida deixa de fluir com leveza.

No deserto, o povo de Israel encontrou águas das quais não podiam beber. Moisés, então, clamou ao Senhor e recebeu a direção de lançar uma árvore nelas — e as águas se tornaram doces! A cruz de Cristo fez o mesmo com nossa vida. Estávamos amargados pelo pecado, pelas aflições, dores e ressentimentos da vida, e foi na cruz que as águas amargas da nossa alma foram transformadas.

Jesus levou sobre si nossas dores, mágoas, traumas e ressentimentos. Ele nos perdoou, mesmo sem merecermos. E agora, somos chamados a perdoar também. O perdão não é sobre merecimento, mas sobre libertação. Quem não perdoa permanece prisioneiro da dor.

A cruz é o lugar onde a amargura morre. É onde entregamos o desejo de vingança, a tristeza acumulada, o rancor escondido. Quando lançamos tudo isso aos pés do Senhor, nossa alma volta a respirar, e a vida, enfim, torna-se doce outra vez. A maneira de aplicarmos a Cruz em nossas feridas é crer e confessar que, nela, em Cristo Jesus, fomos perdoados e amados, e uma nova vida começou.

DECLARAÇÃO

Hoje, entrego tudo o que há de amargo em mim a Cristo. Eu perdoo, libero e sou livre para desfrutar da doçura do amor de Deus.

É SOBRE CRISTO, NÃO SOBRE MIM

"No amor não existe medo; antes, o perfeito amor lança fora o medo. Ora, o medo produz tormento; logo, aquele que teme não é aperfeiçoado no amor."

• 1João 4.18 •

O medo nasce quando acreditamos que Deus deseja nos punir por nossos erros. Foi assim desde o Éden: Adão pecou e se escondeu, esperando o juízo. Quando nos sentimos condenados, esperamos o pior de Deus. Pensamos que ele só cuida dos "bonzinhos" e, como falhamos, achamos que nos tornamos desqualificados para recebermos o seu cuidado.

Essa ideia equivocada rouba a fé do coração. É certo que, quanto mais olharmos para nós mesmos, mais veremos falhas — e mais condenação sentiremos. Isso gera medo, culpa e insegurança. Contudo, onde abundou o pecado, superabundou a graça e o perdão. Uma vez que Cristo pagou o preço dos seus pecados, você está livre. Você já não é alvo da ira divina, pois Deus aceitou plenamente o pagamento feito por Cristo na cruz a seu favor.

A vida cristã não é sobre olhar para nós mesmos, mas sobre olhar para Cristo. Não é sobre o que fizemos, mas sobre o que ele fez. A Cruz é a resposta a toda acusação, pois nela todas as dívidas com Deus foram totalmente pagas. Você não precisa viver preso ao medo, pois não deve mais nada. Em Cristo, você é amado, perdoado e cuidado.

Não responda aos seus erros com culpa; responda com a verdade: "Cristo já me perdoou totalmente na cruz".

Quanto mais olho para Cristo e menos olho para mim, mais seguro estou no amor de Deus.

Leia hojo

Salmos 23-24 • Provérbios 12 • Mateus 12

Anotações

DECLARAÇÃO

Eu sou perdoado e amado, pois Cristo venceu por mim. O medo não tem mais poder sobre a minha vida.

VOCÊ SÓ PODE JORRAR O QUE BEBEU

"[...] A água que eu lhe der será nele uma fonte a jorrar para a vida eterna."

• João 4.14 •

Somente os que beberam da fonte do amor de Deus podem amar!

O preço que não fomos capazes de pagar, Cristo pagou por nós. Isso aconteceu porque Deus é amor. Entenda: ele não apenas ama — ele *é* amor. E quando você acessa essa fonte inesgotável e experimenta esse amor, algo muda dentro de você. Uma vez que conhece essa fonte, você também pode amar.

Você só pode jorrar aquilo que primeiro bebeu. Se bebeu da fonte do amor, jorrará amor. Se conheceu o perdão e a graça divina, poderá perdoar. Não tente amar antes de ser amado. Podemos amar porque ele nos amou primeiro; podemos perdoar porque fomos primeiramente perdoados; podemos abençoar porque fomos totalmente abençoados pela obra de Cristo na cruz em nosso favor.

Só quem recebeu o amor de Deus pode dar esse amor a outros. Se considerarmos o amor apenas um mandamento, nunca seremos capazes de cumpri-lo. Nem Davi conseguiu cumprir toda a Lei. Mas o que a Lei não pôde fazer, o amor fez. O amor de Deus é o único capaz de transformar nosso coração e nos tornar canais daquilo que ele é.

Leia hoje

Salmos 25-26 • Provérbios 13 • Mateus 13

Anotações

DECLARAÇÃO

Eu sou amado por Deus. Por isso, posso amar, perdoar e jorrar vida por onde eu passar.

VOCÊ FOI AMADO PRIMEIRO

"Nisto consiste o amor: não em que nós tenhamos amado a Deus, mas em que ele nos amou e enviou o seu Filho como propiciação pelos nossos pecados."

• 1João 4.10 •

Como Deus nos amou? Enviando seu Filho para morrer em nosso lugar. A Cruz é a prova do amor divino. A Bíblia diz: "Mas Deus prova o seu próprio amor para conosco pelo fato de ter Cristo morrido por nós, sendo nós ainda pecadores" (Romanos 5.8). Veja: o amor não é provado pela ausência de problemas ou pelas bênçãos recebidas, mas pelo fato de Cristo ter dado sua própria vida por nós, quando ainda éramos inimigos de Deus.

Não pense que nós tivemos a iniciativa de amar a Deus, isso é ideia da religião. Lembre-se de que Deus o amou primeiro e é esse amor que nos ensina a amá-lo também. Dessa maneira, amar a Deus não será um fardo pesado ou apenas uma ordem, será apenas uma resposta ao amor recebido. O maior mandamento da falsa religião é a obrigação de ter que amar a Deus, mas a grande notícia da nova aliança é que ele nos amou primeiro, incondicionalmente. Quando entendemos que somos amados, então nós amamos. Sim, somente então nós amamos.

Hoje, receba esta revelação: você é amado. O apóstolo João se identificava como "o discípulo a quem Jesus amava". Se, por um lado, o apóstolo Pedro disse: "Por ti darei a vida", mas não o fez, João, por outro lado, permitiu-se apenas ser amado por Deus. A iniciativa no amor é sempre divina. Você está livre da obrigação de ter que amar a Deus. No entanto, você o amará, não porque está obrigado, mas porque foi conquistado por esse amor.

O amor não começa em você, ele começa em Deus.

Leia hoje

Salmos 27-28 • Provérbios 14 • Mateus 14

Anotações

DECLARAÇÃO

Deus me amou primeiro. Por isso, posso responder com amor, com fé e com entrega.

A VITÓRIA SOBRE A ANSIEDADE E O MEDO

"Ao meu coração me ocorre: Buscai a minha presença; buscarei, pois, Senhor, a tua presença."

• Salmos 27.8 •

A presença de Deus afasta o medo e enche o coração de paz e confiança.

Leia hoje

Salmos 29-30 • Provérbios 15 • Mateus 15

Anotações

DECLARAÇÃO

Abro meu coração ao Senhor e recebo sua paz e, assim, vencerei a ansiedade e o medo.

A ansiedade e o medo tentam nos paralisar, mas o Senhor nos chama para algo maior, para a comunhão com ele. É como se ele sussurrasse ao nosso coração: "Busque a minha presença". Essa voz suave, mas firme, convida-nos a deixarmos de lado as inquietações e a nos voltarmos para ele, que nos ama incondicionalmente.

Em Apocalipse 3.20, Jesus diz que está à porta e bate. Ele não força a entrada, mas espera que abramos o coração. E quando abrimos, ele entra, abençoa-nos com paz, acalma nossa mente e restaura nossas emoções. A presença de Deus é o antídoto para todo medo. Quando estamos conscientes do quanto ele está perto e do quanto nos ama, não há lugar para a ansiedade.

Hoje, ele o chama para perto. Você não precisa esconder seus temores nem tentar resolver tudo sozinho. Basta abrir o coração e buscá-lo. Ele está pronto para entrar, consolar e fortalecer você. Esta é a chave para vencer ansiedades e medos: a consciência da presença e do amor de Deus.

AMAR É RESPOSTA, NÃO INICIATIVA

"Replicou Pedro: Senhor, por que não posso seguir-te agora? Por ti darei a própria vida."

• João 13.37 •

Pedro achava que podia amar a Deus com as próprias forças, mas Jesus lhe revelou: antes que o galo cantasse, o discípulo o negaria três vezes. Pedro confiava em si, mas falhou. João, também discípulo, por outro lado, descansava no amor de Jesus. Na ceia, ele estava reclinado em seu peito. A Bíblia nos diz que Pedro, que se gloriava de seu amor por Jesus, precisou pedir a João que perguntasse a Cristo quem o trairia. No momento da crucificação, foi João que esteve ali, aos pés da cruz.

Quem confia no próprio amor por Jesus, como Pedro, irá sucumbir, pois é um amor humano, limitado e frágil. Aqueles, porém, que, como João, se apoiam no fato de serem amados por Cristo, apesar de suas falhas, viverão seguros e em vitória, uma vez que o amor de Deus é a grande força dos seus filhos.

Isso nos mostra que só conseguimos amar a Deus de verdade quando temos a revelação do amor que ele tem por nós. Não é sobre o quanto o amamos, mas sobre o quanto de consciência temos de que somos amados por ele. Esse amor nos sustenta, transforma e nos mantém de pé. Não tente merecer ser amado, não tente entender o amor divino, apenas o aceite. Você é amado. Não tente amar a Deus para ser aceito; seja amado e, então, naturalmente, você o amará.

O verdadeiro amor nasce da revelação de que somos amados por Deus.

Leia hoje

Salmos 31-32 • Provérbios 16 • Mateus 16

Anotações

DECLARAÇÃO

Eu sou profundamente amado por Deus. Esse amor me sustenta e me ensina a amar.

RESTAURADO PELO AMOR

JANEIRO
17
Devocional
17/365

"Pela terceira vez Jesus lhe perguntou: Simão, filho de João, tu me amas? [...] Senhor, tu sabes todas as coisas, tu sabes que eu te amo [...]."

• João 21.17 •

A graça não rejeita o fraco, ela o levanta e o envia.

Pedro falhou e negou a Jesus. Porém, ele foi encontrado pelo amor. À beira do mar, o Senhor não o condenou, apenas perguntou: "Tu me amas?". No grego, Jesus usou a palavra grega *ágape* — amor divino — e Pedro respondeu com a palavra grega *fileo* — amor humano. Na terceira vez, Jesus muda a pergunta e usa *fileo*. Pedro então reconhece: "Senhor, tu sabes que eu te amo [*fileo*]". Ele admite sua limitação.

É nesse reconhecimento humilde que a graça age. Jesus o restaura e o chama de volta: "Apascenta as minhas ovelhas". Pedro não é deixado de lado. Ele é reerguido, porque o amor de Deus não rejeita o fraco, ele o fortalece. A lei exige perfeição, mas a graça oferece restauração. Pedro tentou amar a partir das próprias forças e falhou. Mas ao reconhecer que só o amor divino é suficiente, ele foi levantado e comissionado.

O grande fardo da religião imposto a todos é que somos obrigados a fazer coisas (ou perder tudo) para agradar a Deus; não caia neste engano. Não diga que está perdendo tudo por amor a ele, diga que ele perdeu tudo por amor a você. Esta é a verdade da nova aliança que temos que afirmar diariamente: embora nosso amor por Deus seja tão limitado, descansamos porque sabemos que o seu amor por nós é absoluto.

Leia hoje

Salmos 33-34 • Provérbios 17 • Mateus 17

Anotações

DECLARAÇÃO

Mesmo com minhas limitações, sou amado e restaurado pelo amor de Deus.

O PREÇO FOI PAGO, E VOCÊ, PERDOADO

"Bebam todos vocês. Isto é meu sangue, A nova aliança de Deus, derramado em favor de muitos, para o perdão de pecados."

• Mateus 26.28, A Mensagem •

Logo após ser batizado, Jesus ouviu do céu o Pai declarar que ele era seu Filho amado. Logo em seguida, ele foi levado ao deserto para ser tentado e, como primeira afronta, Satanás questionou a identidade de Cristo e pediu provas de que ele era, de fato, o filho de Deus, como ouvira havia pouco tempo.

O Diabo, no entanto, omitiu justamente a palavra mais poderosa: "amado". Ele disse: "Se és Filho de Deus...", e não: "se és o Filho amado de Deus...", tentando fazer Jesus duvidar do amor do Pai. O Inimigo sabe que quem tem convicção de que é amado por Deus vence as trevas. Você não precisa provar nada. Quem descansa no amor do Pai vive sem medo e responde com autoridade: "Está pago!".

O sangue de Jesus foi derramado para o perdão dos seus pecados. Toda acusação perde a força quando você confessa: "O sangue me fez justo!". Não importa o erro cometido, o sangue o perdoou. Deus olha para você e vê o sangue de seu filho. Por isso, ele declara: "Está tudo certo!". Quando pensamentos de condenação vierem, confesse a verdade: você foi perdoado, justificado e aprovado. Não se trata do que você faz, mas do que ele fez por você. Isso é graça!

O sangue de Jesus pagou minha dívida e me fez justo diante de Deus.

Leia hoje

Salmos 35-36 • Provérbios 18 • Mateus 18

Anotações

DECLARAÇÃO

Fui perdoado, justificado e aprovado. O sangue pagou minha dívida. Estou em paz.

SOB O SANGUE, NENHUMA ACUSAÇÃO PROSPERA

"Toda arma forjada contra ti não prosperará; toda língua que ousar contra ti em juízo, tu a condenarás. Esta é a herança dos servos do Senhor, e o seu direito que de mim procede, diz o Senhor."

• Isaías 54.17 •

A culpa, o medo e a condenação não prevalecem diante do sangue de Jesus.

Não importa qual acusação o Diabo tente levantar contra você, o sangue de Jesus já pagou a dívida. Você está protegido. O texto de Isaías é claro: nenhuma arma forjada prosperará, essa é a herança dos servos do Senhor. Nenhuma palavra maldosa prevalecerá contra quem está sob o sangue do Cordeiro. Não tenha medo, nenhuma maldição hereditária poderá alcançar você; Jesus levou todas elas sobre si para que você tenha segurança e, então, prospere integralmente na vida.

A herança dos servos do Senhor é esta: condenar a voz da condenação! O Diabo usa três raízes para tentar derrubar você: a culpa, o medo e a condenação. No entanto, o sangue de Jesus desfaz todas elas. Uma vez que você foi perdoado, não há mais culpa; uma vez que você foi aprovado em Cristo, não precisa ter mais medo; e uma vez que Cristo foi punido em seu lugar, ninguém pode condenar você.

Quando sentir culpa, confesse: "Fui perdoado". Quando o medo bater à sua porta, declare: "Sou amado pelo Pai". Quando a condenação vier, diga: "Fui justificado pelo sangue de Jesus". O sangue não só o perdoa, mas também o faz justo, aprovado e livre. Essa é a sua herança!

Leia hoje

Salmos 37-38 • Provérbios 19 • Mateus 19

Anotações

DECLARAÇÃO

Estou sob o sangue de Jesus. Nenhuma acusação contra mim prosperará. Fui perdoado, justificado e feito livre!

CRISTO É A MINHA JUSTIÇA

"Quem intentará acusação contra os eleitos de Deus? É Deus quem os justifica. Quem os condenará? É Cristo Jesus quem morreu ou, antes, quem ressuscitou, o qual está à direita de Deus e também intercede por nós."

• Romanos 8.33-34 •

A base de todo desânimo é um pensamento de culpa e condenação. Toda sensação de prostração, apatia, tristeza ou angústia nasce de uma mentira lançada à mente. Por isso, você precisa sustentar sua fé com a verdade: você foi perdoado, a dívida dos seus pecados foi paga e o sangue de Jesus está sobre você.

O Diabo o acusa pelos erros cometidos, mas também pelo que você deixou de fazer: "Você não orou o suficiente", "Não é um bom pai", "Falhou como mãe", "Está deixando sua casa de lado". Mas, em Cristo, você foi justificado. Ele é a sua justiça. Quando Deus olha para você, ele vê a Cristo — e Cristo cumpriu toda a lei. Assim como por um homem veio o pecado e a condenação, também por um homem, o segundo Adão, veio o cumprimento da justiça, e todos os que creem são justificados.

Ser justificado por Cristo significa que o que ele fez vale para você, assim como o que Adão fez também valeu para você antes que cresse em Cristo. Você não fez nada para nascer pecador, apenas nasceu. Da mesma forma, você não precisa fazer nada para ser justificado, apenas nascer de novo em Cristo e crer: Cristo já fez tudo. Não se trata do que você fez ou deixou de fazer, mas do que ele fez por você. Declare com fé: "É Cristo quem me justifica!".

Ao nascer de novo em Cristo, fui justificado.

Leia hoje

Salmos 39-40 • Provérbios 20 • Mateus 20

Anotações

DECLARAÇÃO

Cristo é a minha justiça. Ele me justifica e me faz aprovado diante de Deus!

SEJA LIVRE DA RAIZ DA CONDENAÇÃO

"Porque, se o ministério da condenação foi glória, em muito maior proporção será glorioso o ministério da justiça."

• 2Coríntios 3.9 •

A condenação tem raiz na lei, mas a justificação vem da graça de Cristo.

Leia hoje

Salmos 41-42 • Provérbios 21 • Mateus 21

Anotações

DECLARAÇÃO

Eu não vivo mais sob a condenação da lei, pois recebi a justiça de Cristo em mim!

A condenação tem uma origem mais profunda do que parece. Ela não começou com o pecado, mas com o conhecimento do bem e do mal. A primeira tentação não foi matar, roubar ou mentir — foi comer da árvore do conhecimento, foi duvidar da bondade de Deus e de que ele estaria negando algo bom à humanidade.

A árvore do conhecimento é a árvore da lei, do certo e errado; é o que nos dá consciência do pecado. Ela não cria o pecado, mas o revela. Como uma colher que mexe a sujeira no fundo de um copo de água, a lei expõe o que já estava ali. E isso gera vergonha, culpa e condenação. Sem lei, não há tentação, uma vez que a proibição ativa o desejo. O Diabo usou a única proibição que existia no Éden — comer da árvore do conhecimento do bem e do mal — para levar Eva à tentação. Essa árvore representava a lei, o conhecimento que conduz à morte.

Por outro lado, a árvore da vida representava Jesus, a graça. A vontade de Deus nunca foi que vivêssemos pelo conhecimento do bem e do mal, pelo certo e errado, mas pela vida de Deus dentro de nós, que nos guia a toda verdade. Por isso, Paulo chama a lei de ministério da morte e ministério da condenação. Porém, nós agora estamos no ministério do Espírito e da justiça. A condenação não tem mais autoridade sobre nós. Em Cristo, fomos livres da culpa, livres da vergonha e livres da condenação.

SUSTENTANDO A FÉ

"A antiga aliança era apenas um vislumbre das boas coisas da nova aliança. Uma vez que a antiga 'aliança da Lei' não era completa em si mesma, ela não poderia aperfeiçoar os que participavam dela. Não importa quantos sacrifícios oferecessem ano após ano, jamais conseguiriam uma solução definitiva."

• Hebreus 10.1, A Mensagem •

É fundamental que a sua fé seja sustentada. Cada vez que você sente prostração, tristeza, desânimo ou angústia, perceba que tudo isso começa com um pensamento. A base de toda sensação negativa está na mente. Quando você é atacado por esses sentimentos, lembre-se: "Eu sou perdoado. Minha dívida foi paga. O sangue de Jesus está sobre mim".

Você não precisa mais se deixar dominar por pensamentos de condenação ou medo. Mesmo que o Diabo acuse você pelas falhas cometidas ou pelas virtudes que deixou de exercer, você tem a liberdade de declarar: "Eu sou justificado por Deus em Cristo!". Isso porque, apesar das falhas humanas, Cristo é quem justifica você diante de Deus. Agora, ele é o seu representante legal, e o que ele fez ampara você.

A lei não tem o poder de justificar ninguém, ela apenas expõe o pecado, revelando o que está oculto. O verdadeiro alicerce da nossa fé é a graça de Deus, que nos justifica pelo sacrifício de Jesus. Não precisamos viver em um sistema de méritos, onde o relacionamento com Deus depende do que fazemos. Isso é religião. Deus quer um relacionamento baseado na graça, no favor imerecido e no amor. Jesus já cumpriu toda a obrigação por nós e agora, pela fé, podemos viver em liberdade, livres da condenação.

Eu sou justificado em Cristo, não pelas minhas obras, mas pela graça de Deus.

Leia hoje

Salmos 43-44 • Provérbios 22 • Mateus 22

Anotações

DECLARAÇÃO

Eu sou justificado, perdoado e feito livre pelo sangue de Jesus.

VENÇA O MEDO POR TRÁS DO ESTRESSE

"E chamou o Senhor Deus ao homem e lhe perguntou: Onde estás? Ele respondeu: Ouvi a tua voz no jardim, e, porque estava nu, tive medo e me escondi."

• Gênesis 3.9-10 •

O medo é a raiz do estresse, mas a paz de Deus pelo seu sangue, liberta-nos.

O medo está por trás de muitas das nossas preocupações e do estresse que enfrentamos no dia a dia. Quando olhamos para a experiência do homem no Éden, percebemos que o estresse é apenas a ponta do iceberg. O que realmente o causou foi o medo.

Após o pecado de Adão e Eva, o homem foi destituído da glória de Deus, que lhe dava autoridade e domínio sobre a criação. A partir desse momento, o medo entrou no mundo, e a primeira manifestação foi o medo da morte. Adão, agora consciente de sua vulnerabilidade, escondeu-se de Deus, com medo de morrer.

O medo está na raiz de muitos dos nossos comportamentos. O medo da morte se manifesta de diversas formas: medo de perder o emprego, medo de enfermar-se, medo de ficar só, medo de não ter o suficiente. Todos esses medos têm uma origem comum: a consciência do erro diante de Deus, o medo da punição. Deus não quer que vivamos com medo. Ele não nos criou para viver em pânico, estresse ou apreensão. Quando entendemos isso, podemos tratar o medo pela raiz. Ele é o que gera o estresse, mas a verdade de Deus nos liberta. Quando buscamos a presença de Deus e confiamos na obra de Jesus, que nos redimiu, podemos viver livres do medo. A verdade que nos liberta é que fomos perdoados e feitos filhos amados. Podemos viver em paz, pois estamos em paz com Deus.

Leia hoje

Salmos 45-46 • Provérbios 23 • Mateus 23

Anotações

DECLARAÇÃO

Hoje, eu declaro que não vivo mais dominado pelo medo. Estou seguro no amor de Deus, e nenhuma preocupação me controlará.

QUEBRANDO UMA CORRENTE INFERNAL

"Agora, porém, libertados da lei, estamos mortos para aquilo a que estávamos sujeitos, de modo que servimos em novidade de espírito e não na caducidade da letra."

• Romanos 7.6 •

Preste atenção: precisamos quebrar uma corrente infernal. Vamos analisar o ciclo:

Lei do merecimento → Condenação → Medo → Ansiedade (estresse) → Maldição (doença e miséria).

Quando você decide viver segundo o padrão da lei, da justiça própria e do ego, você conecta novamente todos os elos dessa corrente. O merecimento traz condenação, a condenação gera medo, o medo traz estresse, o estresse rouba a fé e abre portas para as maldições, que se manifestam em doenças e miséria. Esse é o ciclo que precisamos quebrar!

A vitória permanente só acontece quando vivemos na esfera da graça, do favor e do não merecimento; quando paramos de nos relacionar com Deus como se fôssemos seus empregados e passamos a nos relacionar como filhos amados. Se estamos na graça, não precisamos merecer nada. E, vivendo assim, não há condenação sobre nossa vida. Com isso, tenho clareza de quanto sou amado, e esse amor lança fora todo medo.

Sem medo, mesmo enfrentando lutas, não vivemos estressados, pois a raiz do medo, da condenação e do merecimento foi arrancada de nós. Ser amado por Cristo nos traz a segurança plena, uma vez que isso significa que, se ele deu sua própria vida por amor a nós, então podemos estar seguros de que ele não nos negará coisa alguma .

Viver na graça é viver sem merecimento, sem condenação e sem medo.

Leia hoje

Salmos 47-48 • Provérbios 24 • Mateus 24

Anotações

DECLARAÇÃO

Eu viverei em paz: sem lei, sem condenação, sem medo e sem estresse, pois sou justificado, amado e, portanto, abençoado!

A SUBSTITUIÇÃO MARAVILHOSA

"Mas ele foi traspassado pelas nossas transgressões e moído pelas nossas iniquidades; o castigo que nos traz a paz estava sobre ele, e pelas suas pisaduras fomos sarados."

• Isaías 53.5 •

Não se trata de quão bom eu sou, mas de quão bom é o Cordeiro.

Na velha aliança, quando o homem pecava, deveria trazer um cordeiro sem defeito para morrer em seu lugar, como oferta pelos pecados. Ele não precisava se preocupar com sua própria condição, pois era o cordeiro, e não o ofertante, que precisava ser sem defeito. Ao colocar suas mãos sobre a cabeça do cordeiro, seus pecados recaíam sobre o animal, que era, então, sacrificado. Ao mesmo tempo, a pureza do animal "sem defeito" recaía sobre o ofertante, que era justificado, pois o pecado havia sido pago.

Isso foi o que aconteceu na cruz: uma substituição maravilhosa. Jesus é o Cordeiro de Deus que tira o pecado do mundo. A partir do sacrifício de Jesus, não é você que está sendo avaliado, mas o Cordeiro. Se for sem defeito, a oferta é aceita, e seus pecados são transferidos para ele. Seus pecados foram transferidos para Cristo na cruz, e a pureza e a santidade de Jesus foram transferidas para você. Essa substituição tornou você aprovado e justificado diante de Deus. Ele foi morto para que você pudesse ser perdoado e abençoado.

Através de Jesus, você é a justiça de Cristo. Não se trata de quão bom você é, mas de quão bom é o Cordeiro. Deus não olha para os seus defeitos, ele olha para a perfeição de Jesus. Cristo já venceu a morte e o pecado e pagou sua dívida. Você pode descansar nesse amor e nessa graça.

Leia hoje

Salmos 49-50 • Provérbios 25 • Mateus 25

Anotações

DECLARAÇÃO

Eu fui justificado, perdoado e abençoado pela obra do Cordeiro de Deus.

O CAMINHO PARA O FAVOR DE DEUS

"Justificados, pois, mediante a fé, temos paz com Deus, por meio de nosso Senhor Jesus Cristo, por intermédio de quem obtivemos igualmente acesso, pela fé, a esta graça na qual estamos firmes [...]."

• Romanos 5.1-2 •

Precisamos entender que, quando nos conectamos com a proteção de Deus, passamos a viver sob o seu favor imerecido. Quando reconhecemos que fomos justificados pelo sangue de Jesus, nossa confiança cresce e tornamo-nos capazes de descansar, orar e viver em paz. É importante sabermos que a paz com Deus não depende da nossa perfeição, mas do simples fato de crermos que ele nos perdoa por meio de Cristo. Quando estamos nele, temos acesso ao seu favor, que nos acompanha em todas as áreas da nossa vida.

Muitas vezes, o fato de não nos sentirmos favorecidos por Deus pode ser uma indicação de que precisamos refletir sobre nossa vida e posição diante de Deus. Favor é a bênção que Deus nos dá sem que o mereçamos; é quando ele abre portas para nós e nos dá oportunidades. Para ter acesso a esse favor, é fundamental viver em paz com Deus, acreditando que, em Cristo, nós já fomos aceitos, apesar de nós e nossos erros. Quando nos achegamos a ele com fé, a sua paz se torna realidade em nosso coração, e a partir disso acontece o fluir das bênçãos de Deus sobre nós.

Romanos 5.1-2 nos mostra que, por meio da fé, temos paz com Deus e acesso ao seu favor. Hoje, somos desafiados a entender que este é o caminho: fé, justificação, paz e favor. Quando acreditamos que somos justificados, aprovados pela fé, a paz vem e, com ela, o favor divino.

O favor de Deus flui quando estamos em paz com ele, crendo em sua justificação por meio de Cristo.

Leia hoje

Salmos 51-52 • Provérbios 26 • Mateus 26

Anotações

DECLARAÇÃO

Eu creio que estou justificado pela fé, tenho paz com Deus e, por isso, experimento seu favor em todas as áreas da minha vida.

CONFIE NA GRAÇA, NÃO NO ESFORÇO

"[...] Maldito o homem que confia no homem, faz da carne mortal o seu braço e aparta o seu coração do Senhor! Bendito o homem que confia no Senhor e cuja esperança é o Senhor."

• Jeremias 17.5,7 •

A graça me faz florescer onde o esforço falha.

Este é um assunto sério nas Escrituras: Deus mostra que há diferença entre o abençoado e o amaldiçoado. Quem confia na própria força vive como um arbusto no deserto: seco, isolado e sem fruto. Mas quem confia no Senhor é como uma árvore junto às águas: firme, verde e frutífera mesmo em tempos difíceis.

A Bíblia é clara: sem Jesus, nada podemos fazer (cf. João 15.5); ele não disse: "sem mim, vocês poderão fazer coisas pequenas", ele disse "sem mim, nada poderão fazer". Achamos que podemos ter sucesso no casamento ou na parentalidade com um pouco de informação ou que podemos administrar bem o dinheiro sozinhos, mas, na verdade, não podemos. Nossas conquistas são apenas aparentes, pois o verdadeiro poder para realizações consistentes apenas podemos obter por meio de Deus. A verdadeira prosperidade não está na nossa capacidade, mas na graça divina.

O sucesso que vem de Deus vai além do esforço humano. O que o seu braço conquista, depois, o seu próprio braço terá que sustentar; isto é pesado, instável e frustrante. Por isso, escolha viver pela graça, e não pela força do próprio braço. Confie no Senhor e dependa dele. Quando você para de se esforçar para merecer e começa a confiar no favor imerecido, a maldição perde força e a bênção se manifesta.

Leia hoje

Salmos 53-54 • Provérbios 27 • Mateus 27

Anotações

DECLARAÇÃO

Minha força está no Senhor. Dependo da graça e sou frutífero em todo tempo.

PARE A GUERRA E TENHA SUCESSO

"Entrega o teu caminho ao Senhor, confia nele, e o mais ele fará."

• Salmos 37.5 •

Este é o tema de hoje: pare a guerra e tenha sucesso. Há dois estilos de vida: guerrear segundo as próprias forças ou entregar tudo a Deus e ter sucesso. Quem confia na própria força vive em guerra interna e externa, isto é, vive correndo, lutando, tentando resolver tudo sozinho, mas não consegue fluir na graça. A fé verdadeira se manifesta no descanso. Quando você crê, você entrega. E quando entrega, descansa.

É nesse lugar de refrigério que Deus age. Pode parecer loucura, mas esse é o caminho bíblico para prosperar. Muitas vezes, estamos tão cansados de lutar que nem conseguimos confiar. Mas o Senhor nos oferece um caminho mais elevado, um caminho de confiança e descanso, já conquistado por Jesus. O sucesso não depende apenas de esforço, desempenho ou disciplina. Esses valores têm seu lugar, mas há algo mais poderoso: a graça por meio da fé.

Deus não age por dó ou por necessidade, ele age em resposta à fé. A fé enxerga Deus como verdadeiro e suficiente. A fé honra a Deus e o coloca na posição mais alta. E a partir do descanso podemos ver a grande prova da fé, uma vez que somente os que realmente confiam em Deus também aprendem a descansar. Entregue tudo a ele agora mesmo, acione a fé e contemple o milagre.

O sucesso não nasce da guerra, mas do descanso em Deus.

Leia hoje

Salmos 55-56 • Provérbios 28 • Mateus 28

Anotações

DECLARAÇÃO

Entrego tudo nas mãos do Senhor e descanso. Nele, sou bem-sucedido.

QUER CONSTRUIR ALGO DURADOURO? DESCANSE!

"Eis que te nascerá um filho, que será homem sereno, porque lhe darei descanso de todos os seus inimigos em redor; portanto, Salomão será o seu nome, paz e tranquilidade darei a Israel nos seus dias."

• 1Crônicas 22.9 •

A unção para construir está sobre quem vive em descanso.

Davi foi um homem segundo o coração de Deus, mas não pôde construir o templo. Por quê? Porque era um homem de guerra. Deus deixou claro: não permitiria que alguém de guerra edificasse sua casa. Em vez disso, levantaria um homem sereno, que viveria confiadamente. A palavra hebraica usada para esse termo é *noach*, que significa descanso.

Este é um princípio poderoso: Deus só edifica algo duradouro por meio de pessoas que vivem em descanso. Isso vale para sua casa, empresa, casamento, ministério e finanças. Guerra constante não gera construção sólida. Davi, o homem da guerra, não pôde edificar. Mas Salomão, cujo nome significa "paz", foi quem levantou o templo.

Você não poderá realizar coisa alguma durável e sólida sem a bênção de Deus na sua vida, e ela só pode ser liberada no Céu, quando confiamos que Deus está cuidando de tudo e é poderoso para fazer além do que desejamos. A edificação começa quando descansamos e cremos que ele fará por nós, não porque merecemos, mas porque somos seus filhos amados. Descanse nele, viva em paz e confie que seu Pai ama você e está cuidando de tudo. Assim, você terá sucesso em todas as áreas da sua vida.

Leia hoje

Salmos 57-58 • Provérbios 29

Anotações

DECLARAÇÃO

Eu viverei em descanso, e Deus edificará tudo o que deseja através de mim.

VENÇA A VERGONHA E A CONDENAÇÃO, RAÍZES DO MEDO

"[...] porque estava nu, tive medo e me escondi."

• Gênesis 3.10b •

Adão, ao perceber que estava nu, sentiu vergonha. Ele se deu conta de que havia pecado, de que estava nu e, por isso, teve medo de se encontrar com Deus. Essa vergonha e medo surgiram porque ele se sentiu condenado, como se a morte fosse iminente. Isso nos mostra que a origem do medo está profundamente ligada à condenação. É importante perceber a raiz disso:

Estresse → Medo → Condenação.

O medo que Adão sentiu não era apenas o medo da morte física, mas o medo da separação eterna de Deus, de ser condenado ao inferno. O verdadeiro medo que nasceu nesse momento foi o medo de ser julgado e rejeitado por Deus. Quando Adão pecou, ele se viu como indigno de estar na presença de Deus. Esse medo de ser condenado permanece até hoje em muitas pessoas; é o medo de encontrar-se com Deus e ser rejeitado por causa do pecado.

A consciência de culpa e condenação alimenta esse medo, criando um ciclo de estresse e angústia que afeta nossa vida. O Diabo usa isso como uma ferramenta para manter as pessoas presas. Mas, graças a Deus, a palavra de libertação vem por meio de Jesus Cristo. Ele levou sobre si a nossa condenação para que pudéssemos viver livres do medo e da vergonha.

O medo que vem da condenação é quebrado pela graça de Deus em Cristo.

Leia hoje

Salmos 59-60 • Provérbios 30

Anotações

DECLARAÇÃO

Eu sou livre da condenação e do medo. Em Cristo, não há mais vergonha. Deus me aceitou como sou, e eu vivo em sua liberdade.

O CAMINHO DO SUCESSO: A PAZ E O DESCANSO

"Se o Senhor não edificar a casa, em vão trabalham os que a edificam; se o Senhor não guardar a cidade, em vão vigia a sentinela. Inútil vos será levantar de madrugada, repousar tarde, comer o pão que penosamente granjeastes; aos seus amados ele o dá enquanto dormem."

• Salmos 127.1-2 •

O sucesso verdadeiro nasce do descanso em Deus, não da força humana.

A qualidade número um para ter sucesso na vida como filho de Deus é viver em paz. Isso vai contra tudo o que o mundo ensina. No sistema do mundo, sucesso está ligado à correria, excesso de trabalho e ansiedade. Mas o caminho de Deus é o da Cruz: o caminho da obra consumada por Cristo em nosso favor, para nos dar paz. Quando Jesus declarou: "Está consumado", ele afirmou que já fez tudo o que jamais conseguiríamos fazer por nossas próprias forças.

Este é o segredo do sucesso verdadeiro: descansar naquilo que já foi feito por Cristo. Se você está empreendendo uma empresa, casamento, filhos ou qualquer outra área da vida, saiba que o caminho da graça é o único que produz frutos duradouros. Quem vive em guerra interior e desespero não consegue edificar nada sólido. Até pode parecer sucesso aos olhos humanos, mas não será verdadeiro nem duradouro.

Deus não quer que você prospere à custa da sua saúde, da sua família ou da sua paz. Quem edifica de verdade é o Senhor. É ele quem guarda, quem constrói e quem nos faz prosperar. E ele faz isso até enquanto você "dorme" e descansa em fé na sua promessa e na sua bondade. Pare agora mesmo com toda agitação e ansiedade, vá "dormir", tranquilize-se a respeito de qualquer situação e veja o agir de Deus na sua vida.

Leia hoje

Salmos 61-62 • Provérbios 31

Anotações

DECLARAÇÃO

Eu descanso no Senhor e ele edificará todas as áreas da minha vida.

Fevereiro

02 — 12

SÓ O AMOR LANÇA FORA O MEDO

FEVEREIRO
01
Devocional
32 /365

"No amor, não há espaço para o medo. O amor amadurecido expulsa o medo. Considerando que o medo causa uma vida vacilante e cheia de temores — medo da morte, medo do julgamento —, podemos dizer que quem tem medo não está completamente aperfeiçoado no amor."

• 1João 4.18-19, A Mensagem •

O amor de Deus lança fora o medo e afirma minha identidade.

Não há outro remédio para o medo além do amor. O amor verdadeiro, o amor do Pai, é o único capaz de lançar fora o medo que atormenta. Quando você entende que é amado, o medo perde a força. Foi assim com Jesus. Antes que ele realizasse qualquer milagre, o Pai declarou: "[...] Este é o meu Filho amado, em quem me comprazo" (Mateus 3.17).

Filhos que sabem que são amados tornam-se filhos seguros, não vivem com medo porque não possuem espírito de orfandade e escravidão. O órfão e o escravo vivem com medo porque ambos não possuem pai. Quem tem pai tem proteção, direção, correção, cuidado e suprimento. Logo, está seguro e, por isso, livre do medo. Você não é órfão, muito menos escravo, você é um filho amado que pode viver sem medo.

O amor do Pai não está condicionado às suas obras, mas à sua identidade em Cristo. Você é amado porque é filho. O Diabo não resiste a alguém que descansa nesse amor. O medo se alimenta da dúvida, mas o amor aperfeiçoado em você trará segurança, paz e coragem para viver. O amor é aperfeiçoado cada vez que você se lembra de que é amado e, em fé, declara isso; cada vez que, diante da ameaça, levanta-se e declara o quanto confia no amor do seu Pai por você, que nunca o deixará nem o abandonará.

Leia hoje

Salmos 63-64 • Provérbios 1 • Marcos 1

Anotações

DECLARAÇÃO

Sou um filho amado. Vivo livre do medo e seguro no amor do Pai.

DESCANSO E SABEDORIA: AS CHAVES PARA PROSPERAR

"Despertou Salomão, e eis que era sonho [...]"

• 1Reis 3.15 •

Salomão foi o homem mais sábio e rico desta Terra, depois de Jesus; todos sabem que ele recebeu toda essa sabedoria de Deus, mas o que poucos sabem é que ele a recebeu enquanto dormia. A Bíblia deixa claro esse detalhe porque Deus quer nos mostrar em que situação podemos receber sabedoria para ter sucesso na vida: enquanto "dormimos", quando cremos e descansamos no Senhor, em paz.

Deus não quer que você perca o sono ou viva angustiado, comendo o pão da dor. Não trabalhe desesperadamente, sem tempo para descansar. Pare de viver estressado com seu trabalho, com a vida ou com o futuro. A Bíblia diz que o Senhor dá aos seus amados enquanto dormem. Deus não condena o esforço, mas ele diz que descansar é fundamental. Descansar, na Bíblia, significa crer em Deus e em suas promessas.

Trabalhe, mas também descanse. Enquanto você faz isso, o braço de Deus trabalha por você. A sabedoria de Salomão veio enquanto ele dormia, enquanto descansava em Deus. Você precisa de sabedoria para lidar com sua vida financeira, casamento, filhos e dívidas. Deus pode dar sabedoria e prosperidade a você, mas é preciso descansar nele. Faça isso: creia, descanse e receba.

É no descanso do Amado que eu recebo sabedoria e prosperidade.

Leia hoje

Salmos 65-66 • Provérbios 2 • Marcos 2

Anotações

DECLARAÇÃO

Eu descanso no Senhor e, enquanto faço isto, ele me dá sabedoria e prosperidade.

CONFIANÇA EM DEUS: A MAIOR PROVA DE AMOR

FEVEREIRO

03

Devocional

34/365

"Então, o que acham? Deus está ao nosso lado, assumiu nossa condição e se expôs ao pior quando enviou o próprio Filho. Haveria alguma coisa que ele não faria por nós de modo espontâneo e feliz?"

• Romanos 8.31-32, A Mensagem •

Somente quem confia no amor de Deus pode descansar e prosperar.

Quando você se sentir sobrecarregado, lembre-se: Deus já deu a maior prova de amor ao entregar seu Filho. Ele não poupou o mais precioso por amor a você. Isso significa que ele jamais o deixará sozinho. O autor do livro de Romanos nos questiona: se ele entregou o próprio Filho por nós, que sentido haveria em duvidarmos de que ele nos daria todas as outras coisas menores, de que precisamos?

Outro ponto a nos lembrarmos é que Deus não faz nada por nós contrariado. O texto afirma, expressamente, que ele faz "de modo espontâneo e feliz". O argumento é incontestável: se ele não negou o próprio Filho, por amor, para dar-nos a salvação, que é a maior de todas as bênçãos, por que ele negaria as coisas menores?

Esse amor profundo é a base da sua confiança. Não se entregue ao medo ou à ansiedade. Deus já provou que cuida de você de forma incondicional. Sua crença nele libera paz e prosperidade sobre sua vida. Viver com essa convicção muda tudo: você aprende a descansar, crer e viver acima das circunstâncias. Deus tem prazer em nos abençoar e nós precisamos apenas crer nessa bondade e nesse amor para ver isso se cumprindo. Mesmo que não esteja *vendo* ou que ainda não tenha acontecido a boa coisa que você deseja, nunca duvide: Deus é bom, ama você e o socorrerá quando você menos imaginar, não por merecimento, mas por amor.

Leia hoje

Salmos 67-68 • Provérbios 3 • Marcos 3

Anotações

DECLARAÇÃO

Eu confio plenamente no amor de Deus por mim e descanso na certeza de que ele cuida de todas as minhas necessidades.

O SUPRIMENTO CONTÍNUO DE DEUS

"[...] Que vês? Respondi: Olho, e eis um candelabro todo de ouro, e um vaso de azeite em cima com as suas sete lâmpadas e sete tubos, uma para cada uma das lâmpadas que estão em cima do candelabro."

• Zacarias 4.2 •

Jesus é esse "candelabro de ouro", de onde flui tudo de que necessitamos. O vaso de azeite representa o suprimento de Deus fluindo, sem depender do esforço humano. Este é o plano do Céu para a sua vida: provisão contínua e completa enquanto você descansa. Esse castiçal tem "sete lâmpadas", porque sete é um número que representa a perfeição na alegoria bíblica, significando um suprimento celestial para todas as áreas da sua vida. Não há nada de que você precise que Deus não tenha para derramar sobre sua vida.

Muitas vezes, o que nos causa angústia hoje é o mesmo que nos preocupava ontem. A ansiedade trava o fluxo da graça. Quando você se preocupa com algo é como se apertasse um desses "tubos de azeite" do suprimento do Céu e, então, interrompesse esse fluxo celestial, mas quando você confia e entrega, o suprimento volta a fluir. No momento em que sua fé entra em ação, Deus lhe estende o seu favor, uma vez que quem crê honra o Senhor e o chama de fiel e verdadeiro.

O sistema do mundo diz: "Corra! Lute! Controle!". Mas o Reino diz: "Descanse e confie!". O que é conquistado pelo esforço humano precisa ser mantido por meio da força humana. Mas o que Deus dá, ele mesmo sustenta. Portanto, descanse, "abra mão", não se preocupe, creia e receba o "azeite" do Céu, agora mesmo.

O suprimento de Deus flui quando você entrega tudo em suas mãos.

Leia hoje

Salmos 69-70 • Provérbios 4 • Marcos 4

Anotações

DECLARAÇÃO

Eu entrego minhas ansiedades a Deus e confio que ele provê e sustenta meu ser.

O BRAÇO ESTENDIDO DE DEUS

"Tirar-vos-ei dentre os povos [...], com braço estendido [...]"

• Ezequiel 20.34 •

Quando descanso, Deus trabalha por mim.

Leia hoje

Salmos 71-72 • Provérbios 5 • Marcos 5

Anotações

DECLARAÇÃO

Eu descanso nos braços estendidos de Deus, crendo que ele cuida de mim e age em meu favor.

O profeta Ezequiel está revelando o amoroso coração do Senhor quando este promete resgatar o seu povo da escravidão. Da mesma maneira, na cruz, Jesus estendeu seus braços de amor para nos resgatar de toda maldição do pecado e da morte. Nela, foi selada a maior prova de amor e a garantia de que o Céu está comprometido com a nossa redenção.

Quando você descansa, Deus age. A inquietação só alimenta o medo, mas o descanso é um ato de fé que libera a realidade do Céu sobre sua vida. O Diabo tenta roubar sua paz porque sabe que é na confiança em Cristo que você vence. O descanso é a grande prova da fé em relação ao amor de Deus por nós. Descansamos porque acreditamos que ele "estendeu seus braços na cruz" para demonstrar seu imensurável amor por nós. E não duvidamos de que ele continuará agindo em nosso favor, a cada dia.

Você não está sozinho. Deus já estendeu seu braço redentor, ele já declarou a vitória. Descanse em seu amor e veja o Inimigo sendo vencido sem que você precise lutar com as próprias forças. Naquele dia, Jesus bradou: "Está consumado!". Ele venceu todos os nossos inimigos e colocou cada um deles debaixo de nossos pés. Ele já estendeu suas mãos para você; estenda a sua para ele também, agora mesmo. Clame a ele e veja, em fé, a resposta do socorro divino a seu favor.

BOAS-NOVAS DE SAÚDE E PROVISÃO

"Ora, se vós, que sois maus, sabeis dar boas dádivas aos vossos filhos, quanto mais vosso Pai, que está nos céus, dará boas coisas aos que lhe pedirem."

• Mateus 7.11 •

Esse versículo nos ensina sobre a bondade de Deus. Que argumento poderoso ele apresenta! Se nós, sendo falhos, amamos e planejamos coisas boas para nossos filhos e lhes damos o melhor que temos, quanto mais o nosso Pai celestial, que é perfeito? Ele planeja coisas boas para nós e deseja nos abençoar com saúde, alegria, provisão e paz, sem culpa ou condenação.

Deus não é um juiz que está distante, procurando nossos erros para nos punir; antes, ele é um Pai presente e amoroso. Ele quer que vivamos livres de doenças, escassez e medo. Ele já providenciou tudo em Cristo. "Ele dará tudo o que lhe pedirem": veja que, muitas vezes, não temos recebido mais porque pedimos pouco. Deus se alegra em dar e presentear. Ele não nos abençoa de maneira mal-humorada, como alguns pais terrenos o fazem; pelo contrário, quanto mais pedimos o que é bom, mais feliz ele fica, pois demonstramos nossa dependência e fé em sua bondade.

A saúde, a paz e a prosperidade integral já foram conquistadas na cruz. A fé é a chave para acessar essas bênçãos. Deus planeja boas coisas para você hoje. Ele planeja surpreendê-lo. Decida confiar exageradamente na bondade de Deus hoje; ele anseia nos abençoar, mais do que nós o fazemos aos nossos filhos. Pegue a sua lista agora mesmo e converse com o seu Pai de amor!

Deus, o Pai de amor, tem boas coisas para nos dar.

Leia hoje

Salmos 73-74 • Provérbios 6 • Marcos 6

Anotações

DECLARAÇÃO

Eu creio que Deus tem boas coisas para mim. Ele me abençoa com saúde, prosperidade e paz, e eu recebo suas dádivas com gratidão.

SIGA PEQUENAS DIREÇÕES PARA GRANDES DESTINOS

"Leva, peço-te, para teus irmãos um efa deste trigo tostado e estes dez pães [...]; e trarás uma prova de como passam."

• 1Samuel 17.17-18 •

Grandes vitórias nascem de pequenas direções.

Davi foi ao campo de batalha apenas para levar comida aos seus irmãos, obedecendo a uma simples instrução do seu pai. Ele não sabia que obedecer a essa ordem o levaria a um momento extraordinário: enfrentar Golias e iniciar o processo de Deus para o seu reinado, que viria.

Às vezes, pensamos que as grandes oportunidades exigem grandes feitos, mas o que vemos em Davi é que grandes propósitos podem surgir de pequenos e, aparentemente, insignificantes atos de obediência às direções de Deus. Submeter-nos a elas pode nos levar a grandes propósitos. Muitas vezes, queremos ser chamados para feitos grandiosos, mas Deus nos chama para começar com pequenas atitudes. Cada pequeno ato de fé é um passo em direção ao plano divino.

No meio das pequenas tarefas, há uma preparação invisível para algo muito maior. Aquilo que parece simples pode ser a porta para algo poderoso; as oportunidades para fazer a diferença podem surgir dos momentos mais humildes. Não despreze a obediência às pequenas coisas. Deus vê o coração submisso e exalta o humilde no tempo certo, mostrando que, ao sermos fiéis no pouco, ele também nos confiará as grandes oportunidades.

Golias não era um enorme problema, era uma grande chance dada a Davi depois de uma pequena obediência. Pequenas direções do Espírito Santo o levarão a tremendas oportunidades.

Leia hoje

Salmos 75-76 • Provérbios 7 • Marcos 7

Anotações

DECLARAÇÃO

Eu decido obedecer às instruções de Deus e confio que ele me posicionará no centro do seu propósito.

A GRAÇA É MAIOR DO QUE O PECADO

"E por que não dizemos, como alguns, caluniosamente, afirmam que o fazemos: 'Pratiquemos males para que venham bens'? A condenação destes é justa."

• Romanos 3.8 •

Sempre que a graça é pregada com ousadia, surgem críticas. Dizem que ela incentiva o pecado e enfraquece a santidade. Mas isso sempre aconteceu desde os tempos de Paulo — e não é sinal de erro, mas de que estamos pregando o mesmo Evangelho que ele pregava.

A Martin Lloyd-Jones atribui-se a frase: "Se as pessoas não nos acusam como acusaram Paulo, provavelmente não estamos pregando o Evangelho que Paulo pregou". Isso traz paz ao coração. A mensagem da graça não é centrada na falha do homem, mas na bondade de Deus. A graça é maior do que qualquer pecado. Paulo não incentivava o erro, mas mostrava que, mesmo quando falhamos, Deus continua agindo com amor e propósito. A graça de Deus não é uma licença para pecar, mas um convite para uma vida transformada, onde o perdão e a restauração acontecem continuamente. É o perdão imerecido do Pai, que nos liberta da escravidão do pecado.

Se você acredita mais na força do pecado do que na da graça, está enxergando tudo ao contrário. O pecado pode ser forte, mas a graça de Deus é infinitamente mais poderosa e capaz de nos libertar. O Senhor nos chama para viver de acordo com sua graça, e não segundo os nossos erros. Seu pecado é o que você fez, o perdão e a graça de Deus representam o que Cristo fez. E o que ele fez é muito maior do que o que você fez. Celebre: você foi perdoado.

O que Cristo fez é muito maior do que o que eu fiz!

Leia hoje

Salmos 77-78 • Provérbios 8 • Marcos 8

Anotações

DECLARAÇÃO

Creio que a graça de Deus cobre minhas falhas e transforma todas as coisas para o meu bem.

A CURA DO MEDO: A REVELAÇÃO DO AMOR DE DEUS

"Nós amamos porque ele nos amou primeiro."

• 1João 4.19 •

O amor de Deus é a chave que dissolve o medo e promove paz.

Adão, ao perceber seu erro, temeu que Deus não o amasse mais. Ele acreditava que sua falha resultaria em rejeição e condenação. Esse pensamento, que surgia da mentira de que já não era mais amado pelo Senhor, foi a raiz do medo e da vergonha experimentados.

Muitas pessoas ainda vivem nesse ciclo, tentando merecer o amor de Deus por meio de suas ações, sem perceber que a verdadeira base do amor de Deus é a graça. Quando a consciência do pecado, da vergonha e da condenação nos toma e não a entregamos aos pés da cruz, o medo de não ser amado surge e o estresse se instala em nossa vida. Contudo, a Palavra de Deus nos assegura algo maravilhoso: "Em lugar da vergonha, haverá dupla honra" (cf. Isaías 61.7). Esse é o convite dos Céus para trocarmos a mentira do medo pela verdade do amor incondicional de Deus por nós.

Quando cremos no amor de Deus, o medo perde a força e o estresse desmorona, pois sabemos que o amor de Deus não depende do que fazemos, mas do que Cristo fez por nós.

Leia hoje

Salmos 79-80 • Provérbios 9 • Marcos 9

Anotações

DECLARAÇÃO

Eu sou profundamente amado por Deus. Seu amor por mim não depende do que faço, mas do que Cristo fez.

ENQUANTO VOCÊ DESCANSA, DEUS TRABALHA

"Porque desde a antiguidade não se ouviu, nem com ouvidos se percebeu, nem com os olhos se viu um Deus além de ti, que trabalha para aquele que nele espera."

• Isaías 64.4 •

Enquanto você espera em Deus, ele trabalha por você. A palavra "esperar" pode ser lida como "descansar". Descansar é "esperar sem ansiedade, confiantemente". Pode ser difícil ver ou perceber, mas, mesmo quando não vemos evidências imediatas, Deus está em ação. Às vezes, ele trabalha nos bastidores, alinhando as situações e preparando o melhor para você. A espera pode parecer tempo perdido, mas é, na verdade, um tempo de preparação e transformação.

Deus nunca nos abandona nos momentos de espera. Ele nos fortalece, guia-nos e prepara-nos para o que está por vir. Quando nos sentimos sozinhos ou desanimados, podemos confiar que ele está trabalhando para o nosso bem. O próprio Deus renova nossas forças enquanto esperamos com fé. Não veja a espera como um tempo sem propósito, mas como um tempo de confiança, por meio do qual Deus molda o nosso caráter e nos prepara para sua perfeita vontade.

A chave aqui, então, é acreditar na bondade de Deus e entender que, se ainda não chegou a resposta ou se a resposta divina foi "não", é porque essa é a resposta perfeita para você agora. Não duvide, porém, que Deus tem prazer em satisfazer os bons desejos do seu coração! Com certeza, ele está trabalhando no oculto para surpreender você com coisas além do que você é capaz de pedir ou imaginar. Espere, descanse, confie: sempre há o bom de Deus chegando ao seu futuro.

Enquanto espera no Senhor, ele trabalha por você.

Leia hoje

Salmos 81-82 • Provérbios 10 • Marcos 10

Anotações

DECLARAÇÃO

Confio no Senhor e descanso em sua paz. Sei que ele está agindo enquanto espero com fé.

QUANDO TUDO COOPERA PARA O BEM

FEVEREIRO
11
Devocional
42/365

"Sabemos que todas as coisas cooperam para o bem daqueles que amam a Deus, daqueles que são chamados segundo o seu propósito."

• Romanos 8.28 •

Deus transforma o mal em caminhos para o bom propósito.

A história de José prova que Deus transforma dor em propósito. José foi traído, vendido, acusado injustamente e preso. Tudo parecia perdido, mas Deus estava no controle de cada detalhe, guiando sua vida rumo ao destino preparado. Se ele não tivesse sido vendido, não teria ido ao Egito. Se não tivesse sido preso, não teria interpretado os sonhos que o levaram ao palácio. Nenhum momento foi desperdiçado — cada etapa difícil era uma ponte para o propósito.

Hoje, o que parece dor ou atraso em sua vida pode ser exatamente o que Deus está usando para levá-lo mais longe. Quando entregamos tudo em suas mãos, até os males se tornam caminhos para o bem. Nada é em vão para aqueles que amam a Deus e buscam viver o seu propósito. Cada desafio se torna uma oportunidade de ver a obra divina se manifestar de maneira poderosa e inesperada.

Acredite que, mesmo quando as coisas não acontecem como planejado, Deus está no controle. Ele usa todos os momentos, bons ou ruins, para cumprir o seu propósito em sua vida. Você não precisa saber "como" ele fará, de modo que até mesmo seus erros cooperem para o seu bem; só precisa crer que ele é o seu Salvador e Pai amoroso. Você não o merece, mas ele está fazendo tudo isso por amor.

Leia hoje

Salmos 83-84 • Provérbios 11 • Marcos 11

Anotações

DECLARAÇÃO

Mesmo nas dificuldades, creio que Deus está conduzindo tudo para o meu bem.

COMO VIVEREMOS EM PECADO, SE PARA O PECADO MORREMOS?

"Que diremos, pois? Permaneceremos no pecado, para que seja a graça mais abundante? De modo nenhum! Como viveremos ainda no pecado, nós os que para ele morremos?"

• Romanos 6.1-2 •

Paulo foi acusado de pregar uma graça permissiva. Diziam que, ao ensinar que onde o pecado abundou superabundou a graça, ele estava liberando as pessoas para pecar. Mas sua resposta foi firme: "De modo nenhum!". Quem nasceu de novo não deseja viver no pecado. Isso seria como dizer: "Vamos adoecer para experimentar a cura?". Não faz sentido. A nova natureza não combina com as velhas práticas; quem nasceu de novo é atraído pelas coisas do Céu.

A graça não é licença para errar, mas poder para vencer. Ela não nos deixa presos à culpa, mas nos levanta com força e identidade. Quem foi alcançado por essa graça quer viver de forma que glorifique a Deus. Quando nascemos de novo, recebemos a habilidade de viver de acordo com a vontade divina. Isso não significa que seremos perfeitos, mas que, mesmo com falhas, nossa natureza já está transformada para refletir a verdade e a santidade de Cristo.

Portanto, viver no pecado não é mais uma opção para quem foi regenerado pela graça de Deus. O novo nascimento nos capacita a viver de maneira diferente, afasta-nos do pecado e encaminha-nos à santidade. Em Cristo, somos feitos novas criaturas, e isso deve ser visível em nossas escolhas diárias; não é um esforço ou uma obrigação, é uma vida nova e espontânea de quem nasceu de novo e anda com Deus.

A graça não libera você *para* pecar, mas o liberta *de* pecar.

Leia hoje

Salmos 85-86 • Provérbios 12 • Marcos 12

Anotações

DECLARAÇÃO

Morro para o pecado a cada dia porque nasci de novo e vivo pela graça de Deus.

VOCÊ FOI JUSTIFICADO

"Porque, como, pela desobediência de um só homem, muitos se tornaram pecadores, assim também, por meio da obediência de um só, muitos se tornarão justos."

• Romanos 5.19 •

Sua prática não define quem você é. Seu nascimento em Cristo, sim.

Leia hoje

Salmos 87-88 • Provérbios 13 • Marcos 13

Anotações

DECLARAÇÃO

Nasci de novo em Cristo. Morri para o pecado. Sou justificado pela graça de Deus.

O novo nascimento não é apenas uma mudança de conduta, mas uma mudança de natureza. Você não é justo porque faz coisas certas; você faz coisas certas porque nasceu de novo, do Justo, que é Cristo. Foi a obediência de Cristo, não a sua, que o justificou.

Ninguém é pecador porque peca, mas peca porque é pecador. A prática nasce da natureza. Mas agora, em Cristo, você tem uma nova origem. Você morreu para o pecado e nasceu da justiça. Justiça é o que Cristo fez; ele nunca pecou e cumpriu todas as exigências de Deus, garantindo-nos todas as bênçãos prometidas. O que o define não é o que você faz, mas de quem você nasceu. Se você nasceu de novo, em Cristo, então você é considerado justo diante de Deus. Mesmo com lutas e falhas, sua identidade está segura nele. A justificação vem pela fé, e não pelo que você faz. Isso transforma nossa maneira de viver, pois, ao nos vermos justos em Cristo, nossa vida passa a refletir esse novo estado.

Quando aceitamos essa verdade, deixamos de lutar para provar nossa justiça e passamos a viver a partir da justiça que recebemos. A prática da justiça é fruto de uma identidade transformada, não da tentativa de alcançar a justiça. Ser justo é uma condição que nos é dada, não algo que devemos alcançar com nossos próprios esforços. Crer nisso é fundamental para orar e ter a certeza de que seremos ouvidos.

UMA NOVA IDENTIDADE

"Aquele que não conheceu pecado, ele o fez pecado por nós; para que, nele, fôssemos feitos justiça de Deus."

• 2Coríntios 5.21 •

Você precisa acreditar que há algo muito superior: o novo nascimento. Como poderíamos viver no pecado se morremos para ele? Isso é impossível. Podemos cair e ser tentados, mas se nascemos de novo, não conseguimos mais viver no pecado. Estamos mortos para ele. Nossa nova identidade é o ponto de partida: fomos feitos justiça de Deus em Cristo. Isso não veio da nossa obediência, mas da obediência de Jesus. Ele foi feito pecado por nós, mesmo sem jamais ter pecado, para que fôssemos justificados por ele.

Não sou pecador porque peco, sou pecador porque nasci de Adão. Do mesmo modo, não sou justo porque pratico justiça, mas porque nasci de novo. Uma criança já nasce pecadora, mesmo sem ter cometido pecado. Assim também, quem nasce em Cristo já nasce justo.

Agora que nascemos de novo, somos justos e por isso praticamos justiça. As boas obras não nos tornam justos; a justiça de Jesus é que nos leva a praticá-las. Não podemos ver a justiça como algo que conquistamos; ela é um dom de Deus, que nos transforma para vivermos uma nova vida em Cristo, refletindo sua glória e santidade. Quando nascemos de novo, ganhamos uma nova identidade; assim como éramos "pecadores" por nascermos de Adão, um pecador, agora somos justos, aprovados diante de Deus, porque nascemos do justo, Cristo.

Não sou justo pelo que faço. Faço o bem porque sou justo.

Leia hoje

Salmos 89-90 • Provérbios 14 • Marcos 14

Anotações

DECLARAÇÃO

Fui feito justiça de Deus em Cristo. Vivo a verdade da nova natureza.

A OBRA DE CRISTO É MAIS PODEROSA

FEVEREIRO
15
Devocional
46 /365

"Sobreveio a lei para que avultasse a ofensa; mas onde abundou o pecado, superabundou a graça."

• Romanos 5.20 •

A graça nos sustenta, mesmo quando tropeçamos.

A obra de Adão foi profunda, mas a de Cristo é superior. Se nenhum homem consegue se tornar justo apenas fazendo o bem, por que acreditar que um justo deixa de ser justo ao cometer um erro? Isso é inverter a lógica da redenção.

Um não crente que pratica boas obras não se torna justo. Então, por que um justo ao pecar deixaria de ser justo? Se pensamos assim, dizemos que a obra de Adão é mais poderosa do que a de Cristo, e isso não faz sentido. O pecado de Adão fez de nós pecadores, quando nascemos na carne, mas a vida perfeita de Cristo, que chamamos de "justiça de Cristo", fez-nos justos, ou seja, aprovados diante de Deus, quando nascemos de novo ao crermos em Jesus.

A graça de Cristo nos perdoa para sempre. Ela nos sustenta como justos, mesmo quando tropeçamos. A justiça que recebemos não depende do nosso desempenho, mas da obra consumada por Jesus. Ele pagou o preço por nossos erros, e sua obra é suficiente para garantir nossa justificação. O que você faz não muda o que Cristo fez por você. Sua identidade está segura nele. Mesmo em nossos erros, a graça não falha. A obra de Jesus é superior a qualquer falta humana, e sua graça nos sustenta até o fim. Ser justo em Cristo significa que, quando Deus olha para você, ele vê Cristo, e não os seus pecados. Ele está feliz com você por causa de Jesus, não se esqueça disso.

Leia hoje

Salmos 91-92 • Provérbios 15 • Marcos 15

Anotações

DECLARAÇÃO

Sou justo em Cristo, mesmo quando erro. A graça é maior do que meu pecado.

O ESFORÇO DO DESCANSO

"Esforcemo-nos, pois, por entrar naquele descanso [...]"

• Hebreus 4.11 •

Nosso maior esforço deve ser descansar. Isso pode parecer contraditório, mas é o coração do Evangelho. Quando a ansiedade voltar, ore de novo, entregue de novo, até que o coração se aquiete. A luta contra a ansiedade é uma batalha espiritual, e a verdadeira vitória começa no descanso. Não é pelo esforço humano que conquistamos a paz, mas pela confiança em Deus e em sua providência. Jesus mostrou que o descanso no Senhor é a verdadeira chave para viver em vitória, como fez quando dormiu no barco durante a tempestade.

Você sempre resolverá os problemas diante dos quais for capaz de descansar. Jesus dormiu no barco durante a tempestade porque sabia quem estava no controle: Deus, o seu Pai. Isso lhe deu autoridade para acalmar o mar e demonstrar o poder de Deus. Quando descansamos, demonstramos que cremos. Essa fé produz confiança, e essa confiança move o Céu. A fé se manifesta no descanso, e onde há fé, há intervenção de Deus. O descanso não é passividade, mas a manifestação da confiança de que Deus está no controle de todas as situações.

Se algo está produzindo ansiedade na sua vida, não se condene! Ore agora mesmo, entregue a Deus quantas vezes necessárias forem, até conseguir crer, descansar, e então sua fé estará em ação e trará a resposta do Céu para você.

Eu sempre resolverei os problemas diante dos quais eu for capaz de descansar.

Leia hoje

Salmos 93-94 • Provérbios 16 • Marcos 16

Anotações

DECLARAÇÃO

Eu descanso em Deus e, agindo assim, recebo a graça para mudar minha situação.

ESPÍRITO SANTO, AQUELE QUE NOS GUIA

"Mas o Consolador, o Espírito Santo, a quem o Pai enviará em meu nome, esse vos ensinará todas as coisas, e vos fará lembrar de tudo o que vos tenho dito. Deixo-vos a paz; a minha paz vos dou [...]"

• João 14.26-27 •

A paz de Cristo também nos permite ouvir o Espírito Santo.

Jesus nos deixou o Espírito Santo como nosso Ajudador fiel. Ele não apenas nos ensina e nos lembra das verdades divinas, mas também nos guia em todos os momentos. Sua presença nos fortalece e nos dá direção para vivermos de acordo com a vontade de Deus. A paz que ele nos oferece não é como a paz oferecida pelo mundo, que é passageira e instável. A paz de Cristo é duradoura, sólida e celestial.

Veja que a Bíblia não diz que o Espírito Santo o ajudará nas "coisas muito difíceis ou impossíveis", ela diz que ele nos ajudará em todas as coisas. Não por menos Jesus disse que, sem ele, "nada podemos fazer". Alguém disse: "o impossível Deus fará, mas as coisas possíveis, você mesmo deve fazer". Essa afirmação, porém, é incompatível com o Evangelho! Quando Jesus diz que, sem ele, "nada" podemos fazer, isso significa que ele nos ajudará em *tudo*, nas pequenas e grandes coisas, nas possíveis e impossíveis. Então, alegre-se, porque em tudo o Espírito Santo estará com você.

Quando vivemos em sua paz, conseguimos ouvir a voz do Espírito com clareza. Essa paz nos prepara para enfrentarmos qualquer desafio, confiando em sua direção e em seu cuidado. Quando estamos em dúvida ou enfrentando dificuldades, podemos buscar essa paz para nos alinhar com a vontade de Deus e seguir o seu caminho. Pare agora mesmo e fale com o Espírito Santo, e ele o ajudará. Assim, você desfrutará de plena paz.

Leia hoje

Salmos 95-96 • Provérbios 17

Anotações

DECLARAÇÃO

Eu recebo a paz de Cristo e me sintonizo com o Espírito Santo para ser guiado e ensinado em todas as áreas da minha vida.

FEVEREIRO
18
Devocional
49 /365

GRAÇA SUFICIENTE PARA A FRAQUEZA

"[...] A minha graça te basta, porque o poder se aperfeiçoa na fraqueza."

• 2Coríntios 12.9 •

A graça de Deus se manifesta em nossas deficiências. Em vez de escondermos nossas fraquezas, devemos reconhecê-las, pois é nelas que o poder de Deus se revela. Quando Paulo pediu que o espinho em sua carne fosse retirado, Deus respondeu: "A minha graça te basta". Em outras palavras, Deus não removeu o espinho, mas lhe deu graça suficiente para enfrentá-lo. A graça é suficiente, especialmente nas nossas fraquezas.

Deus não espera que sejamos fortes o tempo todo. Pelo contrário, ele deseja que dependamos dele. Ao admitirmos nossas limitações, abrimos espaço para o ilimitado agir de Deus em nossa vida. Nossa força não vem de autossuficiência, mas de entrega. Quando entendemos que nossa fraqueza não é um obstáculo, mas uma oportunidade para que o poder de Deus se manifeste, começamos a viver de uma maneira mais confiante. O poder de Deus se aperfeiçoa na fraqueza, e é isso que nos capacita a seguir em frente, sem medo de falhar.

Confesse ao Senhor todas as áreas em que você se sente fraco, incapaz ou impotente, e ele derramará graça sobre cada uma delas. Você se surpreenderá com o que ele fará na sua vida. Ele nunca chama pessoas capazes, mas as incapazes, para manifestar o seu poder e glorificar o seu nome. Se você reconhece que tem fraquezas, saiba que é um grande candidato e alvo da graça e do poder de Deus.

A graça de Deus se manifesta na minha fraqueza.

Leia hoje

Salmos 97-98 • Provérbios 18

Anotações

DECLARAÇÃO

Recebo o poder de Deus, que se aperfeiçoa na minha fraqueza.

ONDE ABUNDOU O PECADO SUPERABUNDOU A GRAÇA

"No qual temos a redenção, pelo seu sangue, a remissão dos pecados, segundo a riqueza da sua graça."

• Efésios 1.7 •

No lugar dos meus pecados, eu recebi graça e perdão.

A graça de Deus se manifesta com mais intensidade nas nossas fraquezas e imperfeições. Muitas vezes, preferimos esconder as limitações que identificamos em nós mesmos, mas são nessas fragilidades que a graça de Deus se revela com maior poder. Paulo passou por muitas dificuldades e, quando orou para que Deus removesse o espinho da carne, a resposta divina foi clara: "A minha graça te basta, porque o meu poder se aperfeiçoa na fraqueza". Isso nos ensina que, mesmo em fraquezas, o poder de Deus se torna visível e evidente sobre nós.

A redenção que temos pelo sangue de Jesus nos garante a abundância da graça, mesmo diante dos nossos pecados. Ao invés de tentar esconder falhas, devemos reconhecê-las e confessá-las, pois nelas a graça opera de maneira mais eficaz. Deus não nos rejeita por nossas falhas; ele nos fortalece graciosamente ao ver-nos em Cristo. A graça é maior do que a culpa.

Em Cristo, a graça sempre superará o pecado. Não importa quantas vezes falhamos, a graça de Deus se renova todos os dias, e a sua misericórdia é mais do que suficiente para nos cobrir e restaurar. O pensamento lógico diria que onde existe mais erro deve haver mais punição, mas a graça de Deus nos diz o contrário. Ela é a loucura do amor de Deus. Jesus recebeu a punição para que, no lugar do seu pecado, você recebesse favor imerecido.

Leia hoje

Salmos 99-100 • Provérbios 19

Anotações

DECLARAÇÃO

Eu aceito a graça de Deus para superar minhas fraquezas e ser fortalecido por seu poder.

A FORÇA DE DEUS NA FRAQUEZA

"[...] De boa vontade, pois, mais me gloriarei nas fraquezas, para que sobre mim repouse o poder de Cristo."

• 2Coríntios 12.9b •

Quando reconhecemos nossas fraquezas, Deus revela seu poder de maneira sobrenatural. O verbo "repousar", utilizado por Paulo, tem o significado de "armar uma tenda", como se o poder de Deus acampasse sobre a vida da pessoa. Ao confessar limitações, seja em relação à família, finanças, saúde ou qualquer outra área da vida, o Senhor multiplica suas forças e traz verdadeira transformação.

A verdadeira força não vem de nós, mas do poder de Deus. Quando entregamos nossas fraquezas a ele, encontramos descanso, capacitação e força para enfrentar o que vem pela frente. Não precisamos esconder nossos defeitos. Ao contrário, quando os reconhecemos com fé, a graça de Deus se manifesta e o poder do Céu nos sustenta. Em qualquer área que admitamos, diante de Deus, sermos fracos, Deus "armará uma tenda" de poder para nos abençoar; ele "faz forte ao cansado e multiplica as forças ao que não tem nenhum vigor" (Isaías 40.29).

Lembre-se de que não é o que fazemos, mas o que Cristo fez por nós, que nos justifica e nos fortalece. Deus usa nossas fraquezas para manifestar sua grandeza. Quanto mais admitimos nossa limitação, mais seu poder se revela em nossa vida.

Deus manifesta seu poder em minha fraqueza.

Leia hoje
Salmos 101-102 • Provérbios 20

Anotações

DECLARAÇÃO

Eu me glorio nas minhas fraquezas, pois o poder de Cristo repousa nelas e as transforma.

LIVRE DO MEDO, LIVRE DA CONDENAÇÃO

"Agora, pois, já nenhuma condenação há para os que estão em Cristo Jesus."

• Romanos 8.1 •

Onde há condenação, o medo cresce. Onde há graça, a confiança floresce.

Muitos cristãos vivem paralisados pelo medo: medo de Deus não ouvir a oração, medo de não ser atendido, medo de que Deus os abandone. Medo do futuro, de fracassar, de morrer, de depender totalmente dele. Medo até de viver pela fé! Mas por que tanto medo? Porque, no fundo, ainda há um sentimento de condenação. O medo se alimenta da culpa. Quando há pecado não tratado, a alma se enche de temor, não o temor reverente e bíblico, mas esse paralisante, que escraviza.

É por isso que precisamos confiar na bondade de Deus. Ele é bom mesmo quando não o entendemos. Ele transforma as situações difíceis em bênçãos para aqueles que o amam. Quando compreendemos que somos amados e perdoados, a condenação perde a força e o medo desaparece. A morte de Cristo na cruz foi a prova do pagamento de todos os nossos pecados, mas a sua ressurreição foi a prova da aceitação do pagamento. Se nossos pecados foram pagos, não podem ser cobrados novamente. É esse entendimento que nos livra da condenação e do medo.

A fé nos faz viver com ousadia. Deus quer vê-lo vivendo com segurança, liberdade e paz. Ele quer este entendimento: você é amado. E perdoado. Ele está com você. Sempre.

Leia hoje

Salmos 103-104 • Provérbios 21

Anotações

DECLARAÇÃO

Não há condenação sobre mim. Deus me ama e me perdoa, livrando-me de todo medo.

DEUS QUER ENCHER VOCÊ DE ESPERANÇA

"E o Deus da esperança vos encha de todo o gozo e paz no vosso crer, para que sejais ricos de esperança no poder do Espírito Santo."

• Romanos 15.13 •

Se você está cheio de medo e preocupações com o que está diante de seus olhos, quero lembrá-lo: Deus é bom. Espero que tenha uma imagem correta dele e que esteja esperando coisas boas da parte dele, porque é isso que ele está planejando para a sua vida. Encha o seu coração de santa expectativa.

A Palavra diz que ele quer nos encher de alegria e paz enquanto cremos, para que sejamos abundantes em esperança. Ou seja, quanto mais confiamos, mais esperança brota dentro de nós, pelo poder do Espírito. A esperança divina não nasce em nosso coração pelas nossas boas obras, mas é uma obra do Espírito Santo. Nós precisamos apenas crer no seu amor e na sua bondade; nesse momento, a fé destrava a esperança e enche o coração.

No original grego, a palavra "esperança" no versículo mencionado é: "expectativa de coisas boas". Quando cremos, o Espírito Santo nos faz viver com santas expectativas de que algo bom vai acontecer a nós, e isso produz gozo e paz interior. A esperança verdadeira não é como a do mundo, que pode ou não acontecer. A celestial está fundamentada nas promessas de um Deus que não pode falhar, que é nosso Pai e nos ama. O pensamento de hoje é simples e profundo: o Pai deseja abençoar você e lhe dar uma vida plena, cheia de boas perspectivas e esperança verdadeira. Ele é o Deus da esperança. Creia que coisas boas estão a caminho.

Quem crê em um Deus bom espera por coisas boas.

Leia hoje

Salmos 105-106 • Provérbios 22

Anotações

DECLARAÇÃO

Eu creio em um Deus bom e espero saúde, paz e alegria em minha vida.

O PAI SABE DO QUE VOCÊ PRECISA

"Portanto, não vos inquieteis, dizendo: Que comeremos? Que beberemos? Ou: Com que nos vestiremos? Porque os gentios é que procuram todas estas coisas; pois vosso Pai celeste sabe que necessitais de todas elas."

• Mateus 6.31-32 •

Quem conhece o Pai descansa no cuidado dele.

Se você é pai ou mãe, certamente deseja o melhor para seus filhos. Você os quer saudáveis, protegidos e prósperos. Muito mais deseja o nosso Pai celestial. Ele nos ama com perfeição e sabe do que precisamos, antes mesmo que o peçamos.

Veja como esse versículo nos explica incrivelmente a razão por traz da inquietação, da ansiedade e do estresse: o fato de acharmos que não temos pai. Ele nos mostra que as pessoas do mundo, que não são salvas, são as que vivem ansiosas, porque elas, de fato, estão órfãs. Mas não é assim com você que crê e nasceu de novo! Você tem um Pai, que é Deus.

No momento em que você tem a firme convicção de que Deus é o seu Pai e que, portanto, ele conhece todas as suas necessidades e está pronto, além de ser totalmente capaz de supri-las, a ansiedade desaparece e a paz toma conta do seu coração. Não basta ter um Pai celestial, é necessário acreditar que ele ama você incondicionalmente, apesar de seus erros e pecados.

Por isso, Jesus nos ensina a não andarmos ansiosos, como quem não conhece a bondade do Pai. Ele cuida de nós. Ter uma boa expectativa a respeito de Deus alimenta a fé. Aguardar o pior não é humildade, é incredulidade. Espere o melhor do seu Pai. Deus quer ver você curado, em paz, suprido em todas as áreas. Confie nele. Ele sabe do que você precisa.

Leia hoje

Salmos 107-108 • Provérbios 23

Anotações

DECLARAÇÃO

Meu Pai sabe do que preciso. Ele cuida de mim com amor e fidelidade.

CINCO PODEROSAS PROMESSAS

"Não temas, porque eu sou contigo; não te assombres, porque eu sou o teu Deus; eu te fortaleço, e te ajudo, e te sustento com a minha destra fiel."

• Isaías 41.10 •

Cinco promessas poderosíssimas: "Eu sou contigo"; "Eu sou o teu Deus"; "Eu te fortaleço"; "Eu te ajudo"; "Eu te sustento". O medo cai quando você acredita que Deus está do seu lado, e não contra você. Ele não é o autor dos seus problemas, ele é o autor da sua fé e das suas vitórias. "Não te assombres" significa não viver apavorado, ansioso ou estressado, e a razão para isso é que ele não é apenas o seu Pai, mas também o seu Deus, o todo suficiente na sua vida.

Talvez você esteja enfrentando dias difíceis e se sinta fraco. Pode ser que esteja tentando se levantar, sem sucesso, mas ele lhe diz hoje: "Eu te fortaleço e te ajudo". Creia e você será fortalecido sobrenaturalmente; não dependa dos seus esforços ou merecimento, mas da bondade divina. Peça isso a ele de todo o seu coração, agora mesmo, e veja o agir do Senhor na sua vida.

Deus o sustenta com a sua "destra fiel". A destra de Deus é o lado do seu favor imerecido; por isso, Jesus está à *destra de Deus*, as ovelhas ficam à *sua direita* e sua mão que abençoa é *a destra*. Isso significa que a provisão dele para sua vida não depende de seu merecimento; na verdade, acontece apesar dos seus pecados e falhas. Deus nos sustenta por causa da sua bondade, e não da nossa; devido à sua fidelidade, e não à nossa. Creia hoje e seja fortalecido nele.

A destra fiel de Deus me fortalece por causa do seu grande amor.

Leia hoje

Salmos 109-110 • Provérbios 24

Anotações

DECLARAÇÃO

O Senhor está comigo e é o meu Deus, ele me ajuda e me sustenta com sua destra fiel. Eu recebo hoje, pela fé, o seu favor imerecido.

O ATAQUE É SINAL DE QUE O CÉU JÁ SE MOVEU

FEVEREIRO
25
Devocional
56 /365

"Se, pelo nome de Cristo, sois injuriados, bem-aventurados sois, porque sobre vós repousa o Espírito da glória e de Deus."

• 1Pedro 4.14 •

O ataque do Inimigo é o sinal de que o Céu já se moveu em meu favor.

Muitas vezes, não enxergamos o que Deus está fazendo. Só conseguimos ver a luta, a oposição, o ataque do Inimigo. Mas o Diabo nunca inicia nada — ele apenas reage ao que Deus já começou. Sempre que Deus inicia um mover na sua vida, o Diabo tenta impedir esse agir assim que o nota. Mas o ataque é apenas um sinal de que o Céu já se moveu antes.

Lembra-se de quando Jesus nasceu? Herodes mandou matar todas as crianças de até dois anos de idade, uma chacina cruel. Mas, por trás daquele ataque, operava uma verdade espiritual: Deus havia descido à Terra. A ação demoníaca foi apenas uma reação ao nascimento do Salvador. As pessoas não sabiam do mover do Céu, estavam vendo apenas o que Satanás estava fazendo, mas Deus já havia agido primeiro, vindo à Terra para destruir as obras do Diabo e salvar o homem.

Assim também é na sua vida. O Diabo percebe quando Deus está fazendo algo grande, e ataca para fazer você parar e retroceder. Mas não foque no ataque, não olhe para o que Satanás está fazendo; antes, veja, pela fé, o que Deus já fez. Se você permanecer firme, a vitória é certa, pois o Espírito de Deus repousa sobre sua vida. Repousará sobre você o Espírito da glória e de Deus; o Espírito que vence o Inimigo e o coloca em posição de autoridade.

Leia hoje

Salmos 111-112 • Provérbios 25

Anotações

DECLARAÇÃO

Mesmo diante da oposição, sei que o Espírito de Deus repousa sobre mim e me fortalece.

SEJA PEQUENO AOS PRÓPRIOS OLHOS

"[...] Porventura, sendo tu pequeno aos teus olhos, não foste por cabeça das tribos de Israel, e não te ungiu o Senhor rei sobre ele?"

• 1Samuel 15.17 •

A tendência humana é sempre querer mostrar os próprios pontos fortes e esconder as fraquezas. Muitas vezes, isso acontece por medo da rejeição, mas, com Deus, a história é diferente. Ele não se assusta com os nossos defeitos. Ao ver uma falha, ele quer nos ajudar, como um pai que, ao ver o filho em dificuldades, aproxima-se para dar a mão.

Não é impressionante pensarmos que, se formos capazes, Deus nos usará? Isso é um engano, pois Deus não pode usar os que pensam que são grandes; ele usará gloriosamente os que se veem apropriadamente, aqueles que sabem que não são, para que a glória seja toda dele. O Senhor escolhe os que não são para envergonhar os que pensam que são, opta pelos pequenos para envergonhar os grandes. Ele não escolhe os capacitados; antes, capacita os escolhidos.

A atitude de Saul, o primeiro rei de Israel, ensina-nos algo importante. Quando ele se sentiu pequeno aos próprios olhos, Deus o exaltou. No entanto, quando se encheu de orgulho, foi rebaixado. Ele quis manter a aparência de honra, mesmo após seu pecado. Essa busca por promoção pessoal, em vez de humildade, foi a causa de sua queda. Da mesma forma, a igreja não é um lugar para ensinarmos autoestima, mas estima de Cristo. Fora de Cristo, não somos nada, mas nele podemos todas as coisas. Glorificar a Cristo é reconhecer que, sem ele, não somos nada, mas com ele, podemos tudo.

A humildade diante de Deus abre espaço para a graça.

Leia hoje
Salmos 113-114 • Provérbios 26

Anotações

DECLARAÇÃO

Reconheço minhas fraquezas diante do Senhor e confio que é na dependência dele que sou fortalecido.

A HUMILDADE ATRAI A GRAÇA

"[...] Deus resiste aos soberbos, mas dá graça aos humildes."

• Tiago 4.6 •

A humildade atrai a graça de Deus.

A graça de Deus se manifesta na humildade. Deus começa onde você termina. Ao dizer "não posso", ele entra. Mas se você optar por caminhar sozinho, ele permitirá que você siga seu caminho. Deus não acompanha aqueles que querem andar sozinhos. O exemplo de Saul, antes de se encher de si mesmo, é revelador. Quando Saul foi escolhido rei, ele se via tão pequeno aos próprios olhos que se escondeu no meio de bagagens (cf. 1Samuel 10.21-22). Apesar de ser o mais belo e imponente de Israel, ele se considerava um ninguém, e por isso Deus o levantou.

O primeiro e grande erro do homem foi tentar ser homem sozinho. Ao decidir comer da árvore proibida, Adão alimentou-se do fruto da independência e da arrogância, como se dissesse: "Eu sou capaz de viver por mim mesmo". Nesse momento, ele morreu espiritualmente, desconectou-se da fonte de vida e passou a viver miseravelmente, sem a graça do Pai.

Satanás, não sendo Deus, quis ser igual a Deus e foi precipitado. Mas Jesus, sendo Deus, não se apegou ao fato de ser igual a Deus, antes se humilhou, assumindo a forma humana e morrendo a morte de cruz; por isso foi exaltado acima de todo nome (cf. Filipenses 2.5-8). Deus resiste ao orgulhoso, mas dá graça ao humilde. Não importa o sucesso que você tenha alcançado, o segredo é sempre reconhecer que tudo vem do Senhor. Permanecer pequeno aos seus próprios olhos é a chave para ver o poder de Deus se manifestar em sua vida.

Leia hoje
Salmos 115-116 • Provérbios 27

Anotações

DECLARAÇÃO

Eu me humilho diante do Senhor e reconheço que tudo o que sou e tenho vem dele.

RECONHEÇA A GRAÇA DE DEUS

"[...] Pois aquilo que é elevado entre homens é abominação diante de Deus."

• Lucas 16.15 •

Deus não resiste ao humilde. Pelo contrário, ele se aproxima deste e o exalta. Essa é uma chave poderosa que precisamos entender e aplicar em nossa vida. Mesmo quando alcançamos grandes realizações, é importante lembrar que foi pela graça de Deus que chegamos até ali. A atração divina pelo fraco e humilde é uma grande demonstração do amor do Pai por nós. Pais normais dão mais atenção e ajuda aos que mais precisam, e o Senhor faz assim conosco também.

O problema é que nem sempre sabemos quão dependentes somos do Senhor, e acabamos nos sentindo fortes e capazes e não temos ideia de quão difícil é ser "fraco". Na nossa cegueira e arrogância, impedimos o fluir da graça de Deus. Somente após sermos quebrantados e humilhados, conseguimos ver o quanto precisamos dele; nesse momento, ele estará pronto para nos ajudar e abençoar.

Filipenses 2.5-8 fala sobre a humildade de Cristo. Embora fosse Deus, ele se esvaziou, assumiu a forma de servo e se humilhou até a morte. Isso nos ensina que a exaltação vem através da humildade. Quando Deus usar você poderosamente, lembre-se: você é apenas como aquele jumentinho que carregou Jesus na sua entrada triunfal em Jerusalém; o aplauso não é para você, mas para Cristo.

A verdadeira exaltação vem da humildade.

Leia hoje

Salmos 117-118 • Provérbios 28

Anotações

DECLARAÇÃO

Peço sempre ao Senhor que me ensine a andar em humildade, reconhecendo que tudo o que sou e tenho é pela sua graça.

Na Presença do Pai

Março

03 — 12

VENÇA O MEDO, VENÇA A ANSIEDADE

"Ora, nosso Senhor Jesus Cristo mesmo e Deus, o nosso Pai, que nos amou e nos deu eterna consolação e boa esperança, pela graça, consolem o vosso coração e vos confirmem em toda boa obra e boa palavra."

• 2Tessalonicenses 2.16-17 •

Quem confia no amor de Deus vence o medo e a ansiedade.

Leia hoje

Salmos 119.1-32 • Provérbios 29 • Lucas 1

Anotações

Você não está mais sob o controle da Lei, da velha aliança, de um sistema religioso de troca, mas sob a maravilhosa liberdade da graça, que é Deus dando tudo para quem não merece nada, somente porque somos filhos amados. O pecado não tem mais domínio sobre você. A graça de Deus não é um convite à libertinagem, mas uma porta para a verdadeira liberdade. Quando você entende isso, o medo e a ansiedade perdem força.

Adão e Eva caíram porque duvidaram do amor de Deus. A serpente os enganou ao insinuar que Deus não queria o melhor para eles. Mas era mentira. Ele os amava profundamente. Satanás sempre tentará persuadir você de que o Senhor não é bom e que está pronto para puni-lo sempre que você errar. Ele sempre procurará convencê-lo de que Deus nega coisas boas, a fim de que você duvide da sua bondade.

O grande arrependimento que precisamos ter na vida é a mudança de mente a respeito de quem Deus é. Ele não é um velho barbudo e distante, lá no Céu, vigiando-nos para nos punir cada vez que erramos. Ele é o Pai de amor, que entregou seu Filho — que se fez homem e morreu para nos salvar — e agora está, todo o tempo, planejando coisas boas para nós; esta deve ser a sua imagem e expectativa sobre Deus. Ele é bom e fiel, mesmo quando somos infiéis. Quando você crê nesse amor, o Diabo perde o poder sobre sua mente e a paz reina. Confie: você é amado.

DECLARAÇÃO

Eu sou amado por Deus. Vivo livre, em paz e sob a graça.

MARÇO

02

Devocional

61/365

DESCANSO, SABEDORIA E PROSPERIDADE

"Nisto é em nós aperfeiçoado o amor, para que, no Dia do Juízo, mantenhamos confiança; pois, segundo ele é, também nós somos neste mundo. No amor não existe medo; antes, o perfeito amor lança fora o medo. [...] aquele que teme não é aperfeiçoado no amor."

• 1João 4.17-18 •

Quando você crê que é amado e descansa nesse amor, recebe sabedoria. Ela é a chave para a prosperidade. O verdadeiro problema muitas vezes não está na circunstância, mas na falta de sabedoria para lidar com a situação. A Bíblia nos mostra que sempre que o amor é aperfeiçoado em nós, ganhamos confiança para enfrentar as adversidades da vida, obtemos sabedoria da parte de Deus para tomar boas decisões e, então, alcançamos sucesso.

O salmo 127 traz a chave para o sucesso: Deus dá "aos seus amados". Salomão foi esse homem que recebeu sabedoria para se tornar o homem mais próspero do mundo enquanto dormia, enquanto descansava em Deus, e o segredo dele estava no seu próprio nome. "Salomão" significa "paz", mas o seu outro nome era "Jedidias", que significa: "amado do Senhor" (cf. 2Samuel 12.25). Isto é, só quem sabe que é amado pode descansar. E só quem descansa pode prosperar.

Decida agora mesmo viver em paz, como um filho amado que é. Esse amor já foi demonstrado, quando Cristo deu sua própria vida em seu favor. Uma vez que você é amado, fique em paz e receba graça e sabedoria para vencer. Ele já provou o amor dele por você dando sua própria vida na cruz; se ele aceitou morrer por você, o que mais ele negaria?

Somente os que sabem que são amados podem descansar e prosperar.

Leia hoje

Salmos 119.33-64 • Provérbios 30 • Lucas 2

Anotações

DECLARAÇÃO

Eu sei que sou amado, descanso em Deus e prospero pela sua graça.

ANDE NA LUZ

MARÇO
03
Devocional
62 /365

"Não dá para encobrir os pecados e ir vivendo com eles; mas, quando você os reconhece e abandona, encontra misericórdia".

• Provérbios 28.13, A Mensagem •

A sinceridade diante de Deus abre caminho para o milagre.

Nossas ações e comportamentos não são perfeitos; no entanto, não precisamos viver sob culpa e condenação nem como escravos dos nossos erros. Tentar vencer nossas falhas a partir da própria força é pesado e frustrante. Então, fale com Deus sobre seus erros, pecados e fraquezas com sinceridade. Admitir debilidades — timidez, temperamento difícil, pecado, medo — não anula o amor de Jesus nem o que ele fez por você na cruz. Ao contrário, abre espaço para que Deus manifeste o seu poder para transformar sua vida.

Não é preciso buscar fraquezas. Todos já têm o suficiente. Basta confessá-las diante do Pai. Seja honesto em oração. Deus ama a oração sincera. O Senhor nunca humilhou pecadores, mas expôs os hipócritas. O único pecado que realmente o ofende é fingir ser bom quando não se é, então não tente parecer ser quem não é diante de Deus. Não se preocupe, ele nunca ficará surpreso sobre você ou seus comportamentos ruins. Ele o conhece profundamente e, ainda assim, decidiu amá-lo completamente.

A mulher siro-fenícia clamava: "Filho de Davi, tem misericórdia de mim" (cf. Mateus 15.22). E não foi ouvida. Mas quando admitiu: "Sou como um cachorrinho que come das migalhas" (cf. Mateus 15.27), recebeu o milagre. Deus responde ao coração humilde e sincero. Abra sua fraqueza diante de Deus e o milagre virá.

Leia hoje

Salmos 119.65-96 • Provérbios 31 • Lucas 3

Anotações

DECLARAÇÃO

Eu abro meu coração com sinceridade e recebo poder em minha fraqueza.

VENCENDO A CONDENAÇÃO

"Ele respondeu: Ouvi a tua voz no jardim, e, porque estava nu, tive medo, e me escondi."

• Gênesis 3.10 •

A primeira consequência do pecado foi a vergonha. Quando Adão pecou, ele se escondeu, com medo. A condenação entrou no coração do homem, plantada pelo próprio Diabo, que o convenceu de que seria sempre rejeitado na presença de Deus. A partir daí, o sentimento de culpa passou a dominar a humanidade. Mas Deus não deu a Lei para corrigir o homem, e sim para que ele reconhecesse o pecado e o mal que isso causa.

Veja a sequência: erro, vergonha, culpa, medo e afastamento. O Inimigo sempre tentará usar seus erros para conduzi-lo nesse "trilho" maligno; não por menos, o principal nome do Diabo é "Acusador". Ele nos acusa de dia e de noite, e isso não é tarefa difícil de fazer, uma vez que erramos todos os dias. O problema é que, se você não quebrar essa sequência, acabará se afastando de Deus e morrendo espiritualmente.

A condenação é a raiz de muitos problemas emocionais, físicos e espirituais. Mas a Cruz mudou tudo. Jesus levou a nossa culpa sobre si e nos libertou do poder da condenação. Agora, em Cristo, não precisamos mais nos esconder. Fomos justificados pelo sangue do Cordeiro. Esta é a verdade de que precisamos nos lembrar todos os dias: fomos perdoados, livres e chamados para reinar em vida. Declare com fé: "Eu recebi a vitória sobre toda condenação, através do sangue de Jesus, e reino em vida". Aproprie-se dessa verdade que muda tudo.

A Cruz venceu a culpa; em Cristo, não há mais condenação.

Leia hoje
Salmos 119.97-128 • Lucas 4

Anotações

DECLARAÇÃO

Eu recebi a vitória sobre toda condenação, por meio do sangue de Jesus, e reino em vida.

O TEMPO E O LUGAR CERTOS

"Vi ainda debaixo do sol que não é dos ligeiros o prêmio, nem dos valentes, a vitória, nem tampouco dos sábios, o pão, nem ainda dos prudentes, a riqueza, nem dos inteligentes, o favor; porém tudo depende do tempo e do acaso."

• Eclesiastes 9.11 •

Se você orar como um filho, a oração o colocará no lugar certo, na hora certa.

Leia hoje

Salmos 119.129-160 • Lucas 5

Anotações

DECLARAÇÃO

Eu creio que Deus está orquestrando cada detalhe da minha vida, porque sou um filho amado do Pai.

Estar no lugar e no tempo certos fazendo a coisa certa não é obra do acaso, mas um arranjo divino. Muitas vezes, ouvimos que alguém teve sorte, mas, para nós, que somos espirituais, tudo isso é resultado da ação de Deus. Ele orquestra os eventos ao nosso redor, preparando o caminho para que possamos estar exatamente onde precisamos estar. A palavra "tempo" no hebraico faz referência a uma estação ou momento, e "acaso" se refere a algo que não é aleatório, mas programado por Deus. Ele organiza todas as circunstâncias para nos colocar no caminho certo, com as pessoas certas e nas situações certas.

A oração tem o poder de movimentar esses arranjos divinos. Ao orarmos, Deus começa a trabalhar ao nosso redor, criando oportunidades e abrindo portas. No entanto, é necessário orar da maneira correta. Devemos orar como filhos de Deus, e não como vítimas que se autocondenam ou, no outro extremo, que acham que merecem porque se esforçaram.

Não. A oração que é ouvida é a oração dos filhos, aquela que é feita em fé, motivada pelo amor do Pai e pela consciência de que Cristo já cumpriu todas as exigências da justiça e do merecimento. Oramos como filhos e abrimos o coração em honestidade e, então, o Pai derrama sobre nós a sua bênção. Se você está em busca de direção, ore! Deus pode criar a oportunidade certa e, quando o momento certo chegar, tudo já estará preparado.

O INIMIGO APENAS REAGE

"Não atentando nós nas coisas que se veem, mas nas que se não veem; porque as que se veem são temporais, e as que se não veem são eternas."

• 2Coríntios 4.18 •

Você pode não notar, mas Deus sempre está *agindo*. Não olhe apenas para as circunstâncias. Leve sua fraqueza diante do Senhor e confie que a graça fluirá, porque mesmo quando você se sente fraco, Deus o faz forte. O Inimigo trabalha para fazer você focar no mal que ele está fazendo e impedi-lo de ver o bem que Deus já fez. Somos provocados a ignorar o que vemos ou sentimos da parte do Senhor. Mas somente quando decidimos olhar para o que Deus está fazendo e para suas promessas, é que podemos vencer.

O Diabo não é Deus, e ele não conhece todas as coisas, mas percebe quando Deus tem algo grandioso para fazer. Nos dias do nascimento de Jesus, as pessoas focavam apenas na morte das crianças, promovida por Herodes, e naquilo que o Inimigo estava fazendo, mas não viam que tudo era apenas uma reação ao que Deus já havia feito e Satanás já havia visto: a vinda do Salvador.

Se você está sendo atacado pelo Diabo, creia no que mostra a Bíblia. Isso significa que Deus já está fazendo algo grande na sua vida, e o Inimigo o percebeu: ele está apenas reagindo e tentando impedir o mover que Deus já está operando para o seu futuro. Mas não se preocupe, maior é aquele que é por você. Se Satanás está atacando, é porque deseja enfrentar algo que Deus já estabeleceu.

O ataque do Inimigo é apenas uma reação do inferno ao mover de Deus em minha vida.

Leia hoje
Salmos 119.161-176 • Lucas 6

Anotações

DECLARAÇÃO

Mesmo nos ataques, permaneço firme na fé, pois sei que Deus já está agindo em meu favor.

A ORAÇÃO COMO ATO DE CONFIANÇA

"Confia ao SENHOR as tuas obras, e os teus desígnios serão estabelecidos."

• Provérbios 16.3 •

A oração da fé abre portas para o arranjo divino de Deus em sua vida.

Quando você ora com confiança, reconhecendo que é um filho amado de Deus, você abre portas para que ele faça os arranjos necessários em sua vida. Ele organiza as circunstâncias e cria as oportunidades de que você precisa. A oração é um ato de humildade, pois você reconhece que não tem o controle sobre nada, mas confia plenamente que Deus pode fazer *tudo* acontecer.

Deus, em sua infinita bondade, sempre age em nosso favor e segundo seus santos desígnios, e a oração é o meio pelo qual ele age. No entanto, ele responde orações cheias de fé, e não cheias de vitimização. A oração da fé é aquela baseada na promessa de Deus, na sua Palavra, e não em sentimentos ou fantasias. Não é uma oração baseada em merecimentos. A que Deus responde é a oração fundamentada na obediência de Cristo, e não na própria; ela é ouvida *apesar* dos seus erros e é totalmente baseada na fidelidade de Jesus.

Se você quer ver as coisas acontecerem da maneira certa em sua vida, é necessário entregar tudo a Deus em oração. Ao orar, você se posiciona no lugar certo e na hora certa, com o coração preparado para as oportunidades que ele preparou. Mas é preciso orar lembrando-se da bondade de Deus e do seu desejo de abençoar você. Ele apenas responderá "não" às suas orações quando o "sim" não for o melhor para você ou quando a hora de responder positivamente não for no momento.

Leia hoje

Salmos 120-121 • Lucas 7

Anotações

DECLARAÇÃO

Pela fé no amor de Deus e sua bondade, entrego tudo em suas mãos. Confio que todas as coisas cooperam para o meu bem.

O PÃO INTEIRO É PARA OS FILHOS

"Então, ele, respondendo, disse: 'Não é bom tomar o pão dos filhos e lançá-lo aos cachorrinhos'."

• Mateus 15.26 •

Deus se entristece quando um filho ora como se fosse um escravo. Quando você se aproxima de Deus como um servo, sem confiança, sem saber que já é herdeiro, isso entristece o coração de Deus. Como um pai, ele deseja que você saiba que o que é dele também se tornou seu. Ele não quer que você peça por algo que já está à sua disposição. O pão não é para os cachorrinhos, como disse Jesus, mas para os filhos.

Embora a mulher cananeia tenha recebido a bênção mesmo não sendo judia, Jesus estava ensinando que, para os filhos, ele não oferece migalhas, mas o pão inteiro! Como filhos de Deus, temos direito ao pão inteiro. Deus não quer apenas curar uma ou outra enfermidade, ele quer dar a você saúde integral; não quer apenas restaurar isto ou aquilo, ele quer lhe dar alegria verdadeira e abundante.

Hoje é dia de entender que, como filhos, Deus quer que confiemos exageradamente em sua bondade, pois ele tem prazer em nos abençoar. Quando pedimos confiadamente a ele, reconhecemos que é abundantemente generoso, e isso o honra. Para pessoas pequenas e fracas, não faz sentido pedir-lhes coisas grandes, mas para um Deus Todo-Poderoso, que é nosso Pai, não faz sentido pedir tão pouco quando ele tem tanto para nos dar. Exagere nos seus pedidos e veja a graça transbordante de Deus na sua vida.

Deus tem o pão inteiro para você, não migalhas.

Leia hoje
Salmos 122-123 • Lucas 8

Anotações

DECLARAÇÃO

Eu sou filho de Deus e sei que, como tal, tenho acesso à abundância do Pai. Sempre haverá cestos cheios para mim.

O DESCANSO DO RESGATADOR

"Então, lhe disse Noemi: Espera, minha filha, até que saibas em que darão as coisas; porque aquele homem não descansará, enquanto não se resolver este caso ainda hoje."

• Rute 3.18 •

Em Deus, a espera se transforma em um descanso de confiança.

O que está acontecendo no versículo mencionado é a história de uma lei daquela época, chamada "lei do resgate". Ela dizia que quando uma mulher ficava viúva, ou alguém se tornava escravo por não ter como viver, um parente próximo e capaz poderia fazer o resgate. Isso foi o que Boaz fez com Rute.

Noemi sabia que Boaz não descansaria até resolver o que dizia respeito a Rute. Movido por amor, ele agiu prontamente: resgatou Rute, casou-se com ela e fez dela parte da história da redenção. Esse é um lindo quadro do amor de Deus por cada um de nós, que vivíamos sem esperança até que Deus se fez homem, como um "parente próximo" totalmente capaz de nos resgatar. Como Boaz, ele nos redimiu.

À semelhança dessa história, Deus também não vai descansar até cumprir tudo o que prometeu a cada um de nós. Jesus nos resgatou e nos amou, fez de nós a sua noiva, e por isso podemos confiar e descansar, sabendo que ele está agindo para o nosso bem agora mesmo. A boa obra que começou, ele a terminará; apenas creia hoje e descanse nesse tão lindo e profundo amor. Enquanto você espera, Deus trabalha. Descanse, porque quem o ama está se movendo para transformar a sua história.

Leia hoje

Salmos 124-125 • Lucas 9

Anotações

DECLARAÇÃO

Eu confio no meu Resgatador e descanso em sua fidelidade para transformar a minha vida.

VOCÊ É UM FILHO AMADO

"No amor não existe medo; antes, o perfeito amor lança fora o medo. Ora, o medo produz tormento; logo, aquele que teme não é aperfeiçoado no amor."

• 1João 4.18 •

Este mundo caído tenta apresentar outros caminhos, mas, segundo as Escrituras, apenas o amor do Pai celestial desfaz o medo no coração humano. Quando você entende profundamente que é amado, o medo perde o poder de aprisioná-lo. Foi exatamente assim com Jesus quando ele ouviu do seu Pai no batismo: "Este é o meu filho amado em quem eu tenho todo o meu prazer" (cf. Mateus 3.17). Antes mesmo de Cristo realizar milagres, o Pai declarou publicamente que ele era seu Filho amado.

Filhos que sabem que são amados vivem seguros, sem medo, porque têm consciência clara da própria identidade. Não vivem como órfãos ou escravos, inseguros e temerosos. O órfão e o escravo têm medo porque não possuem a segurança do amor do Pai. Mas você tem um Pai, e isso transforma tudo em sua vida. Aqueles que têm um pai amoroso como o nosso podem viver sem medo, afinal temos proteção, direção, correção, suprimento e herança. Ele nos conhece plenamente, sabe de todos os nossos erros e defeitos, e ainda assim decidiu nos amar absolutamente.

O Inimigo não pode prevalecer contra alguém que descansa no amor perfeito de Deus. Cada vez que você declara sua identidade como filho amado, o medo enfraquece e a fé é fortalecida. Mesmo diante de ameaças, levante-se e declare confiadamente: "Sou amado, e meu Pai nunca me deixará".

Eu não sou mais órfão, mas um filho amado do Pai.

Leia hoje
Salmos 126-127 • Lucas 10

Anotações

DECLARAÇÃO

Sou um filho amado. Vivo livre do medo e seguro no amor do Pai.

TENHA A HUMILDADE DE UMA CRIANÇA

"E Jesus, chamando uma criança, colocou-a no meio deles. E disse: 'Em verdade vos digo que, se não vos converterdes e não vos tornardes como crianças, de modo algum entrareis no reino dos céus'."

• Mateus 18.2-3 •

A verdadeira humildade diante de Deus é esquecer-se de si mesmo e olhar somente para o Senhor.

Leia hoje

Salmos 128-129 • Lucas 11

Anotações

Podemos aprender humildade com as crianças. Elas não estão preocupadas com a opinião dos outros, com a reputação ou com o julgamento alheio. Uma criança se aproxima com sinceridade e simplicidade, desconsiderando a própria condição; ela apenas acredita na bondade e na capacidade do Pai. Não pensa se merece alguma coisa e muito menos consulta sua lista de erros e defeitos para só depois fazer um pedido. Ela "não tem passado nem futuro"; ela simplesmente vive o momento na presença dos pais, totalmente desarmada e confiante.

Essa é a humildade que Deus busca em nós. Ele não quer que nos preocupemos com o que os outros pensam, mas que sejamos genuínos, que nos aproximemos dele sem reservas, sem nos importar com o que será dito a nosso respeito.

Deus resiste aos soberbos, mas dá graça aos humildes (cf. Tiago 4.6). A humildade é a chave para que recebamos a graça de Deus. Se desejamos ser exaltados por Deus, é necessário nos humilharmos, como uma criança. Reconhecer a nossa incapacidade e, com coragem, dobrar-nos diante de Deus é o caminho para a verdadeira força e vitória. A glória de Deus se manifesta quando nos tornamos pequenos aos nossos próprios olhos, reconhecendo que tudo vem dele; na verdade, ser humilde é esquecer-se completamente de si mesmo e olhar somente para o Senhor.

DECLARAÇÃO

Como uma criança, eu me achego a Deus e reconheço que sem ele nada sou, mas com ele sou capaz de todas as coisas.

LIVRE DA CONDENAÇÃO E FORTE NA FÉ

"[...] Mulher, onde estão aqueles teus acusadores? Ninguém te condenou? Respondeu ela: Ninguém, Senhor! Então, lhe disse Jesus: Nem eu tampouco te condeno; vai e não peques mais."

• João 8.10b-11 •

Há quem viva constantemente se sentindo culpado: "Não orei o suficiente", "Não li a Bíblia o suficiente", "Não fui bom o bastante". Esse sentimento não vem de Deus. É a voz da Lei condenando, do Acusador tentando roubar sua fé. E quanto mais você se submete a essa condenação, mais o pecado ganha força e enfraquece sua confiança em Deus.

Jesus não veio para nos acusar, mas para nos libertar. Quando disse à mulher adúltera "nem eu tampouco te condeno", ele estava removendo a raiz da escravidão que havia nela. Ele sabia que, ao anular a condenação, também anularia o poder do pecado. É isso que a graça, favor imerecido, faz: quebra as correntes da culpa e devolve força à fé. Se você errou, arrependa-se, receba o perdão e siga em frente. Quando a voz da condenação é silenciada, o pecado perde o domínio, e tudo o que vem com ele — pobreza, enfermidade, opressão — perde seu lugar.

A bênção da não condenação é uma das maiores dádivas de Cristo a nós, que somente ele poderia nos dar, pois nunca pecou. Como reto juiz, Jesus poderia nos condenar, mas sendo a manifestação do Pai de amor, ele tomou o nosso lugar e sofreu a nossa condenação. Jesus recebeu sobre si toda a ira de Deus, para que vivêssemos livres e em paz. Você está sob a graça. Viva como alguém livre, e não como quem está preso à cobrança da Lei.

A graça de Deus remove a culpa e fortalece a sua fé.

Leia hoje
Salmos 130-131 • Lucas 12

Anotações

DECLARAÇÃO

Eu rejeito toda condenação e vivo, pela graça e em fé, livre do poder do pecado.

A HUMILDADE QUE EXALTA

"Pois todo o que se exalta será humilhado; e o que se humilha será exaltado."

• Lucas 14.11 •

A verdadeira humildade é aceitar o grande amor de Deus.

Por que você está preocupado com a sua reputação? Por que se importa tanto com o que os outros pensam de você? Jesus nos ensina a deixar de lado a busca pelo destaque e pelos títulos e a praticar a verdadeira humildade. Quando estamos muito focados na própria imagem ou em como somos vistos pelos outros, acabamos nos afastando do que realmente importa. Jesus, sendo Deus, lavou os pés dos seus discípulos. Ele se humilhou, mas sem deixar de ser quem era. Humilhar-se não é se rebaixar ou ser bajulador, mas ter um coração disposto a servir.

Não se ofenda porque alguém se esqueceu de você ou porque não foi colocado na melhor posição. Não se aborreça por não terem considerado a sua opinião. Quando você se preocupa com a sua reputação, acaba perdendo-se no que não é essencial. Deus deseja que sirvamos com um coração puro, sem a necessidade de reconhecimento. Quando você serve com humildade, seja ao seu marido, à sua esposa, aos seus filhos, aos seus amigos ou ao seu líder, você está praticando a verdadeira humildade.

Quando você sabe que Cristo o aceitou, já não importa quem o rejeitou; quando reconhece o quanto ele amou você, não importa quem o abandonou; quando admite a extravagância de sua salvação, não importa quão grande tenha sido a sua perdição. Você é amado, perdoado e abençoado, e isso é totalmente suficiente.

Leia hoje

Salmos 132-133 • Lucas 13

Anotações

DECLARAÇÃO

Eu decido hoje viver a verdadeira humildade, esquecendo-me de mim mesmo e aceitando o grande amor e perdão de Deus.

VESTIDO PARA VENCER

"Embraçando sempre o escudo da fé, com o qual podereis apagar todos os dardos inflamados do Maligno."

• Efésios 6.16 •

A armadura de Deus é essencial para resistirmos aos ataques sutis e inesperados do Inimigo. Os "dardos inflamados" mencionados por Paulo são aqueles pensamentos de angústia, ansiedade ou aflição que surgem de repente e tentam roubar nossa paz e nos condenar. Às vezes, acordamos com o coração inexplicavelmente apertado. A mente se enche de preocupações, e tudo parece fora do lugar. Nessas horas, o escudo da fé é a nossa proteção.

A fé em Deus nos ajuda a apagar esses dardos do Diabo, bloqueando a entrada de pensamentos que não vêm do Senhor. O capacete da salvação nos lembra de que já fomos resgatados por Cristo, e a espada do Espírito, que é a Palavra de Deus, fortalece-nos, dando-nos autoridade e direção. Ademais, a oração é o elo constante com o Céu, que nos mantém alertas e firmes.

Não se deixe dominar pelas pressões mentais ou emocionais. Vista-se da armadura completa e esteja pronto para resistir com fé e certeza da vitória. Embraçar o escudo da fé é decidir viver pelo que se crê e não pelo que se vê ou sente; é escolher viver com consciência de perdão e não de culpa, consciência de suprimento e não de escassez, consciência de aceitação e não de abandono. Quando vivemos assim, vencemos a batalha da fé e andamos em vitória.

A armadura de Deus me capacita a vencer todo ataque do Inimigo.

Leia hoje

Salmos 134-135 • Lucas 14

Anotações

DECLARAÇÃO

Eu uso o escudo da fé e a espada do Espírito para resistir a todo dardo do Inimigo.

PAGO PELO SANGUE DE JESUS

"Porque o pecado não terá domínio sobre vós; pois não estais debaixo da lei, e sim da graça."

• Romanos 6.14 •

O sangue de Jesus anulou toda condenação sobre a sua vida.

Na Lei, você tenta e falha, e isto traz condenação. Contudo, na graça, não há mais condenação, porque o pecado foi punido em Cristo. Deus não ignorou os pecados, ele os tratou com justiça na cruz. Isso significa que você está livre! Um crime não pode ser julgado duas vezes: se Cristo já pagou por você, não há mais o que ser pago.

A voz da acusação não tem mais autoridade sobre sua vida. O sangue de Jesus é suficiente! A sentença da Lei ditava que a alma que pecasse devia morrer, mas Jesus morreu por você. Agora, não há mais culpa, nem vergonha, nem separação. Você foi perdoado, limpo e aceito. Da próxima vez que o Inimigo o acusar, com a lista de seus erros e pecados em mãos, não se preocupe ou tente se justificar, apenas diga a Satanás: "Escreva embaixo da lista: lavado e remido pelo sangue de Jesus".

Declare com fé: "O sangue de Jesus me purifica! Meu pecado já foi pago. A condenação caiu por terra. A morte, o pecado, a miséria, a doença e a maldição não têm mais poder sobre mim". Essa é a verdade que liberta. O Diabo perdeu sua arma, você foi totalmente perdoado: no passado, no presente e no futuro. Agora, você pode viver em vitória!

Leia hoje

Salmos 136-137 • Lucas 15

Anotações

DECLARAÇÃO

O meu pecado foi pago na cruz; estou livre da condenação e vivo em vitória pela graça.

O DESCANSO É A CHAVE

"Esforcemo-nos, pois, por entrar naquele descanso [...]"

• Hebreus 4.11 •

Você sabia que essa é a única vez, no Novo Testamento, isto é, na nova aliança, que você encontrará a ordem "esforçar-se" dada ao cristão? Esforço é o padrão da antiga aliança, pois dependia do braço do homem, mas descansar é o padrão da fé da nova aliança, uma vez que Cristo já fez tudo por nós na cruz. Por isso, precisamos nos esforçar em descansar.

Nosso maior esforço deve ser esse: descansar. Parece contraditório, mas é o coração do Evangelho. Quando a ansiedade voltar, ore de novo e entregue de novo, até que o coração se aquiete. Esse descansar é exatamente isso: voltar ao Senhor quantas vezes for necessário até alcançar a fé de que Deus ouviu sua oração e irá respondê-la. Não tente merecer a resposta, apenas ore crendo que Deus fará porque você é um filho amado e justificado em Cristo.

Você apenas poderá resolver sabiamente os problemas diante dos quais for capaz de descansar no Senhor. Jesus dormiu no barco durante a tempestade porque sabia quem estava no controle. Isso lhe deu autoridade para acalmar o mar. Quando descansamos, demonstramos confiança. E essa confiança move o Céu. A fé se manifesta no descanso. E onde há fé, há intervenção de Deus. Até mesmo uma pequena fé, como a de um grão de mostarda, é suficiente para atrair a mão amorosa de Deus a seu favor. Creia nisso.

Eu sempre poderei resolver sabiamente os problemas diante dos quais for capaz de descansar no Senhor.

Leia hoje

Salmos 138-139 • Lucas 16

Anotações

DECLARAÇÃO

Eu descanso em Deus e, em seu descanso, recebo a autoridade para viver grandes transformações.

A FORÇA DO PECADO ESTÁ NA CONDENAÇÃO

"O aguilhão da morte é o pecado, e a força do pecado é a lei."

• 1Coríntios 15.56 •

Onde não há lei, o pecado não tem força para agir.

Imagine que você está a caminho do culto, para pregar, mas comete um erro no trânsito. Um guarda multa e repreende você, e logo surge aquele pensamento: "Como posso pregar agora, se acabei de falhar?". A acusação entra em cena. O Diabo tenta convencê-lo de que você perdeu a autoridade, de que não é digno de servir. A condenação, e não apenas o pecado em si, torna-se o maior obstáculo; é dessa maneira que somos paralisados pelo Inimigo quando caímos na condenação.

Segundo a Bíblia, o pecado é como a lança que mata, mas é a Lei — o conjunto de regras e obrigações impostas — que se torna a força capaz de fazer com que essa lança, chamada *pecado*, mate. No momento em que eu sei que algo é proibido, dentro de mim a tentação aparece, mas onde não há a proibição, a tentação perde a força. Isso significa que a consciência da Lei traz à tona a culpa e a vergonha. E quanto mais você se sente condenado, mais o pecado ganha força na sua vida. O problema não está só na falha cometida, mas na acusação que ela gera. É nesse lugar que o Inimigo opera: ele acusa, mina sua identidade e o afasta do propósito.

Jesus venceu o poder da condenação. Não somos justificados por atingirmos a perfeição, mas pelo sangue de Cristo, pelo seu perdão. Se você caiu, levante-se. A graça é maior do que a culpa. A Cruz já tratou do seu erro. Não permita que a voz da acusação silencie o propósito de Deus na sua vida.

Leia hoje
Salmos 140-141 • Lucas 17

Anotações

DECLARAÇÃO

Pelo sangue de Jesus, sou livre da condenação e continuo firme no propósito que ele me deu.

VENÇA AO TRANSFORMAR A MENTE

"Não retarda o Senhor a sua promessa, como alguns a julgam demorada; pelo contrário, ele é longânimo para convosco, não querendo que nenhum pereça, senão que todos cheguem ao arrependimento."

• 2Pedro 3.9 •

Você foi abençoado com toda sorte de bênçãos espirituais em Cristo. Cada dia é um dia abençoado, porque o Senhor é bom. Mas para viver essa verdade, é necessário um passo essencial: arrependimento, isto é, uma mudança de mente. No original grego, arrependimento é *metanoia*, que significa mudança de mentalidade. Quando você muda a forma de pensar sobre Deus e sobre si mesmo, tudo muda. Você entende que é perdoado, justificado, amado. E isso transforma sua vida.

Mesmo que a carne deseje o pecado, sua nova natureza o rejeita. Esse desconforto é sinal de que houve uma transformação real. O verdadeiro arrependimento não é apenas pesar; é renovação da mente. É deixar de pensar como escravo para pensar como filho. Quando você crê que Deus é bom, e que você foi completamente perdoado, sua vida começa a seguir uma nova direção. O passado já foi resolvido na Cruz. Agora, é tempo de andar em vitória.

Deus deseja que todos nós cheguemos ao pleno arrependimento, à *metanoia*, à completa mudança de mente a respeito de quem ele é e de quem nós somos. Demoramos para pensar corretamente segundo essas duas grandes verdades, afinal foram tantos anos pensando errado sobre nós e sobre Deus. Contudo, não pare de meditar no quanto Deus é bom e no quanto você é amado por ele, e isso produzirá uma revolução na sua vida.

A mudança de mente renova sua vida e libera vitória.

Leia hoje
Salmos 142-143 • Lucas 18

Anotações

DECLARAÇÃO

Minha mente será transformada pela Palavra, pois fui perdoado e renovado. Andarei em vitória todos os dias.

DECIDA VIVER COM UMA MENTE RENOVADA

MARÇO
19
Devocional
78 /365

"E não vos conformeis com este século, mas transformai-vos pela renovação da vossa mente, para que experimenteis qual seja a boa, agradável e perfeita vontade de Deus."

• Romanos 12.2 •

Transforme--se pela Palavra, de dentro para fora.

Hoje é a hora de tomar uma decisão: não viver mais debaixo da culpa e da condenação, mas viver com uma consciência de perdão. Decida e declare: "Eu resolvo viver com consciência de perdão e não de condenação". Essa é uma mudança de postura. Pare de se acusar. Abrace a verdade de que você é filho, amado e justificado. Quando você se vê dessa maneira, sua vida se alinha com a vitória que Cristo já conquistou por você: a vitória sobre o pecado, sobre a condenação, sobre a insegurança.

É Cristo quem justifica você. Não é sua performance, nem seus esforços. Ele apresenta você aprovado diante de Deus. O que você deve fazer então? Encha sua mente da Palavra, da paz, da alegria e do amor de Deus. Quando sua mente é renovada, você começa a viver conforme os padrões do Reino, e não os padrões do mundo.

Paulo nos exorta a não nos conformarmos com este século, mas a sermos transformados pela renovação da nossa mente. Ao pensar como Cristo pensa, experimentamos a boa, perfeita e agradável vontade de Deus. Perceba que essa é uma ação que nós mesmos devemos praticar: "transformai-vos"; Deus só espera que você leia a Palavra com todo o coração e, pela fé, praticando-a, veja a transformação "invisível" que acontecerá na sua vida visível, de dentro para fora.

Leia hoje
Salmos 144-145 • Lucas 19

Anotações

DECLARAÇÃO

Eu decido viver com a mente renovada pela Palavra, acessando a vitória que Cristo conquistou por mim.

CRISTO JÁ FOI PUNIDO EM MEU LUGAR

"Agora, pois, já nenhuma condenação há para os que estão em Cristo Jesus."

• Romanos 8.1 •

O Diabo tenta lançar culpa sobre nós quando erramos, mas não permita que ele diga que você sucumbirá em doenças ou sofrimentos. Sim, você pode ter falhado, mas Jesus já foi punido em seu lugar. Um pecado não pode ser pago duas vezes. Se Cristo já sofreu, você não precisa mais sofrer por esse motivo. A punição foi executada sobre ele, em seu lugar.

Muitos recorrem à história de Jó para refletir sobre o sofrimento humano, mas, por vezes, perdem de vista o propósito soberano de Deus em tudo o que acontece. Jó viveu antes da revelação plena em Cristo, mas, mesmo em meio à dor, permaneceu fiel, e Deus cumpriu seus propósitos por meio da provação. Hoje, como aqueles que vivem à luz da cruz, sabemos que todo sofrimento dos santos coopera para o bem e para a glória de Deus (cf. Romanos 8.28). Tiago 5.11 nos lembra do fim que o Senhor deu a Jó, e foi um fim de bênção.

Outro sinal de condenação é a autopunição: a tentativa de pagar pelos próprios erros. Isso é justiça própria. Quem tenta se punir acredita que só será perdoado se sofrer, mas isso é negar a Cruz. Cristo já pagou o preço. Ele é o único suficiente. Judas tentou lidar com seu erro sem recorrer a Jesus, e rejeitou o perdão. Pedro, mesmo tendo negado o Senhor, foi restaurado porque creu na graça. A diferença entre eles foi a resposta à condenação. Não tente resolvê-la sozinho. Corra para Jesus.

Jesus já foi punido por mim, eu não preciso me punir outra vez.

Leia hoje
Salmos 146-147 • Lucas 20

Anotações

DECLARAÇÃO

Rejeito toda autopunição. Cristo já pagou o preço por mim. Estou perdoado e vivo livre da condenação.

JUSTIFICADO PELO SANGUE DE JESUS

"[...] no qual temos a redenção, pelo seu sangue, a remissão dos pecados, segundo a riqueza da sua graça."

• Efésios 1.7 •

Você foi perdoado e comprado pelo sangue de Jesus; sua salvação está totalmente segura.

Leia hoje
Salmos 148-149 • Lucas 21

Anotações

Um sinal de quem vive debaixo de condenação é o sentimento de inferioridade. Muitas vezes, o Diabo disfarça a acusação como se fosse humildade. Mas humildade não é olhar para si como menos; é, na verdade, esquecer-se de si e olhar para Cristo. Sentir-se inferior é apenas uma forma sutil de manter a mente presa à acusação.

O versículo de Efésios afirma categoricamente que fomos comprados e perdoados pelo sangue de Jesus e isso aconteceu segundo a riqueza da sua graça, seu favor imerecido. Isso significa que não pertencemos mais ao Inimigo e não somos mais órfãos. Antes, temos um dono, que também é o nosso Pai de amor. Essa verdade nos afirma que toda a nossa dívida diante de Deus foi paga e que podemos viver seguros neste tão grande perdão.

Declare com fé: "Eu não creio nas acusações mais do que creio no sangue de Jesus". Pecar desonra a Deus, mas aceitar as acusações do Diabo também desonra o Senhor, pois nega nossa confiança no valor da Cruz. Quando abraçamos a culpa que Cristo já anulou, entristecemos o coração do Pai. Sim, eu não sei o que você fez, mas sei o que ele fez: morreu por você, e não há pecado grande demais que ele não possa perdoar, nem sujo demais que seu sangue não possa lavar. Hoje, rejeite a condenação. Receba o perdão e levante os olhos para Cristo. Ele já pagou por tudo.

DECLARAÇÃO

Não aceito mais condenação. Fui perdoado e justificado pelo sangue de Jesus.

A MELHOR PARTE

"Respondeu-lhe o Senhor: Marta! Marta! Andas inquieta e te preocupas com muitas coisas. Entretanto, pouco é necessário ou mesmo uma só coisa; Maria, pois, escolheu a boa parte, e esta não lhe será tirada."

• Lucas 10.41-42 •

Jesus estava na casa de Marta e Maria. Marta corria, preocupada com o serviço, preparando o jantar para o Messias. Mas será que fazia sentido afadigar-se para preparar refeição para quem multiplica pão? Esse é o retrato da vida de muitos que, como Marta, estão em agitação, pressa e tarefas sem fim. Até dentro da igreja há muitos que servem com zelo, mas esquecendo-se do descanso interior. Maria, no entanto, escolheu estar aos pés do Senhor, ouvindo.

Honra muito mais a Deus aquele que recebe do que o que tenta dar algo a ele. Quando recebemos, reconhecemos que somos apenas homens e que ele é Deus. O maior sempre abençoa o menor, portanto, pare e receba o que ele tem para lhe dar; somente depois você terá com o que servir. Jesus disse que poucas coisas são necessárias, na verdade, uma só. E Maria escolheu a melhor parte: estar com ele. É isso o que o Senhor deseja de nós.

Você pode pensar: "Mas não é melhor dar do que receber?" (cf. Atos 20.35). Sim, em relação aos homens. Mas com Deus, é melhor receber. Receber é reconhecer que ele é seu Deus e Salvador, que você depende dele. É se colocar como filho diante do Pai. Jesus disse que o homem nada tem se do alto não lhe for dado (cf. João 3.27); apenas aceite esta verdade e pare para receber tudo dele. Sente-se aos pés do Senhor e receba. Ele quer abençoar você.

Com Deus, a melhor parte é receber.

Leia hoje

Salmos 150 • Lucas 22

Anotações

DECLARAÇÃO

Hoje, escolho parar e receber do Senhor. Ele é minha porção, minha paz e meu descanso.

O DESCANSO É UM PRESENTE DE DEUS

"Vinde a mim, todos os que estais cansados e sobrecarregados, e eu vos aliviarei."

• Mateus 11.28 •

Jesus convida você a descansar, e ele mesmo o levará a esse lugar de paz.

Leia hoje
Lucas 23

Anotações

O descanso não é algo que precisamos conquistar, mas um presente que Deus já nos ofereceu. Muitas vezes, acreditamos que, para experimentar descanso, precisamos conquistar algo ou fazer mais para merecer mais. No entanto, o descanso de Deus não é uma recompensa por desempenho, mas o fruto de um relacionamento com ele. Jesus nos convida a deixar de lado o peso das preocupações e confiar nele. Quando reconhecemos que Cristo cuida de nossa vida, podemos descansar verdadeiramente.

O descanso de Deus vai além do simples repouso físico; ele alcança a mente, o corpo e o espírito. Ele traz alívio para a alma e renovo para o coração. Não importa quão cansados ou sobrecarregados estejamos, Jesus está pronto para nos aliviar. Ele oferece um descanso profundo, que nos permite parar de lutar e confiar em sua providência. Hoje, escolha crer em Deus e viver no descanso que ele já preparou para você.

Talvez, você esteja pensando: "Eu não consigo descansar". Eu compreendo. Mas se você observar o texto, ele diz: "eu vos aliviarei". No original, esse texto é: "eu vos descansarei", ou seja, é ele, e não você mesmo, que irá levá-lo para "dentro" do descanso. Diga ao Senhor que você não é capaz de descansar, e ele o levará, agora mesmo, para esse lugar de vitória e paz.

DECLARAÇÃO

Recebo o descanso que Jesus me oferece e confio que ele cuidará de todas as minhas preocupações.

LIVRE DA CONDENAÇÃO

"Agora, pois, já nenhuma condenação há para os que estão em Cristo Jesus."

• Romanos 8.1 •

O sentimento de acusação é uma das estratégias mais destrutivas do Inimigo. Ele é chamado de "acusador dos nossos irmãos" porque atua dia e noite para nos lembrar de falhas passadas e nos fazer sentir indignos diante de Deus. Mesmo quando agimos corretamente, ele sussurra que não foi o suficiente. Quando erramos, ele insiste em nos prender à culpa. Mas há uma diferença clara entre a acusação do Inimigo e a correção do Espírito Santo. A correção nos leva ao arrependimento e à restauração; a acusação nos empurra para o desânimo e a vergonha.

A Palavra de Deus nos garante que não há mais condenação para quem está em Cristo. O Diabo tenta nos convencer do contrário, mas a verdade é que fomos justificados pelo sangue de Jesus. O ministério da justiça é mais glorioso do que o da condenação. Precisamos viver essa realidade todos os dias, rejeitando a culpa que o Inimigo tenta impor. Pela fé, tomamos posse da nossa liberdade em Cristo.

O seu pecado foi o que você fez, mas o perdão dos seus pecados na cruz foi o que Cristo fez. O que ele fez é muito maior do que o que você fez. Portanto, viva em paz e sem condenação, pois você foi plenamente perdoado. Não aceite as mentiras do Acusador. Você é perdoado, amado e justificado. Confie na obra de Jesus.

A condenação foi vencida na cruz, em Cristo, e isso me tornou livre e justificado.

Leia hoje
Lucas 24

Anotações

DECLARAÇÃO

Rejeito toda acusação e condenação; em Cristo, sou perdoado e justificado diante de Deus.

A ÚNICA COISA NECESSÁRIA

"[...] Senhor, não te importas de que minha irmã tenha deixado que eu fique a servir sozinha? Ordena-lhe, pois, que venha ajudar-me!"

• Lucas 10.40 •

A única coisa necessária é estar aos pés de Jesus.

Marta estava sobrecarregada com muitos serviços. Ela achava que agradaria a Jesus pelo tanto que fazia. Mas ele respondeu com amor e sabedoria: "Pouco é necessário, ou mesmo uma só coisa" (cf. v. 42). E qual é essa única coisa? Estar aos pés de Jesus. Ouvir sua voz dizendo: "Você é meu filho amado. Eu o perdoo e cuido dos seus assuntos".

Por alguma razão, vivemos agitados, tentando servir a Deus e resolver os próprios problemas. Às vezes, acreditamos que realmente somos capazes de fazer isso, mas estamos enganados; Jesus disse: "sem mim nada podeis fazer". No meio da luta, tire suas mãos, pare e se assente aos pés de Cristo em oração. Escute um louvor, fique em silêncio por um momento e apenas experimente o amor e a provisão divina sendo ministrada sobrenaturalmente em seu coração.

É disto que precisamos todos os dias: parar a correria e a agitação e ouvir o coração de Deus. Quando fazemos isso, nosso coração se aquieta e brota fé dentro de nós, fé para viver aquele dia na presença do Senhor. Não há nada mais importante do que isso. Essa é a boa parte, e ela não será tirada de nós. Quando paramos tudo e nos assentamos aos pés de Jesus, somos cheios da paz que excede o entendimento, nossa alma se aquieta e a fé, que move o braço de Deus, é liberada para abrir os Céus sobre nós. Pare agora mesmo, assente-se aos pés do Senhor e seja muito abençoado.

Leia hoje

Salmos 1-2 • Provérbios 1 • João 1

Anotações

DECLARAÇÃO

Hoje, eu paro para ouvir a voz de Jesus. Ele cuida de mim e renova minha fé.

A TESTEMUNHA DE DEUS EM NÓS

"Quando ele vier, convencerá o mundo do pecado, da justiça e do juízo."

• João 16.8 •

O Espírito Santo é a testemunha de Deus em nossa vida. Ele não apenas traz poder, mas também revela verdades profundas ao nosso coração. Muitos pensam nele apenas como força para curar, expulsar demônios ou pregar. Mas ele é mais do que isso. Ele fala ao nosso coração aquilo que viu e ouviu de Deus.

Jesus disse que o Espírito viria para convencer, e não para condenar. Ele convence do pecado, da justiça e do juízo. O pecado, no singular, é a incredulidade, a separação de Deus. Ele mostra que precisamos de um Salvador. É o Espírito que nos convence de que fomos plenamente perdoados pelo sangue de Jesus derramado na cruz e de que fomos totalmente reconciliados com Deus. Assim, podemos ficar em paz.

Ele também nos convence da justiça, isto é, de que a justiça de Cristo está sobre nós. Isso significa que ele quer nos mostrar que estamos vestidos de Cristo e que toda a sua obra na cruz agora vale para nós diante de Deus. Realmente podemos receber tudo o que Cristo conquistou. E também somos convencidos do juízo, porque o Diabo já foi vencido, e não há mais juízo sobre nós. O Espírito não vive acusando você. Ele é seu fiel amigo, que o lembra de quem você é em Cristo. Ele não é o seu acusador, mas o seu consolador.

O Espírito Santo não é o seu acusador, mas o seu consolador.

Leia hoje

Salmos 3-4 • Provérbios 2 • João 2

Anotações

DECLARAÇÃO

O Espírito Santo me convence da justiça de Cristo. Sou aceito e amado por Deus.

O TESTIFICAR DO ESPÍRITO SANTO

MARÇO
27
Devocional
86 /365

"O próprio Espírito testifica com o nosso espírito que somos filhos de Deus."

• Romanos 8.16 •

O Espírito testifica: você é justo, livre e um filho amado de Deus.

O Espírito Santo veio para nos convencer da justiça. Jesus disse: "porque vou para o Pai e não me vereis mais". Antes, os discípulos viam em seus olhos o olhar de aceitação. Hoje, o Espírito faz isso em nós. Ele nos convence de que somos justos em Cristo. Quando nascemos de Adão, éramos caídos como ele; mas quando nascemos de novo, em Cristo, nos tornamos um com o Senhor e, portanto, totalmente aceitos por Deus e aprovados nele, sem merecimento algum. Quem faz isso em nós é o Espírito Santo.

Essa justiça não vem de obras humanas, mas da fé. Tudo já foi pago! O Espírito também nos convence do juízo: o Diabo é quem está condenado, não nós. A condenação não é mais nossa, fomos livres dela em Cristo. Mas o Espírito Santo não faz apenas isso. Ele também testifica que somos filhos. Não somos apenas servos, não fomos apenas perdoados, mas também nos tornamos filhos! Ele sussurra ao nosso espírito: "Você é amado, você foi adotado em família".

Você tem acesso à casa, à mesa e às promessas de Deus. É por isso que podemos clamar: "Aba, Pai!". Essa é a certeza que o Espírito Santo coloca em nós.

Leia hoje

Salmos 5-6 • Provérbios 3 • João 3

Anotações

DECLARAÇÃO

Sou filho amado de Deus, justificado em Cristo e livre da condenação.

O ESPÍRITO SANTO TESTIFICA DO PERDÃO

"E disto nos dá testemunho também o Espírito Santo [...] Também de nenhum modo me lembrarei dos seus pecados e das suas iniquidades, para sempre."

• Hebreus 10.15,17 •

O Espírito Santo não apenas testifica dentro de nós que somos filhos, mas também testemunha do lado de fora, pela Palavra, que fomos completamente perdoados. Isso é tremendo!

Você não precisa sentir que foi perdoado, precisa apenas crer que foi perdoado — o Espírito Santo já declarou isso. Ele aponta para a Cruz e afirma: "Está pago! Deus não se lembra mais dos seus pecados!". Uma vez que está escrito na Palavra a respeito do perdão dos seus pecados e você crê, o Espírito Santo, em seu interior, testifica e garante o efeito desse perdão. Eu costumo explicar o *testificar no coração* da seguinte maneira: "Eu não sei como eu sei, mas eu sei que sou perdoado". É um saber divino que produz profunda paz, alegria e fé para viver e vencer.

Muita gente vive tentando provar que merece perdão, mas o Espírito nos convida a crer no que já foi feito. O perdão é um fato, não um sentimento. É promessa eterna da nova aliança: "de nenhum modo me lembrarei dos seus pecados". Deus não pode se lembrar daquilo que o sangue quitou e apagou, e se Deus não se recorda ele não pune. Se Deus não faz isso, pare de se lembrar você também. Desfrute da paz com Deus. Para viver a vida plena que Jesus prometeu, precisamos vencer a culpa, a acusação e a condenação. A vitória vem quando cremos no testemunho do Espírito.

Você é perdoado para sempre, e o Espírito testemunha isso a seu favor.

Leia hoje

Salmos 7-8 • Provérbios 4 • João 4

Anotações

DECLARAÇÃO

Creio no testemunho do Espírito: fui perdoado para sempre pela cruz de Cristo.

DISCERNINDO A VOZ DE DEUS

"Porque a tristeza segundo Deus produz arrependimento para a salvação, que a ninguém traz pesar; mas a tristeza do mundo produz morte."

• 2Coríntios 7.10 •

A correção de Deus gera vida; a acusação do Inimigo produz morte.

Leia hoje

Salmos 9-10 • Provérbios 5 • João 5

Anotações

DECLARAÇÃO

Eu rejeito a condenação e recebo a vida do Espírito. Sou perdoado, amado e justificado em Cristo.

É essencial discernir entre a correção de Deus e a acusação do Diabo. A correção de Deus gera vida, mesmo quando confrontadora. Ela nos levanta e nos guia a um lugar de esperança. Já a acusação do Inimigo produz tristeza, angústia, medo e apatia — tudo o que nos afasta da paz. O Espírito Santo, por sua vez, opera em nós para gerar vida. Quando ele nos fala, também nos enche de esperança. Ele testifica e nos convence de que somos perdoados, amados e justificados. Ele nos lembra da justiça de Cristo, do pecado já perdoado e do juízo sobre o Diabo, que já foi derrotado.

Todas essas palavras, sejam de procedência maligna ou divina, começam na nossa mente para chegar às emoções; portanto, vigie os seus pensamentos. Um pensamento que produz angústia, medo e prostração é um pensamento maligno, que deve ser rejeitado. Porém, um pensamento que levanta com esperança, mesmo que seja uma correção, é divino e deve ser aceito.

A paz que vem do perdão e a consciência da graça nos libertam de qualquer condenação. É por isso que, quando o Espírito nos fala, ele não nos condena, mas nos convida a vivermos livres, em fé, amor e compaixão. Pare por um momento e perceba que o Espírito Santo está bem aí, para convencer e confirmar seu coração, mostrando-lhe que você é um filho amado.

APRENDENDO A DESCANSAR

"Aquietai-vos e sabei que eu sou Deus; sou exaltado entre as nações, sou exaltado na terra."

• Salmos 46.10 •

Na história de Rute registrada na Bíblia, Noemi sabia que Boaz não descansaria até resolver o que dizia respeito a Rute. Movido por amor, ele agiu prontamente, resgatou-a, casou-se com ela e a fez parte da história da redenção. Esse é o retrato da nossa história com Cristo. Ele é o nosso Resgatador e não vai descansar até cumprir tudo o que prometeu. Podemos confiar e descansar, sabendo que ele está agindo por nós. Ele não se cansou de lutar na cruz para dar-nos a salvação. Ele começou uma boa obra em nós e vai completá-la por meio do seu amor e da sua fidelidade infalível.

Enquanto você espera, Deus trabalha. Ele já começou a operar em sua vida. O Senhor está agindo, preparando o caminho para você. Descanse, porque o Pai, que o ama, está se movendo para transformar a sua história. Você pode confiar nas promessas de Deus e saber que ele não descansará até que tudo esteja completo. Descanse na promessa de que Cristo já morreu por você e terminará a boa obra em sua vida.

O melhor de tudo isso é que a Bíblia diz sobre Jesus: "Está consumado! E, inclinando a cabeça, rendeu o espírito" (João 19.30). A palavra "inclinar" nesse texto bíblico significa "descansar". Ele terminou o que precisava fazer para abençoar você. Ele descansou e concluiu a obra. Portanto, prepare-se também para receber a sua bênção.

Em Deus, a espera se transforma em um descanso confiante.

Leia hoje

Salmos 11-12 • Provérbios 6 • João 6

Anotações

DECLARAÇÃO

Eu confio no meu Resgatador e descanso em sua fidelidade para guiar todos os meus assuntos.

VENCENDO A CONDENAÇÃO

"[...] Se, todavia, alguém pecar, temos Advogado junto ao Pai, Jesus Cristo, o Justo."

• 1João 2.1 •

A verdadeira vitória é viver livre da condenação, crendo no perdão de Deus.

A condenação é um peso que destrói a fé e gera medo, angústia e paralisia. Não basta apenas reconhecer que ela é um problema; precisamos vencer a condenação de forma definitiva. Veja alguns sinais de condenação:

- Sensação constante de incapacidade: A pessoa que vive sob condenação sente-se errada o tempo inteiro. Quando ora, acredita que Deus não a ouvirá. Isso acontece porque ela está focada na própria falha, e não na graça de Deus.
- Procurar culpados: Quem vive sob condenação tende a colocar a culpa nos outros. Mesmo quando reconhece seu erro, sempre há alguém a ser responsabilizado. Esse comportamento revela uma mente condenada, que não consegue assumir a própria responsabilidade.
- Esconder-se de Deus: A condenação leva a pessoa a se afastar de Deus. Passa a evitar a comunhão, a oração e a igreja, sentindo-se indigna. No entanto, o correto seria se aproximar de Deus, pois ele é a nossa fonte de perdão e restauração.
- Complacência e passividade: Quem está sob condenação torna-se passivo e perde a coragem de lutar. Sente que merece os sofrimentos que enfrenta, como se estivesse pagando por seus erros. Porém, a verdade é que Jesus já levou sobre si toda a condenação, na cruz.

Decida hoje viver todos os seus dias com consciência de perdão e não mais de culpa, uma vez que Cristo removeu definitivamente todos os seus pecados na cruz.

Leia hoje

Salmos 13-14 • Provérbios 7 • João 7

Anotações

DECLARAÇÃO

Eu rejeito toda acusação e vivo em liberdade, sabendo que o sangue de Jesus me purifica e justifica. Eu sou perdoado e aceito em Cristo.

Abril

04 — 12

A PAZ É O ÁRBITRO NO CORAÇÃO

"Seja a paz de Cristo o árbitro em vosso coração [...]."

• Colossenses 3.15 •

A paz verdadeira traz descanso para a alma.

A paz de Cristo deve governar nossas decisões. Quando estiver caminhando e, de repente, perder a paz em alguma situação, pare. Isso é um sinal de que algo precisa ser ajustado. Viver em paz é viver guiado pelo Espírito. Essa paz é o árbitro que mostra quando avançar e quando parar. Nada deve roubá-la. Ela é uma marca da graça de Deus operando em nós.

Entenda que você não deve procurar a paz; ela deve ser sua condição contínua, uma vez que toda a sua vida está nas mãos daquele que o ama e pode todas as coisas. Então, em cada decisão, apenas observe: há essa paz bíblica em seu coração ou não? Tome decisões apenas em plena paz e alegria. Nossa vitória não é algo que conquistamos por esforço, mas que recebemos pela graça. Como diz a Palavra: "[...] muito mais os que recebem a abundância da graça e o dom da justiça reinarão em vida [...]" (Romanos 5.17). O que nos faz reinar não é a luta a partir da força humana, mas a fé em Cristo.

Por isso, descansar é essencial. A confiança verdadeira se expressa em descanso. Quando você entrega seus desafios a Deus e confia nele, o descanso chega. E onde há descanso, há favor, graça e solução. O descanso é a maior evidência de fé. Ao abraçar e viver essa paz bíblica, o Céu se abre sobre sua vida.

Leia hoje

Salmos 15-16 • Provérbios 8 • João 8

Anotações

DECLARAÇÃO

Eu sou guiado pela paz de Cristo. Descanso nele e vivo sob o seu favor.

VIVENDO NO RITMO DA GRAÇA

"Saciá-lo-ei com longevidade e lhe mostrarei a minha salvação."

• Salmos 91.16 •

Qual tem sido o ritmo da sua vida? Talvez você acorde já acelerado, corra o dia inteiro e o finalize esgotado. Mas Deus não nos chamou para uma corrida desesperada. A jornada com ele é como uma maratona: longa, constante e sustentada pela graça. Deus deseja que vivamos em paz, com saúde e equilíbrio. Ele nos prometeu longevidade. Isso significa uma vida plena, com dias abençoados e corpo fortalecido. Ainda que o diagnóstico natural diga o contrário, Deus tem a última palavra. A promessa é clara: "Saciá-lo-ei com longevidade". Isso significa que você será saciado com dias bons, cheios de propósito e contentamento.

Quando o povo de Deus era escravo no Egito, que representa o mundo, todos os frutos estavam no chão: pepinos, cebolas, alhos. Eles precisavam se abaixar e se esforçar para colhê-los. Mas, na nova terra para onde Deus os levou — Canaã, que representa a graça de Deus —, todos os frutos estavam no alto: figos e romãs, por exemplo. Bastava estender as mãos e pegá-los, sem esforço. Esta é a vida que Deus tem para você: uma vida cheia de graça, porque ele já providenciou todas as coisas.

Não aceite viver correndo atrás do tempo nem se submeta ao ritmo acelerado deste mundo. Aprenda a andar no compasso do Céu, descansando em Deus e confiando em suas promessas. Creia: ele lhe dará a força, a saúde e os anos necessários para que você viva tudo o que ele planejou.

Deus chamou você para viver dias abençoados e saudáveis.

Leia hoje

Salmos 17-18 • Provérbios 9 • João 9

Anotações

DECLARAÇÃO

Eu serei saciado com uma vida longa, forte e cheia de saúde, paz e propósito.

VOCÊ É A MENINA DOS OLHOS DE DEUS

"Guarda-me como a menina dos olhos, esconde-me à sombra das tuas asas."

• Salmos 17.8 •

Deus cuida de você com amor, direção e proteção.

Não importa o que os sintomas, diagnósticos ou circunstâncias estejam dizendo. A Palavra de Deus é mais poderosa do que qualquer outra coisa. Você é precioso para o Senhor, e ninguém pode tocar em você sem antes tocar nos olhos do Pai. Ele o guarda como a menina dos seus olhos e o esconde à sombra das suas asas.

Deus está ao seu lado. Ele é por você. E se Deus é por você, quem será contra você? Ele não apenas o protege como deseja também ensiná-lo e guiá-lo pelo melhor caminho. Como está escrito em Isaías 48.17: "Assim diz o SENHOR, o teu Redentor, o Santo de Israel: Eu sou o SENHOR, o teu Deus, que te ensina o que é útil e te guia pelo caminho em que deves andar".

Contudo, para isso, é necessário parar. Desligue-se do que distrai. Ouça o Espírito Santo. Ele quer trazer direção, consolo e paz. Um estilo de vida agitado, marcado pela ansiedade e pelo estresse, pode ser transformado em um coração quieto, confiante e sensível à voz do Pai. É algo muito poderoso, seguro e profundamente restaurador saber que estamos sendo guiados por aquele que sabe tudo, conhece tudo, pode tudo e, o melhor, está ao nosso lado!

Leia hoje

Salmos 19-20 • Provérbios 10 • João 10

Anotações

DECLARAÇÃO

Em nome de Jesus, renuncio o hábito de me preocupar. Eu sou protegido e guiado por Deus.

WORRYAHOLIC: VICIADO EM SE PREOCUPAR

"Em paz me deito e logo pego no sono, porque, SENHOR, só tu me fazes repousar seguro."

• Salmos 4.8 •

Você já ouviu falar de pessoas chamadas *workaholics*, isto é, viciadas em trabalhar? Pois é, também existe o *worryaholic*: alguém viciado em se preocupar. Talvez você esteja vivendo assim, sempre com o coração agitado, cheio de ansiedade e pensamentos de medo. Mas Deus não quer que você viva assim. Ele o convida a descansar.

A preocupação é um hábito que pode ser quebrado pela Palavra. Em vez de se encher de pensamentos ruins, encha-se da verdade. Em meio aos problemas, muitas vezes nos sentimos na obrigação de estarmos preocupados; afinal, somos pessoas responsáveis e achamos que precisamos estar ansiosos e ativos o tempo todo para resolver as situações. Não nos damos o direito de simplesmente não nos preocupar, e o pior: acabamos crendo que a preocupação resolve algo. Essa é uma grande tática do Inimigo, mas não caia nela. Deixe que a Palavra de Deus lave sua mente, renove seu foco e transforme seu comportamento. A Bíblia é como uma água limpa que regenera o coração de quem crê.

Hoje, Deus chama você a repousar seguramente. Não há exigências, apenas um convite amoroso. Ele quer ensiná-lo a viver no ritmo da paz. Se entregar suas preocupações, ele cuidará de tudo. Onde há confiança, há descanso. Onde há descanso, há cura. E onde há cura, o Céu se manifesta.

Jesus não exige, ele convida você a descansar.

Leia hoje

Salmos 21-22 • Provérbios 11 • João 11

Anotações

DECLARAÇÃO

Eu me encho da verdade de Deus e aprendo a descansar nele.

VIVENDO NO RITMO DA LONGEVIDADE

"O temor do Senhor prolonga os dias da vida, mas os anos dos perversos serão abreviados."

• Provérbios 10.27 •

Deus tem uma vida longa, saudável e abençoada preparada para você.

Você já notou que o ritmo da vida moderna é imparável? Acordar acelerado, ansiedades, agitação e interpretar "proatividade" como sinônimo de "nunca parar". Mas Deus não nos chamou para viver desse modo. Ele deseja que você percorra os caminhos desta vida com intencionalidade, e não como uma corrida curta e desgastante. O Senhor planejou uma vida longa, saudável e abundante para você.

Essa vida não é marcada por pressa e cansaço, mas por paz e propósito. Ele promete prolongar seus dias. Isso significa viver o suficiente para cumprir seu chamado e, ao final, poder dizer: "Completei a carreira e guardei a fé". A saúde e a bênção de Deus não são apenas promessas futuras, mas algo para se viver agora.

O Deus que tem a última palavra quer renovar sua força, restaurar sua fé e conduzir você segundo o ritmo da graça. Então, que tal parar um pouco e se lembrar de que os passarinhos lá fora não trabalham, não plantam nem colhem e, mesmo assim, nenhum deles perece por falta de nada? Deus diz que o homem vale muito mais do que eles. Se o Altíssimo diz que cuida dos pássaros, não cuidará muito mais de você? Creia que é um filho muito amado, e o seu Pai está no controle de tudo. Descanse e caminhe tranquilo a cada dia, pois, segundo as Escrituras, tudo acabará bem!

Leia hoje

Salmos 23-24 • Provérbios 12 • João 12

Anotações

DECLARAÇÃO

O Senhor me saciará com dias abençoados; viverei no ritmo da graça e da longevidade.

DEBAIXO DAS ASAS DO ALTÍSSIMO

"Como a águia desperta a sua ninhada e voeja sobre os seus filhotes, [...] assim só o Senhor o guiou [...]."

• Deuteronômio 32.11-12 •

Você já considerou como é precioso para Deus? Ele o guarda como alguém que zela pelos próprios olhos. A imagem de uma águia protegendo seus filhotes nos revela o cuidado firme e amoroso do Pai por nós. Nenhum inimigo pode tocar em você sem a permissão de Deus. Ele cuida dos seus com fidelidade.

Talvez, neste momento, você esteja se sentindo sozinho e desprotegido, mas isso é apenas uma sensação, porque a Palavra de Deus nos promete que estaremos seguros sob suas asas. Você não precisa sentir isso, mas apenas crer e confessar essa verdade a seu respeito. A fé trará à existência esta realidade tão poderosa em sua vida: uma sensação sobrenatural de segurança.

Talvez você esteja enfrentando sintomas de enfermidades, dificuldades ou pressões, mas lembre-se de que a Palavra é mais poderosa do que qualquer circunstância. Deus é por você. Ele o cerca de favor e o protege com zelo, guiando-o em amor. Ele quer ensinar seus pés a caminhar pelo bom caminho e fazer você prosperar em todas as áreas (cf. Isaías 48.17). Para isso, é preciso parar e ouvir. Silencie o barulho ao redor. Entre no lugar secreto. A voz de Deus vai guiá-lo com paz, consolo e direção. Debaixo das asas do Altíssimo, você está seguro.

Você é precioso aos olhos de Deus e guardado sob sua proteção.

Leia hoje

Salmos 25-26 • Provérbios 13 • João 13

Anotações

DECLARAÇÃO

Sou guiado, protegido e amado por Deus. Ele me protege sob suas asas.

FAÇA DE JESUS O SEU LUGAR SECRETO

"O que habita no esconderijo do Altíssimo e descansa à sombra do Onipotente."

• Salmos 91.1 •

A sombra do Onipotente é um convite diário à intimidade com Deus.

O esconderijo do Altíssimo é mais do que um refúgio para tempos difíceis. É um convite para uma vida de comunhão constante com Deus. Habitar nesse lugar é fazer da presença dele sua morada permanente, e não apenas um abrigo ocasional quando os problemas apertam. Estar à sombra do Onipotente é experimentar intimidade. A sombra só alcança quem está perto. Isso fala de proximidade, relacionamento e permanência. É caminhar lado a lado com o Pai, em conversa contínua, abrindo o coração e recebendo consolo e direção.

Deus está sempre presente na vida daqueles que nasceram de novo, mas há diferenças a considerar: uma coisa é sua presença imanente e outra sua presença manifesta. Deus quer estar com você em sua presença manifesta, ou seja, ele deseja manifestar sua glória em todas as circunstâncias. E isso trará grande segurança e alegria ao seu coração. Mas lembre-se: você só terá aquilo que valoriza, aquilo que prioriza.

Você pode até estar em Cristo, mas distante do coração dele. Deus não quer apenas proteger você, ele quer intimidade. No lugar secreto, o amor cura, a paz preenche e a fé se fortalece. É nesse lugar de paz que a alma encontra descanso verdadeiro. Faça de Jesus seu lugar de descanso constante.

Leia hoje

Salmos 27-28 • Provérbios 14 • João 14

Anotações

DECLARAÇÃO

Eu escolho habitar no esconderijo do Altíssimo. Na intimidade com Jesus, encontro paz e descanso.

ABRIL

08

Devocional

98 /365

O RITMO DA GRAÇA É O DESCANSO NO PAI

Na Presença do Pai

"Vinde a mim, todos os que estais cansados e sobrecarregados, e eu vos aliviarei. Tomai sobre vós o meu jugo e aprendei de mim, porque sou manso e humilde de coração; e achareis descanso para a vossa alma. Porque o meu jugo é suave, e o meu fardo é leve."

• Mateus 11.28-30 •

Jesus não está cobrando nada de você. Ele apenas faz um apelo: "Venha até mim". E esse convite é para quem está cansado, sobrecarregado e esgotado. Se você se sente assim, está qualificado para o descanso. E esse é mais do que físico, é para a alma. Veja que não há qualquer exigência da parte de Jesus para nós. Não existe "deixe de fumar e depois vinde a mim", ou "pare de pecar e depois vinde a mim", ou até mesmo "pare de ficar nervoso e depois vinde a mim". Não, não há nenhuma exigência extra, senão simplesmente ir até ele, do jeito que você está, para ser aliviado.

A graça tem um ritmo, e esse ritmo é o descanso no Pai. Quando andamos com Jesus, aprendemos esse compasso suave. Ele prometeu: "Meu jugo é suave e meu fardo é leve". Que alívio saber que não precisamos carregar tudo sozinhos. Ele quer levar o peso, renovar as forças e nos ensinar a viver de maneira leve.

Se hoje o cansaço bateu à porta, aceite o convite do Senhor. Fale com ele como um filho que confia no pai. Derrame suas preocupações aos pés divinos. Ele conhece você e sabe exatamente do que você precisa. Descansar é confiar.

A graça tem um ritmo, e esse ritmo é o descanso no Pai.

Leia hoje

Salmos 29-30 • Provérbios 15 • João 15

Anotações

DECLARAÇÃO

Eu ando no ritmo da graça. Entrego minhas cargas a Jesus e recebo descanso do meu Pai.

NÃO SIGA O RITMO DO MUNDO

"As mãos preguiçosas empobrecem o homem, mas as mãos diligentes lhe trazem riqueza."

• Provérbios 10.4, NVI •

A graça de Deus nos chama para viver com propósito, e não para correr sem direção.

Vivemos em uma cultura que glorifica o excesso. Trabalhar até a exaustão virou sinônimo de valor e reconhecimento. Muitos se orgulham de viver sem descanso, como se isso fosse sinal de força. Mas Deus tem outro plano para os seus filhos: um plano de equilíbrio, propósito e paz. A Bíblia valoriza o trabalho diligente, mas também nos alerta sobre o perigo da pressa e do ativismo. O excesso revela uma alma inquieta, que busca aprovação por meio da produtividade. Deus quer nos ensinar a viver no ritmo da graça, com responsabilidade, mas sem ansiedade.

Trabalhar duro não é trabalhar sob ansiedade. É trabalhar com responsabilidade e excelência, mas sempre com a certeza de que Deus já operou com favor antes mesmo de você colocar as mãos. Assim, verá que, ao realizar um trabalho com confiança, tudo já foi preparado pelo Senhor para você. No Velho Testamento, os sacerdotes não podiam suar, pois o trabalho é de Deus, mas o suor é símbolo de maldição, de angústia. Portanto, somos chamados a trabalhar no descanso: sem suor.

Trabalhar com sabedoria é diferente de viver sobrecarregado. Deus nos chama para viver com propósito, e não apenas correr sem direção. Você não foi chamado para sobreviver, foi chamado para *viver*. E viver com equilíbrio é um sinal de maturidade espiritual.

Leia hoje

Salmos 31-32 • Provérbios 16 • João 16

Anotações

DECLARAÇÃO

Eu escolho viver no ritmo da graça. Trabalho com equilíbrio e descanso no cuidado do meu Pai.

QUEM CRÊ NÃO SE APRESSA

"Porquanto a Escritura diz: Todo aquele que nele crê não será confundido."

• Romanos 10.11 •

Esse versículo cita uma promessa de Isaías 28.16, que diz: "aquele que crê, não se apresse" (ACF). O sentido é claro: quem confia em Deus não precisa viver em correria, afobação ou ansiedade. A fé produz descanso, firmeza e paz por uma simples razão: ao contrário do que diz o ditado "Deus tarda, mas não falha", ele não tarda e, muito menos, falha. Ele chega na hora certa. A questão é que o tempo de Deus não é o nosso, pois o tempo dele é perfeito e tudo já foi estabelecido no Céu. Precisamos apenas crer que aquele que nos ama já providenciou todas as coisas e faz com que tudo coopere para o bem daqueles que o amam e são chamados segundo o seu propósito (cf. Romanos 8.28).

A pressa muitas vezes nasce do medo. Corremos porque tememos perder algo ou não conseguir alcançar o que queremos. Mas quem anda com Deus pode caminhar em paz. Ele está no controle. E se isso ocorre, não precisamos viver em pânico. Podemos descansar, mesmo em tempos difíceis.

A verdadeira fé não acelera o ritmo da alma. Pelo contrário, ela desacelera. Quem crê, sabe esperar. Quem crê, caminha com calma. Quem crê, sabe que Deus nunca atrasa e nunca falha. A fé confia no tempo perfeito do Pai.

A fé nos tira da pressa e nos ensina a caminhar em paz.

Leia hoje

Salmos 33-34 • Provérbios 17 • João 17

Anotações

DECLARAÇÃO

Eu confio no Senhor e não me apresso, porque ele está no controle e cuida de tudo por mim.

DESISTA DE LUTAR COM SUAS PRÓPRIAS FORÇAS

"Aquietai-vos e sabei que eu sou Deus [...]."

• Salmos 46.10 •

A força que permanece é a que vem do descanso em Deus.

Esse versículo também pode ser traduzido como: "Parem de lutar e saibam que eu sou Deus". Não é um chamado a desistir da vida, mas a parar de tentar controlar tudo com as próprias mãos. É reconhecer que há um Deus soberano no comando, que vê o que você não vê, que cuida do que você não alcança. É descansar no fato de que ele está no controle da sua saúde, da sua casa, do seu futuro, dos seus relacionamentos e de tudo o que inquieta o seu coração.

Deus está chamando você para descansar. Ele quer que você pare de viver como se tudo dependesse da sua força, da sua inteligência ou do seu desempenho. Aquiete a alma. Reduza a velocidade. Entregue o que você não pode mudar. A vitória não está no esforço constante, mas na confiança absoluta. A bênção não está na agitação, mas no coração rendido.

Você não precisa viver como um carro de corrida, sempre no limite. Motores assim se desgastam rapidamente. Mas os caminhões, mesmo lentos, percorrem grandes distâncias. Você quer velocidade ou constância? Quem caminha com Deus aprende a descansar. E quem descansa permanece firme até o fim.

Leia hoje

Salmos 35-36 • Provérbios 18 • João 18

Anotações

DECLARAÇÃO

Eu desisto de lutar a partir das minhas próprias forças. Confio no Senhor e descanso, porque ele é Deus.

GRAÇA E VERDADE SÃO INSEPARÁVEIS

"Porque a lei foi dada por intermédio de Moisés; a graça e a verdade vieram por meio de Jesus Cristo."

• João 1.17 •

A graça é o favor imerecido de Deus, e ela caminha lado a lado com a verdade. Ao contrário do que muitos pensam, a verdade não está associada à Lei, que é um sistema de trocas e merecimentos em relação a Deus, mas está relacionada à graça. Em João 1.17, no original grego, "graça e verdade" aparecem como uma só realidade, uma unidade inseparável. Isso mostra que, aos olhos de Deus, verdade e graça não se contrapõem, elas se completam. A verdade que liberta é a graça de Deus revelada no Evangelho: seu perdão incondicional, sua justificação em Cristo e seu amor por nós.

Jesus é cheio de graça e verdade. Ele é a expressão viva da bondade de Deus e da verdade que liberta. João 8.32 diz: "Conhecereis a verdade, e a verdade vos libertará". Essa verdade não é uma lista de exigências, mas a revelação da graça. Onde a graça é compreendida, a liberdade floresce. Por outro lado, onde há religiosidade, medo ou condenação, falta revelação do favor divino.

O problema não está apenas nas circunstâncias, mas na ausência de entendimento. Por isso, medite na graça. Quando você reconhece esse favor imerecido, a verdade ilumina o caminho e a liberdade se manifesta. A graça é a chave. A verdade que liberta é a consciência do amor imutável de Deus.

A verdade que liberta é o favor imerecido de Deus em ação.

Leia hoje

Salmos 37-38 • Provérbios 19 • João 19

Anotações

DECLARAÇÃO

Eu recebo a graça e a verdade de Cristo. Sou livre, abençoado e justificado por seu favor imerecido.

VOCÊ TEM UMA ALIANÇA COM DEUS

"Porque a mim se apegou com amor, eu o livrarei; pô-lo-ei a salvo, porque conhece o meu nome."

• Salmos 91.14 •

Em Cristo, o que é dele tornou-se meu; e o que era meu ele já levou.

Leia hoje

Salmos 39-40 • Provérbios 20 • João 20

Anotações

Deus deseja guardar você, mas não impõe sua proteção. Ele oferece abrigo, mas cabe a você decidir permanecer debaixo das suas asas. Quando você confia em sua Palavra, clama pelo nome dele e se entrega de coração, encontra segurança mesmo em tempos difíceis. Mil podem cair ao seu lado, dez mil à sua direita, mas você será poupado. Isso não é sorte. É aliança.

Na aliança com Deus, tudo o que é dele se torna seu, e tudo o que é seu ele já tomou sobre si. Jesus levou nossas culpas, dores, doenças e fracassos. Em troca, ele nos deu sua justiça, paz, cura e vida abundante. Essa troca é a base da nova aliança, uma aliança que não depende de mérito, mas do sangue derramado na cruz. Assim como em acordos entre nações, quando uma é atacada, outra se levanta em sua defesa; do mesmo modo, Deus também se posiciona ao seu lado. Ele entra nas suas guerras. Ele luta por você. O Todo-Poderoso é o seu aliado fiel. A aliança é viva. A presença dele é real. E quando você crê nessa verdade, o medo perde a força. Suas batalhas então se tornam dele. E nele, a vitória já é certa.

Porque você conhece o seu nome, ele o colocará a salvo — e o nome que você precisa conhecer é *Pai*. Quando você se lembra de que ele é o seu Pai, o seu coração se enche de amor, e você tem a certeza de que ele está ao seu lado.

DECLARAÇÃO

Tenho uma aliança com Deus. Ele luta minhas guerras e me guarda de todo mal.

JESUS É O MEU PARCEIRO DE ALIANÇA

"[...] Estou crucificado com Cristo; logo, já não sou eu quem vive, mas Cristo vive em mim; e esse viver que, agora, tenho na carne, vivo pela fé no Filho de Deus, que me amou e a si mesmo se entregou por mim."

• Gálatas 2.19b-20 •

Quando Paulo declarou estar crucificado com Cristo, ele estava revelando a união mais profunda que alguém pode experimentar: a de uma aliança viva e eterna com o Filho de Deus. A partir dessa união, não é mais você tentando acertar por esforço próprio, mas Cristo vivendo em você e operando por meio de sua graça. A força dele se torna sua. A justiça dele é agora sua. A vida dele passa a habitar em você.

Ele levou sobre si na cruz tudo o que era seu, isto é, seu pecado, culpa, vergonha, doenças e condenação. E ele lhe entregou tudo o que é dele, isto é, seu poder, glória, sabedoria, paz e autoridade. Isso não é uma teoria, é a realidade da aliança. Vocês estão ligados por um pacto que o Inferno não pode quebrar. A vida de Cristo foi liberada sobre você.

Esta é a beleza do Evangelho: o que era dele foi compartilhado com você. Cristo é seu parceiro de aliança, e ele é fiel. Essa união sobrenatural não depende da sua força, mas da fidelidade dele. A vida eterna não é apenas um destino, mas uma presença que o acompanha, sustenta e renova dia após dia. Viva consciente dessa verdade. Você e Cristo agora são um.

Jesus é meu parceiro de aliança; o que é dele agora é meu.

Leia hoje

Salmos 41-42 • Provérbios 21 • João 21

Anotações

DECLARAÇÃO

Cristo vive em mim! A vida de Deus habita em mim, porque estou em aliança com Jesus.

UMA ALIANÇA INQUEBRÁVEL

ABRIL
15
Devocional
105 /365

"Que diremos, pois, à vista destas coisas? Se Deus é por nós, quem será contra nós?"

• Romanos 8.31 •

A aliança que Deus fez comigo é inquebrável, ele luta por mim.

Quando você entende o que é uma aliança, esse versículo deixa de ser apenas um consolo emocional e se torna um fundamento inabalável. "Se Deus é por nós, quem será contra nós?" não é um bordão motivacional, mas uma realidade espiritual respaldada por um pacto eterno. Se Deus é seu parceiro de aliança, ele assumiu suas guerras, suas causas e suas lutas. O que era só seu agora é responsabilidade dele. E o que é dele agora pertence a você também.

Essa aliança não é como um contrato humano, sujeito a cláusulas frágeis ou a falhas de ambas as partes. É um pacto eterno, firmado pelo sangue de Jesus. Só se rompe uma aliança com a morte, mas Deus não pode morrer. E Jesus já morreu em seu lugar. Essa aliança, portanto, é inquebrável, segura e perfeita.

E se você falhar? E quando tropeçar? A boa notícia é que essa aliança não depende das suas obras. Ela foi firmada através do Filho. Você entrou nela pela fé, por estar em Cristo, mas a parte principal é garantida por Cristo. Ele é o mediador perfeito. Sua fraqueza não anula a fidelidade de Deus. O pacto permanece de pé, porque está firmado em promessas eternas e em um amor que nunca muda. Você agora é um homem de aliança e, por isso, pode viver seguro da vitória, uma vez que o seu parceiro de aliança é o Deus Todo-Poderoso.

Leia hoje

Salmos 43-44 • Provérbios 1

Anotações

DECLARAÇÃO

Estou em aliança com Deus por meio de Cristo. Minhas lutas são dele, e o favor dele está sobre mim.

ABRIL

16

Devocional

106 /365

A BASE DA ALIANÇA É O JURAMENTO DE DEUS

Na Presença do Pai

"Por isso, Deus, quando quis mostrar mais firmemente aos herdeiros da promessa a imutabilidade do seu propósito, se interpôs com juramento."

• Hebreus 6.17 •

A aliança que temos com Deus é sustentada por duas verdades imutáveis: ele não pode mentir e é eternamente fiel. Isso já seria suficiente. Mas, para mostrar com ainda mais firmeza a seriedade do seu compromisso, Deus foi além: ele jurou. E jurou por si mesmo, porque não havia ninguém maior. O que ele prometeu, garantiu com um juramento irrevogável. Isso mostra que a base da nossa fé não está em nós, mas nele.

Nossa aliança com Deus não é fruto de esforço humano. Não é mantida por perfeição pessoal, mas por uma fidelidade divina que não falha. O Senhor quis deixar claro que sua promessa não depende do nosso desempenho. Por isso, comprometeu-se de maneira definitiva. Ele não apenas prometeu nos abençoar, mas selou isso com juramento.

Essa verdade é como uma âncora para a alma. Quando tudo ao redor balança, ela nos mantém firmes. O Céu inteiro está envolvido nessa aliança. Não há variação nem sombra de dúvida ou possibilidade de quebra. Deus jurou cumprir sua Palavra. Isso traz descanso ao coração, segurança ao espírito e confiança para continuar. Sua promessa é estável porque está sustentada por quem nunca falha.

A aliança que Deus fez comigo está firmada em sua fidelidade, não na minha.

Leia hoje

Salmos 45-46 • Provérbios 2

Anotações

DECLARAÇÃO

Deus não pode mentir. Sua fidelidade me sustenta. Estou seguro na aliança que ele jurou cumprir.

A PAZ É O ÁRBITRO DA VITÓRIA

"Tu, Senhor, conservarás em perfeita paz aquele cujo propósito é firme; porque ele confia em ti."

• Isaías 26.3 •

O favor de Deus flui sobre aqueles que creem e descansam.

A paz de Cristo deve ser o árbitro no nosso coração. Ela não é apenas um sentimento agradável, mas uma sinalização divina. Quando você perde a paz, não é hora de insistir, mas de parar e ouvir o Senhor. A paz bíblica é a luz verde de Deus. Se ela permanecer, avance. Se ela se for, pare e reavalie. A ausência dessa paz santa é um alerta: algo precisa ser realinhado. Não se negocia com a paz. Ela é a voz do Espírito no interior.

A verdadeira vitória não é resultado do esforço humano, mas da graça recebida. Romanos 5.17 afirma que os que recebem a abundância da graça e o dom da justiça reinarão em vida. O verbo é *receber*, não conquistar. A graça só flui onde há descanso. E o descanso é a linguagem da fé. Quem crê não entra em pânico. Quem confia repousa em paz. E quem repousa reina. Se você deseja ver o favor de Deus se manifestando em cada área da sua vida, aprenda a descansar. A ansiedade mostra que ainda estamos tentando conquistar a partir da força do nosso braço, mas o descanso prova que cremos. Onde há fé, há manifestação de poder sobrenatural e a paz retorna, a graça atua e os Céus se movem. É assim que milagres acontecem: não por pressão de braço humano, mas por rendição.

O segredo está em um "firme propósito", ou seja, continuar crendo no amor do Pai e que ele, sendo bom, está sempre ao seu lado.

Leia hoje

Salmos 47-48 • Provérbios 3

Anotações

DECLARAÇÃO

Eu recebo a abundância da graça e o dom da justiça, por isso descanso com paz e reino em vida.

ABRIL

18

Devocional

108 /365

HOMENS E MULHERES DE ALIANÇA

"Muito mais o sangue de Cristo, que, pelo Espírito eterno, a si mesmo se ofereceu sem mácula a Deus, purificará a nossa consciência de obras mortas, para servirmos ao Deus vivo!"

• Hebreus 9.14 •

Muitos crentes vivem inseguros, achando que Deus os abandonou porque erraram. Quando falham, sentem-se distantes e perdem a fé, a ousadia e até a vontade de orar. Por quê? Porque acreditam que são eles que sustentam a aliança com Deus. Pensam que Deus apenas permanecerá se eles fizerem tudo certo, e que se errarem, o Senhor se afastará. Essa mentalidade os mantém presos ao medo. Mas a verdade libertadora é esta: a nova aliança por Deus através de Jesus. Você foi incluído nela pela fé em Cristo.

Jesus cumpriu todas as exigências da aliança. Ele viveu em perfeita obediência, levou sobre si nossos pecados, morreu nossa morte e ressuscitou em vitória. Ao crermos nele, passamos a participar dessa aliança inquebrável, selada com sangue eterno. Mesmo em momentos de fraqueza, você permanece seguro, pois sua posição diante de Deus não se baseia em desempenho, mas na obra consumada de Jesus.

O cristianismo não é o esforço humano para se manter perto de Deus. É a obra de Deus que nos colocou permanentemente na presença dele, e isso não depende do que você faz, mas de quem Cristo é e do que ele fez. A nova aliança é eterna. Nada pode quebrá-la. Você está seguro, selado e incluído nela para sempre.

Você foi incluído na aliança por Deus Pai através do Deus Filho; ela nunca será quebrada.

Leia hoje

Salmos 49-50 • Provérbios 4

Anotações

DECLARAÇÃO

A aliança não depende de mim. Eu fui incluído em Cristo, selado por seu sangue, e estou seguro para sempre nessa aliança.

O QUE VOCÊ TOCA É ABENÇOADO

"O Senhor determinará que a bênção esteja nos teus celeiros e em tudo o que colocares a mão; e te abençoará na terra que te dá o Senhor, teu Deus."

• Deuteronômio 28.8 •

A bênção do Senhor repousa sobre tudo o que você toca.

Essa promessa é poderosa: Deus abençoa tudo o que você toca. A bênção do Senhor não é só um conceito espiritual; ela é prática, visível e transformadora. Onde você colocar as mãos, a bênção repousará. E ela não traz desgosto, como muitas conquistas do mundo que vêm acompanhadas de fadiga, ansiedade e solidão. A bênção do Senhor enriquece e traz descanso, alegria e paz duradoura.

Jesus tocou o cego, e ele viu. Tocou o caixão, e o menino reviveu. Tocou o leproso, e ele foi purificado. Cada toque de Jesus liberava vida, cura e restauração. E essa mesma unção está sobre você. Em Deuteronômio 28, a bênção vinha mediante obediência total, algo que nenhum homem jamais conseguiu cumprir por inteiro. Mas Jesus cumpriu por nós. E, por causa dele, somos herdeiros dessas promessas.

Em Cristo, não somos apenas abençoados, somos fonte de bênção. Por isso, toque com fé e pela fé, em Cristo. Ore com fé. Trabalhe com fé. Impulsione com fé seus projetos, sua família, seu ministério. Coloque as mãos da fé em tudo o que fizer, e a bênção o acompanhará, porque você está em Cristo, e tudo o que ele toca é restaurado.

Leia hoje

Salmos 51-52 • Provérbios 5 •

Anotações

DECLARAÇÃO

Tudo aquilo em que eu coloco as mãos prospera. Em Cristo, sou abençoado e a bênção está sobre mim.

A GRAÇA ESCRITA NO CORAÇÃO

"Dar-vos-ei coração novo e porei dentro de vós espírito novo; tirarei de vós o coração de pedra e vos darei coração de carne."

• Ezequiel 36.26 •

Na nova aliança, Deus não escreve em tábuas de pedra, mas em corações de carne. A antiga aliança dizia: "Faça isto". A nova diz: "Veja o que eu fiz em você". A graça não nos chama a obedecer por obrigação, mas nos transforma por dentro, a ponto de desejarmos o bem, a verdade e a santidade. Ela não exige, ela molda. A graça é o Espírito de Deus escrevendo sua vontade dentro de nós.

Quando nascemos de novo, Deus nos dá um novo coração. Ele remove o de pedra, endurecido pelo pecado, pela culpa e pela religiosidade, e nos dá um coração sensível, guiado pelo Espírito. Passamos a ter prazer em fazer o que é justo, mesmo quando a carne tenta o contrário. Esse desejo não nasce da imposição, mas da transformação.

A nova aliança não apenas diz: "Não peque". Ela planta em nós o desejo de honrar a Deus. Ela não apenas ordena: "Ame". Antes, ela nos lembra: "Nós o amamos porque ele nos amou primeiro". O Evangelho não nos chama a mudarmos para então sermos amados; o Pai já nos ama e, por isso, transforma-nos. Essa é a essência da graça.

Na nova aliança, a graça não manda, ela transforma.

Leia hoje
Salmos 53-54 • Provérbios 6

Anotações

DECLARAÇÃO

Tenho um novo coração. A graça me guia e transforma meu querer, porque fui alcançado pelo Deus de amor que me amou primeiro.

O DEUS PRESENTE EM TODAS AS SITUAÇÕES

"Não temas, porque eu sou contigo; não te assombres, porque eu sou o teu Deus; eu te fortaleço, e te ajudo, e te sustento com a minha destra fiel."

• Isaías 41.10 •

Você não está só, o seu Pai está com você em tudo.

Uma das promessas mais lindas da nova aliança é que o Senhor não diz "Eu posso ser teu Deus"; antes, ele afirma com convicção "Eu sou o teu Deus". Não é uma possibilidade, é uma certeza. E essa certeza se aplica a cada situação da sua vida. Se você está doente, ele é o Deus que cura. Se está ansioso, ele é o Deus que consola, fortalece e sustenta. Ele não se ausenta, mas permanece.

Jesus não veio apenas mostrar um caminho até Deus; ele mesmo é o Caminho. Ele não veio apenas falar sobre a verdade; ele é a Verdade. Não trouxe um mapa para a vida; ele é a Vida. A nova aliança nos apresenta Cristo como tudo o de que precisamos: presença, provisão, poder e paz.

Essa consciência muda tudo. Não importa a estação que você esteja vivendo, o desafio que esteja enfrentando ou a dor que esteja sentindo, você tem um Deus presente. Um amigo que caminha ao seu lado, habita em você, fala com você, luta por você. Essa presença constante é a base da sua segurança. Você nunca está só. O seu Pai está com você em tudo. Seja qual for a sua necessidade, invoque a ele agora mesmo e seja socorrido pela sua graça e misericórdia.

Leia hoje

Salmos 55-56 • Provérbios 7

Anotações

DECLARAÇÃO

Deus é meu Pai e eu sou dele. Em Cristo, estou seguro, curado e suprido. Ele é o meu Senhor em toda e qualquer situação.

TODOS ME CONHECERÃO

"[...] todos me conhecerão, desde o menor deles até ao maior."

• Hebreus 8.11 •

Na antiga aliança, conhecer a Deus era privilégio de poucos. Profetas e sacerdotes tinham acesso a essa intimidade. O povo comum dependia de intermediários. No entanto, na nova aliança, tudo mudou. Deus mesmo declarou: "Todos me conhecerão, do menor ao maior". Isso inclui você e eu. Não importa seu passado, sua formação ou seu nível espiritual, se você está em Cristo, você foi chamado a conhecê-lo pessoalmente.

Esse conhecimento não é teórico nem intelectual. É vivo, íntimo e espiritual. É a voz do Pai no coração do filho. O Espírito Santo habita em você, revela quem Deus é e conduz seus passos em toda verdade. Você não precisa de rituais ou fórmulas para ouvir a Deus. Precisa apenas se lembrar de quem você é: filho amado. E filhos reconhecem a voz do Pai. Lembre-se de que o maior presente da nova aliança não é apenas o perdão dos pecados, mas a comunhão restaurada com Deus. Você pode andar com ele e ouvir sua voz. Não aceite viver distante de quem o chamou para perto. Você tem acesso irrestrito ao Pai. E ele quer ser conhecido por você.

Talvez você esteja se perguntando como, na prática, poderá ouvir a Deus. Não se preocupe, até mesmo uma criança que acabou de nascer consegue se comunicar com sua mãe. Apenas fale com ele; através das Escrituras, você saberá que ele está falando com você.

O maior privilégio da nova aliança é conhecer a Deus de forma íntima e pessoal.

Leia hoje
Salmos 57-58 • Provérbios 8

Anotações

DECLARAÇÃO

Eu sou filho e conheço a voz do meu Pai. O Espírito Santo me guia e me revela o coração de Deus.

NUNCA MAIS ME LEMBRAREI DOS SEUS PECADOS

"Pois, para com as suas iniquidades, usarei de misericórdia e dos seus pecados jamais me lembrarei."

• Hebreus 8.12 •

O sangue de Jesus pagou sua dívida. Deus não se lembra mais dos seus pecados.

Esta é a base da nova aliança: o perdão completo. Deus não apenas perdoa, ele escolhe não se lembrar. O sangue de Jesus não cobre temporariamente, ele apaga. Não há mais registro, culpa ou condenação. Dessa promessa dependem todas as demais, pois, se você não crer que está perdoado para sempre, não terá fé para crer que será ouvido em suas orações. Deus não fez de conta que não viu seus pecados; ele viu cada um deles, sofreu a punição por todos e, por isso, perdoou você completamente, para então afirmar com autoridade que não se lembra mais. Essa é a sua confiança.

Se você não crer nisso, viverá inseguro, com medo e sem ousadia para vencer. Mas a Palavra é clara: Deus não se lembra mais dos seus pecados. A sua parte aqui é crer. Crer que está perdoado. Crer que foi justificado. Crer que é amado.

Não viva apenas com consciência de pecado, mas também com consciência de perdão. Diga com fé: "Estou limpo, justificado, sou amado!". Não diga "estou mal com Deus" se você crê em Cristo. O sangue de Jesus já pagou sua dívida. A nova aliança garante: tudo foi resolvido.

Leia hoje

Salmos 59-60 • Provérbios 9

Anotações

DECLARAÇÃO

Estou perdoado para sempre. Deus não se lembra mais dos meus pecados. Vivo com consciência de perdão.

ABRIL

24

Devocional

114 /365

DESCANSO, CONFIANÇA E VIDA LONGA

"Sabemos que todas as coisas cooperam para o bem daqueles que amam a Deus, daqueles que são chamados segundo o seu propósito."

• Romanos 8.28 •

Confiar em Deus é abrir espaço para que ele participe de cada área da nossa vida. Quando consideramos o Senhor em nossos caminhos, ele faz com que tudo — até o que parece contrário — coopere para o nosso bem. Essa é uma verdade poderosa que transforma a maneira como enfrentamos os desafios.

Em vez de confiar no esforço próprio, na lógica humana ou nas finanças, descanse sabendo que ele pode prosperar o trabalho das suas mãos. Ele abre portas, posiciona você em lugares estratégicos e cria conexões. A bênção do Senhor enriquece e não acrescenta dores. Quando você confia, entrega e descansa, Deus age. Ensinar isso desde cedo é essencial. Vivemos dias em que até crianças estão ansiosas. Mas quando aprendemos, ainda pequenos, a descansar em Deus, crescemos mais saudáveis emocionalmente e mais confiantes espiritualmente.

É claro que não podemos entender todas as coisas que nos acontecem, e algumas delas até nos deixam perplexos. No entanto, é necessário ter a firme convicção de que Deus é bom, de que ele não está lhe causando nenhum mal e de que está ao seu lado, e não contra você. Esse pensamento correto sobre Deus lhe dará segurança para crer que ele usará tudo para o seu bem e para fazê-lo descansar no seu amor.

O descanso em Deus é um ato de fé que constrói uma vida longa e abençoada.

Leia hoje

Salmos 61-62 • Provérbios 10

Anotações

DECLARAÇÃO

Eu confio no Senhor, descanso em sua fidelidade e recebo vida longa, próspera e em paz.

CREIA: VOCÊ É JUSTIÇA DE DEUS EM CRISTO

ABRIL
25
Devocional
115 /365

"Mas vós sois dele, em Cristo Jesus, o qual se nos tornou, da parte de Deus, sabedoria, e justiça, e santificação, e redenção."

• 1Coríntios 1.30 •

O favor não se conquista; antes, é recebido pela justiça de Cristo.

Leia hoje
Salmos 63-64 • Provérbios 11

Anotações

Ao enfrentarmos fracassos — seja na criação dos filhos, nas finanças ou na vida emocional —, muitas vezes buscamos culpados. E, sem percebermos, acabamos colocando Deus nessa posição. Mas, às vezes, a raiz do problema não é outra pessoa nem você mesmo, é a ausência de favor. E o favor de Deus só flui com base na justiça de Cristo. A boa notícia é que Jesus se tornou nossa justiça.

Isso significa que ele viveu sem pecado, cumpriu toda a lei e, por isso, merece todas as bênçãos. Quando você crê nele, passa a ter direito a esse favor, que é dele. Deus assina sobre sua vida e diz: "Eu estou nisso. Eu garanto". Você não precisa merecer, basta crer. O favor que transforma sua vida flui por causa da justiça de Cristo. É como se ele fizesse a prova no seu lugar e você recebesse a nota dez por algo que não fez. Eu sei que isso não existe neste mundo e até parece bom demais para ser verdade, ou até mesmo uma loucura, mas esta é a graça e o amor de Deus por nós: loucura para os que se perdem, mas poder de Deus para nós, que cremos.

Portanto, para viver esse favor, creia. Declare com fé: "Sou justiça de Deus em Cristo". E verá o favor divino se manifestar em cada área da sua vida.

DECLARAÇÃO

Eu sou justiça de Deus em Cristo. Por isso, o favor está sobre mim em todas as áreas da minha vida.

O FAVOR VENCE A BUSCA POR RAZÃO

"Bem-aventurados os humildes, pois herdarão a terra."

• Mateus 5.5, A21 •

Valorize o favor de Deus. Quem valoriza o favor vigia para não perdê-lo. A justiça própria, muitas vezes, vem disfarçada de mágoa, ressentimento, raiva ou amargura. Essas emoções não apenas roubam sua paz, mas bloqueiam o fluir da graça. Isso acontece porque, ao não perdoar, você se coloca na posição de juiz — afinal, apenas um juiz pode não perdoar — e deixa de assumir sua condição de pecador. Sendo assim, você não pode receber o favor que o faria prosperar, pois ele só pode ser concedido ao pecador.

Em vez de tentar provar que está certo, decida: "Eu não quero ter razão, eu quero ter favor". Essa é a escolha do humilde. E o humilde herda a terra, não por força, mas pelo favor. A nova aliança não é baseada em merecimento, mas na obra consumada de Cristo. Quando você abandona o sentimento de justiça própria, o Céu se move a seu favor. Deus conhece corações, muda estações e recompensa a confiança.

Não viva para se justificar. Viva para depender da graça. Onde termina a sua força, começa o favor. Nunca se esqueça: Deus resiste ao soberbo, mas dá graça ao humilde.

Eu não quero ter razão; eu quero ter favor.

Leia hoje

Salmos 65-66 • Provérbios 12

Anotações

DECLARAÇÃO

Eu confio na graça de Deus e rejeito a justiça própria. Permito que o favor divino guie e abençoe minha vida.

FONTE QUE JORRA AMOR

"Nós amamos porque ele nos amou primeiro."

• 1João 4.19 •

O amor de Deus em mim é fonte que jorra sobre todos ao meu redor.

Toda revelação da graça é como uma bebida que cura. Quando você entende que é amado incondicionalmente, algo muda dentro de você. A culpa dá lugar à liberdade, o medo se dissolve e o amor começa a transbordar. O que você recebeu de Deus se torna uma fonte dentro de você. Foi Jesus quem disse que a água dele se tornará uma fonte a jorrar continuamente naquele que a beber. Beba dessa graça e deixe que ela jorre em e através de você, para todas as áreas da sua vida.

Você é amado com amor eterno. Deus não o deixa, não o abandona, não desiste de você. Quanto mais você bebe dessa verdade, mais consegue amar, não porque é forte, mas porque foi amado primeiro.

Pedro confiava em seu amor por Jesus e acabou negando a Cristo. Por outro lado, João confiava no amor de Jesus por ele e acabou permanecendo aos pés da cruz. O segredo não está em quanto você ama, mas em quanto crê que é amado. Não tente provar seu amor por Deus ou conquistar o amor divino por suas obras; antes, descanse no amor que ele tem por você. Esse amor cura, liberta e faz você amar de verdade.

Leia hoje

Salmos 67-68 • Provérbios 13

Anotações

DECLARAÇÃO

Eu descanso no amor de Deus. Ele me amou primeiro, e esse amor me transforma por completo.

CUIDADO: NÃO É O PECADO QUE PARALISA A GRAÇA

"Pois, se os da lei é que são os herdeiros, anula-se a fé e cancela-se a promessa."

• Romanos 4.14 •

Muitos acreditam que o pecado paralisa a graça. Mas a Bíblia ensina que o que realmente bloqueia a promessa é a justiça própria, isto é, tentar conquistar algo de Deus com base no mérito próprio. O problema não está em errar, mas em pensar que é possível merecer o favor divino.

Sim, o pecado traz consequências naturais, mas ele não interrompe o fluxo da graça. Cristo já levou sobre si toda a ira de Deus. Agora, a correção de Deus é amorosa e cheia de propósito sobre nós, e nunca punitiva. Ele é como um pai amoroso que corrige em amor o filho que ama, embora jamais derrame ira sobre ele.

Nos evangelhos, quem se achava justo diante de Deus não recebeu nada de bom por parte de Jesus. Nenhum fariseu foi curado, por exemplo, porque eles se achavam bons demais. Mas os pecadores conscientes da própria limitação foram curados, libertos e perdoados. O favor de Deus não flui para os que confiam em si mesmos, mas para os que dependem da justiça de Cristo.

Se algo está travado, o problema pode não ser o pecado em si, mas a falsa ideia de justiça própria. Volte ao terreno da graça, abandone o desejo de ter razão, reconheça que não merece e seja abençoado.

A justiça própria bloqueia o favor de Deus.

Leia hoje
Salmos 69-70 • Provérbios 14

Anotações

DECLARAÇÃO

Eu rejeito toda justiça própria. Minha justiça é Cristo, e o favor de Deus flui sobre mim.

VOCÊ PODE LEVANTAR-SE

"Porque sete vezes cairá o justo e se levantará [...]."

• Provérbios 24.16 •

O justo pode cair, mas a graça de Deus sempre o levanta.

Leia hoje

Salmos 71-72 • Provérbios 15

Anotações

Esse versículo revela algo maravilhoso: o justo pode cair, mas não permanece no chão. Talvez hoje você esteja abatido, frustrado ou decepcionado. Mas a promessa de Deus é clara: você pode levantar-se novamente. Ele já estendeu a mão para erguer você. Romanos 5.17 declara que "os que recebem a abundância da graça e o dom da justiça reinarão em vida". A Queda de Adão trouxe derrota para a humanidade, mas a graça de Cristo nos levanta com ainda mais poder. Você é justo, não porque merece, mas porque está em Cristo.

Ser justo é ser mais do que perdoado, é ser visto, aos olhos de Deus, como alguém que nunca pecou. E mais: é estar em Cristo e ser visto como alguém que cumpriu todas as santas exigências de Deus e foi aprovado. Por isso, o Céu não nega as promessas de Deus para você. Uma vez que cremos e fomos colocados nele, tornamo-nos justos com ele. E então, esse versículo agora diz respeito a mim e a você, que cremos.

O mundo pode rotular e chamar você por seus erros. Mas Deus o vê pela aliança. Você foi ungido para reinar, capacitado para vencer, chamado para permanecer. Não importa quantas vezes tropece, a graça de Deus irá levantar você outra vez. O justo não é quem nunca cai, mas quem sempre se levanta, e ele faz isso pelo braço poderoso de Deus.

DECLARAÇÃO

Eu sou abençoado, justificado em Cristo e, mesmo que eu caia, o Pai sempre me levantará.

DESCANSO QUE GERA FORÇA

"Porque assim diz o Senhor Deus, o Santo de Israel: Em vos converterdes e em sossegardes está a vossa salvação; na tranquilidade e na confiança, a vossa força [...]."

• Isaías 30.15 •

Esse versículo é um convite direto do coração de Deus. Ele nos mostra onde está a verdadeira força: não na agitação nem no esforço excessivo, mas na tranquilidade e na confiança. A palavra hebraica usada para "força" é *gaburá*, a mesma empregada em Salmos 90.10, quando se refere ao vigor e à vida longa. Ou seja, o descanso prolonga a vida, mas o estresse a encurta.

Deus quer nos ensinar a viver de forma leve, confiante e descansada. Muitos vivem tentando controlar tudo e nunca têm sossego. Mas essa não é a vontade do Pai. Ele diz: "Volte-se para mim, sossegue, confie, e você será salvo". Isso vale para o espírito, alma e corpo. Confie em Deus. Solte o controle. Descanse. O descanso também é um ato de fé, uma entrega verdadeira. E quando você descansa, a força do alto é renovada sobre sua vida.

Contudo, perceba que o versículo nos fala, primeiro, sobre nos converter. Essa conversão é uma mudança completa da mente a respeito de nossa condição e do caráter de Deus, porque é quando acreditamos na bondade divina, no seu amor e no seu perdão por nós, que podemos realmente descansar e vencer. Mas também é uma conversão de pensamentos a respeito de quem somos em Jesus: filhos amados do Pai. Antes, éramos pecadores, mas, agora, amados. Essa mudança de conceitos levará você ao verdadeiro descanso e vitória.

Quanto mais você descansa em Deus, mais força e mais vida você recebe.

Leia hoje

Salmos 73-74 • Provérbios 16

Anotações

DECLARAÇÃO

Eu descanso no Senhor, confio em sua graça e recebo vida abundante.

Na Presença do Pai

Maio

05 – 12

A NOVA ALIANÇA ATRAVÉS DO FILHO

MAIO
01
Devocional
121/365

"Pois, quando Deus fez a promessa a Abraão, visto que não tinha ninguém superior por quem jurar, jurou por si mesmo."

• Hebreus 6.13 •

A nova aliança é segura porque foi firmada pelo Pai através do Filho.

Leia hoje
Salmos 75-76 • Provérbios 17

Anotações

A segurança da nova aliança está em sua origem: feita pelo Deus através do Filho. Nós fomos incluídos por meio do sangue de Jesus, mas a base desse pacto é a obediência perfeita de Cristo. Isso significa que nossa permanência na aliança não depende de nosso desempenho, mas do sacrifício consumado de Jesus. Ele viveu sem pecado, cumpriu toda a Lei e, ao morrer e ressuscitar, garantiu uma aliança eterna e inquebrável.

Se essa aliança dependesse de nós, já teria sido rompida incontáveis vezes. Mas ela está firmada na fidelidade do Filho, que nunca falha. Jesus é o nosso substituto, o nosso fiador, o nosso representante diante de Deus. Fomos enxertados nessa aliança pela fé e agora vivemos em segurança. Deus jurou por si mesmo, porque não havia ninguém maior por quem jurar. Esse juramento é a nossa âncora firme e segura, mesmo quando tudo ao redor parece balançar.

Quando você falhar, não entre em desespero. Olhe para o sacrifício perfeito de Jesus. Quando o medo bater, lembre-se do sangue derramado. Quando as dúvidas surgirem, firme-se na promessa das Escrituras. Sua completa segurança está firmada na nova aliança, que foi feita pelo Pai através do Filho, e você foi incluído para sempre neste elo eterno. Nada pode separar você desse amor.

DECLARAÇÃO

A base da minha fé é o que Jesus fez por mim. Estou incluído na nova aliança, e nada pode me separar do amor de Deus.

MAIO

02

Devocional

122 /365

A SEGURANÇA DA NOVA ALIANÇA

Na Presença do Pai

"E sucedeu que, posto o sol, houve densas trevas, e eis um fogareiro fumegante e uma tocha de fogo que passou entre aqueles pedaços."

• Gênesis 15.17 •

Em Gênesis 15, Deus estabelece uma aliança com Abraão. Mas algo surpreendente acontece: Abraão adormece, e quem passa entre os pedaços do sacrifício não é ele, mas o próprio Deus, representado por um fogareiro e uma tocha de fogo. Essa cena aponta para a nova aliança que seria firmada pelo Pai através do Filho. Abraão foi incluído pela fé, mas a responsabilidade total foi assumida por Deus. E agora, em Cristo, também somos incluídos por graça em uma aliança eterna.

Na antiga cultura, passar entre os pedaços do sacrifício significava que ambas as partes se comprometiam com os termos. Mas no verso citado, Deus passa sozinho. Isso significa que a aliança não depende de Abraão, nem de você; ela depende exclusivamente de Deus. E ele não falha. A nova aliança está firmada no sangue de Jesus, não no seu esforço. É uma aliança inquebrável, segura e eterna.

Mesmo que você falhe, a aliança permanece. O sangue de Jesus fala mais alto do que qualquer acusação. Isso não é desculpa para viver no erro, mas fundamento para viver em paz. A salvação, a cura e a herança estão garantidas. Quando tudo falha, a aliança permanece. Deus se comprometeu, e ele é fiel para cumprir. Por tudo isso, você pode descansar seguro, pois o futuro do cristão depende apenas de Cristo.

A nova aliança foi feita pelo Pai através do Filho, e ela nunca será anulada.

Leia hoje

Salmos 77-78 • Provérbios 18

Anotações

DECLARAÇÃO

A minha fé está firmada na aliança feita pelo Deus Pai através do Deus Filho. Eu fui incluído em Cristo, e nada pode me separar dele.

CONFIE E DESCANSE, DEUS AGIRÁ

MAIO
03
Devocional
123 /365

"Entrega o teu caminho ao Senhor, confia nele, e o mais ele fará."

• Salmos 37.5 •

O que é feito pela força do braço se desgasta, mas o que nasce da fé permanece.

Você não vai realizar nada duradouro na força do seu braço. Deus quer lhe dar direção, sabedoria e revelação para cada passo. Mas isso começa com entrega. Entregar não é desistir, mas confiar. É reconhecer que você não tem todas as respostas, que não vê o todo. É deixar que ele seja o seu guia. A promessa é clara: "Entrega o teu caminho ao Senhor, confia nele, e o mais ele fará" (Salmos 37.5).

O mundo cobra resultados. A cultura valoriza o esforço. Mas no Reino de Deus, os frutos nascem do descanso em fé. A ansiedade acelera, o medo paralisa, mas a fé conduz. Deus não chamou você para sobreviver, mas para caminhar no ritmo da graça. Aquele que nos chamou é fiel ainda quando somos infiéis, pois nos incluiu na aliança que ele mesmo garante. Ele não nos abandona no meio do caminho.

Não se desespere diante das perdas. Nada do que você tem aqui vai com você. No velório, não haverá caminhão de mudança ao lado do caixão. Mas o que você construiu em fé, isso permanece. Sua confiança em Deus tem valor eterno. Descanse. O Pai cuida de você. No tempo certo, ele agirá.

Leia hoje
Salmos 79-80 • Provérbios 19

Anotações

DECLARAÇÃO

Eu entrego meus caminhos ao Senhor e descanso. Ele me guia com graça, sabedoria e paz.

O QUE O SANGUE APAGOU, DEUS NÃO SE LEMBRA

"Quanto dista o Oriente do Ocidente, assim afasta de nós as nossas transgressões."

• Salmos 103.12 •

O sangue de Jesus não apenas perdoa nossos pecados, ele os apaga. E o que é apagado, Deus não se lembra. E se ele não se lembra, também não pune. Na verdade, ele nos abençoa. Esta é a promessa da nova aliança: perdão completo, eterno e irreversível. Não há mais acusação contra aqueles que estão em Cristo. Não há mais lembrança no Céu contra os seus pecados. Eles foram lançados no mar do esquecimento e apagados da memória divina.

Lembro-me da história de um sonho contado por um pastor e seu amigo, ele disse: "Eu estava no Céu, vendo o livro da vida de um amigo que havia caído em adultério. Cada página continha um dia de sua história. Mas, ao chegar ao dia do pecado, a página estava em branco. Perguntei ao anjo: 'Por que essa página está vazia?'. E ele respondeu: 'Porque o sangue apagou, e o que o sangue apaga não tem memória diante de Deus'". Isso me marcou. O sangue não encobre, ele apaga. E o que é apagado, jamais será lembrado por Deus.

Se Deus não se lembra do que passou, por que você ainda se condena? Se o sangue limpou, por que você insiste em se justificar? Viva com consciência de perdão. Não diga que está mal com Deus se você crê em Cristo. O Céu está em paz com você. Deus não está prestes a punir você, ele está pronto para abençoar. Isso é graça. Isso é Evangelho. Isso é nova aliança.

O que o sangue apaga, Deus não lembra; e porque não se lembra, ele abençoa.

Leia hoje

Salmos 81-82 • Provérbios 20

Anotações

DECLARAÇÃO

Estou perdoado para sempre. Deus não se lembra mais dos meus pecados, ele me abençoa como filho amado.

PERMANEÇA NA JUSTIÇA DE CRISTO

"De Cristo vos desligastes, vós que procurais justificar-vos na lei; da graça decaístes."

• Gálatas 5.4 •

A justiça de Cristo mantém o favor; a justiça própria o bloqueia.

A justiça de Cristo é a base do favor de Deus em nossa vida. É por causa de Jesus que somos aceitos, abençoados e fortalecidos. Mas quando tentamos nos justificar pelas obras, interrompemos esse fluxo. Muitos começam bem, confiando na graça, mas, com o passar do tempo, tentam conquistar bênçãos com base no próprio esforço. E, assim, saem do lugar onde a graça opera. Gálatas 5.4 alerta: "De Cristo vos desligastes, vós que procurais justificar-vos na lei; da graça decaístes". A graça não funciona onde há justiça própria.

A justiça própria pode parecer zelo espiritual, mas é um veneno disfarçado. Ela se manifesta em atitudes como orgulho, culpa constante, comparação e autossuficiência. Não significa que a pessoa perdeu a salvação, mas que deixou de desfrutar da vida abundante em Cristo. O favor não flui mais. A paz se vai, a alegria desaparece, e tudo se torna pesado e cansativo.

Permaneça na justiça de Cristo. Confie, não no que você faz, mas no que ele já fez. Você é aceito por causa do sangue derramado na Cruz, não por sua performance. A graça flui onde há fé, não onde há merecimento. Quanto mais você descansa, mais o favor se manifesta. O Céu responde à fé no Filho, não à tentativa de se justificar.

Leia hoje

Salmos 83-84 • Provérbios 21

Anotações

DECLARAÇÃO

Eu descanso na justiça de Cristo. Não confio em mim mesmo, mas na graça que me sustenta e abençoa.

MAIO

06

Devocional

126 /365

PERMANEÇA DEBAIXO DO FAVOR

Na Presença do Pai

"Pois todos pecaram e carecem da glória de Deus, sendo justificados gratuitamente, por sua graça, mediante a redenção que há em Cristo Jesus."

• Romanos 3.23-24 •

A justiça própria é sutil. Ela se veste de esforço, zelo e até oração e jejum, mas tudo feito com o intuito de merecer algo de Deus. Isso não é fé, é barganha. A nova aliança não opera com base em merecimento. Ela é movida pela fé. Romanos 3.24 diz que somos "justificados gratuitamente, por sua graça, mediante a redenção que há em Cristo Jesus". É de graça, ainda que muitos, em vão, tentem pagá-la.

Decair da graça não é perder a salvação, mas sair do lugar onde o favor opera. Quando você tenta conquistar bênçãos com sua própria justiça, a graça para de fluir. O coração se agita, a alma perde o descanso, e a vida perde leveza. O Céu não se move em resposta ao seu desempenho, mas à sua fé. A justiça de Deus é um dom, um presente, não uma conquista. Você nasceu de novo, você é justo, abençoado e aceito.

Você não se esforçou para nascer como pecador, e também não precisou se esforçar para nascer como justo. Isso aconteceu pela fé. Agora, permaneça nesse lugar de descanso. O favor de Deus corre atrás dos que confiam. Onde há fé, há também fluir de Deus. Onde há graça, há também milagres. E onde há confiança na Cruz, há também respostas do Céu.

O favor de Deus flui onde há fé, não onde há merecimento.

Leia hoje

Salmos 85-86 • Provérbios 22

Anotações

DECLARAÇÃO

Eu sou justiça de Deus em Cristo. Permaneço no descanso da fé, e o favor de Deus opera em minha vida.

PERDOADO PARA SEMPRE

"Porque, com uma única oferta, aperfeiçoou para sempre quantos estão sendo santificados."

• Hebreus 10.14 •

A Cruz não cobra mais nada do cristão; o preço já foi pago.

Quem o fez pecador foi Adão. Quem o tornou justo foi Cristo. O pecado entrou por herança natural. A justiça entrou pela fé, e o perdão que você recebeu é eterno. A obra da Cruz foi definitiva, isto é, Jesus não vai voltar a morrer, pois o sacrifício foi único, perfeito e suficiente, como lido em Hebreus.

Mesmo que você falhe, isso não altera sua identidade. Um filho que tropeça continua sendo filho. Assim também é com o cristão. Você está debaixo de um perdão eterno. Seus pecados passados, presentes e futuros já foram pagos na Cruz. Isso certamente não é desculpa para pecar, mas força para viver em santidade. Quando você entende o quanto é amado, o pecado perde o poder de atrair você.

Biblicamente, não é nem mesmo o ato de pedir perdão que o perdoa e o torna justo diante de Deus. Pelo sacrifício de Jesus, você já foi perdoado. Portanto, arrependa-se, levante-se e prossiga. A Cruz não exige mais nada de você, pois o preço foi inteiramente pago em Cristo. Viva como alguém livre. Receba esse perdão com fé e siga em frente. O sangue ainda fala mais alto do que qualquer acusação. Em Cristo, você está limpo, completo e eternamente justificado.

Leia hoje

Salmos 87-88 • Provérbios 23

Anotações

DECLARAÇÃO

Eu fui perdoado para sempre. A obra da Cruz é maior do que meu pecado. Jesus é a minha justiça.

PERMANEÇA NA GRAÇA

"Se, porém, andarmos na luz, como ele está na luz, mantemos comunhão uns com os outros, e o sangue de Jesus, seu Filho, nos purifica de todo pecado."

• 1João 1.7 •

O pecado não é leve nem inofensivo. Ele destrói relacionamentos, corrói a alma e traz confusão. Mas a boa notícia é que, se você pecar, não precisa fugir nem se esconder de Deus. O sangue de Jesus continua purificando. Você não é retirado da aliança, pois foi coberto por um perdão contínuo e eficaz. A graça não apenas nos salva, ela nos sustenta.

Isso não é uma desculpa para viver errando. Pelo contrário: é força para se levantar. Quando pecar, arrependa-se e siga. Não fique preso em culpa, condenação ou vergonha. O sangue de Jesus ainda é poderoso para limpar seu coração. Você não precisa de dias de castigo para tornar-se digno novamente. O que purifica você não é o tempo, mas o sangue de Jesus. O que restaura seu coração não é o remorso, mas a graça divina.

Andar na luz é andar em constante consciência de que o sangue nos limpa. Deus não se afasta quando erramos. Ele se aproxima para nos restaurar. Isso não significa que o pecado não seja algo grave. Ele é. O pecado é sério e traz consequências, mas o sangue de Jesus é mais poderoso para nos limpar. A graça é o seu lugar seguro. Volte sempre que precisar. E lembre-se: o perdão divino não é um evento, mas uma fonte contínua, que nunca se esgota.

O perdão divino não é um evento. Ele sempre pode nos alcançar.

Leia hoje
Salmos 89-90 • Provérbios 24

Anotações

DECLARAÇÃO

Eu sou perdoado. Mesmo quando caio, a graça me levanta. O sangue de Jesus me lava continuamente.

DESCANSAR É A MAIOR PROVA DA FÉ

"Porém Noé achou graça diante do Senhor."

• Gênesis 6.8 •

Não é o "muito fazer" que nos faz achar graça aos olhos do Senhor; é simplesmente o crer.

A fé verdadeira não se mede por agitação, mas por descanso. Quando você crê, não precisa mais provar nada, pois entende que não é o "muito fazer" que nos faz achar graça aos olhos do Senhor. É ao crer em Jesus que a entrega se torna natural e o coração encontra repouso. O maior sinal de que alguém confia é a ausência de ansiedade, o instante em que a alma descansa e declara: "Já foi feito". É nesse lugar que a graça opera livremente.

O descanso é mais do que pausa física, é refrigério da alma. Significa parar de lutar com a força do próprio braço e passar a viver em confiança no cuidado de Deus. O nome "Noé" carrega esse sentido de descanso. Em hebraico, "Noé" significa "graça", e sua história nos ensina que a graça não se manifesta no esforço, mas na entrega. A fé encontra seu ambiente natural no repouso em Deus, pois esse é o grande sinal de quem creu.

Quantas vezes tentamos resolver tudo sozinhos e terminamos exaustos, frustrados e abatidos? O convite de Deus é simples: entre no lugar onde ele trabalha e você descansa. Esse é o verdadeiro "sábado da nova aliança", isto é, não um dia, mas um estado de coração. Descansar é declarar: "Senhor, eu confio". E quando isso acontece, o Céu se move, a paz cresce e a graça floresce. O favor repousa onde há fé, e a fé se revela no repouso.

Leia hoje

Salmos 91-92 • Provérbios 25

Anotações

DECLARAÇÃO

Eu descanso no Senhor e recebo o favor imerecido. Minha fé está em Jesus.

O SUCESSO ESTÁ NA OBEDIÊNCIA DE CRISTO

"E, se é pela graça, já não é pelas obras; do contrário, a graça já não é graça."

• Romanos 11.6 •

A vida cristã não começa a partir do seu desempenho pessoal, mas de sua fé na obediência perfeita de Cristo. O sucesso no Reino não vem por força humana, mas por confiança no que já foi consumado. Você já notou como muitos cristãos ainda vivem tentando conquistar o que, na verdade, já lhes foi dado? Buscam merecer o favor quando deveriam simplesmente crer que já o possuem. A graça só permanece onde há fé, não onde há exigência.

Cristo obedeceu perfeitamente para que hoje você pudesse viver livremente. Ele não nos deixou uma lista de exigências ou requisitos para que pudéssemos receber suas promessas; ele nos deixou uma herança. Sua vitória se tornou a nossa entrada. Sua justiça se tornou a nossa posição. Tudo o que recebemos, isto é, cura, provisão, salvação, paz, está baseado no que ele fez, não no que conseguimos realizar.

O maior erro do crente é tentar sustentar pela carne aquilo que começou no espírito. Quando olhamos para o nosso esforço, bloqueamos o fluir da graça. Mas quando reconhecemos que tudo depende dele, o favor é ativado. Você não precisa conquistar algo que já foi entregue. A sua parte é crer e permanecer firme nesta fé. O sucesso da nossa obediência *a* Cristo está na obediência *de* Cristo. Essa é a base do verdadeiro sucesso.

O sucesso da vida cristã começa com a fé na obediência de Cristo.

Leia hoje
Salmos 93-94 • Provérbios 26

Anotações

DECLARAÇÃO

Eu recebo o favor de Deus não por mérito, mas pela graça.

FAVOR PARA OS SINCEROS DE CORAÇÃO

MAIO
11
Devocional
131/365

"Bem-aventurados os limpos de coração, porque verão a Deus."

• Mateus 5.8 •

O favor de Deus flui sobre os corações sinceros e humildes.

Há algo sobre o qual o Céu se move livre e gloriosamente: um coração sincero. Deus nunca exigiu perfeição, mas sempre buscou verdade. A sinceridade quebra resistências espirituais. Muitos oram, jejuam e fazem tudo certo externamente, mas, por dentro, mantêm mágoas, críticas e feridas não tratadas. A sinceridade não é dizer tudo o que sente, mas ser honesto com Deus, consigo mesmo e com os outros.

Quando você se apresenta com verdade diante do Pai, a graça responde. Deus resiste aos soberbos, mas concede favor aos humildes. E humildade não é se diminuir, é reconhecer que precisa de ajuda. É dizer: "Pai, estou fraco, me fortalece", "estou ferido, me cura", "estou confuso, me guia". Esse tipo de coração, cheio de uma fé não fingida, atrai o favor divino como um imã atrai o metal.

O orgulho, disfarçado de justiça própria, fecha portas. Faz com que você se sinta melhor do que os outros, mais merecedor, mais certo. Mas Deus não derrama graça sobre quem busca ter razão, ele derrama graça sobre quem busca o coração dele. E esse coração se revela no perdão, na mansidão, na entrega. Você não precisa provar nada; precisa apenas se abrir. Onde há verdade, a graça sempre chega.

Leia hoje

Salmos 95-96 • Provérbios 27

Anotações

DECLARAÇÃO

Eu abro mão da justiça própria e reconheço minhas limitações. Recebo a graça e o favor de Deus.

MAIO

12

Devocional

132 /365

A NOVA ALIANÇA ESTÁ ESCRITA EM SEU CORAÇÃO

"Porque esta é a aliança que firmarei [...] na sua mente imprimirei as minhas leis, também sobre o seu coração as inscreverei; e eu serei o seu Deus, e eles serão o meu povo."

• Hebreus 8.10 •

A nova aliança não é algo externo, mas uma realidade interna. Ela não depende mais de tábuas de pedra ou regras externas, mas de um coração transformado e uma mente renovada. Deus decidiu não apenas perdoá-lo, mas habitar em seu coração. E mais: decidiu imprimir a verdade dele dentro de você. Assim, o Evangelho não é mais algo que você apenas lê, mas que o transforma. A verdade da nova aliança não deve ser apenas entendida, mas inteiramente vivida.

O cristão não deve mais viver tentando conquistar a Deus ou receber aceitação. Ele já foi aceito em Cristo e, por isso, também deseja agradá-lo. A obediência agora é fruto da identidade, e não um meio de conquista. A mudança vem de dentro. Você não precisa de outro sacerdote humano para reconectá-lo a Deus, pois seu Mediador é Jesus e seu guia é o Espírito Santo, que mora dentro de você e o conduz por caminhos de vida.

A nova aliança traz cláusulas eternas: 1) Deus é o seu Pai, você é o filho dele; 2) seus pecados foram inteira, completa e eternamente perdoados, isto é, não há mais dívida entre você e Deus; e 3) a verdade da graça se tornou sua nova natureza e a justiça passou a ser sua posição. Agora, você não apenas lê sobre Deus, mas também o conhece. Essa é a aliança que transforma vidas de dentro para fora.

A nova aliança está escrita no seu coração, não em tábuas de pedra.

Leia hoje

Salmos 97-98 • Provérbios 28

Anotações

DECLARAÇÃO

Vivo debaixo da nova aliança, marcada pelo favor e pela graça. A verdade da Cruz me faz livre todos os dias.

PERMANEÇA EM SUA POSIÇÃO

"Por intermédio de quem obtivemos igualmente acesso, pela fé, a esta graça na qual estamos firmes; e gloriamo-nos na esperança da glória de Deus."

• Romanos 5.2 •

Quem tenta merecer bloqueia o favor. Quem crê o recebe.

O favor de Deus não é algo que você precisa buscar do lado de fora, pois o recebe por dentro. Em Cristo, você foi posicionado num lugar de aceitação, descanso e autoridade. Mas a chave agora não é apenas saber disso, é permanecer. Manter-se na graça é resistir à tentação constante de voltar à lógica do merecimento, da cobrança, da justiça própria.

Muitos acessam a graça, mas não permanecem nela. Começam bem, confiando no que Cristo fez, mas aos poucos voltam a medir seu relacionamento com Deus a partir do próprio desempenho. Se acertam, acham que Deus está feliz. Se erram, acham que Deus se afastou. Mas essa instabilidade revela que ainda não entenderam sua posição e a obra que Cristo realizou na Cruz. A fé se manifesta quando você permanece em fé, mesmo quando tudo em volta parece contrário.

Permaneça crendo quando não sentir nada. Permaneça adorando quando tudo parecer escuro. Permaneça em paz mesmo em meio à pressão. Porque a sua posição em Jesus é mais firme do que as suas emoções humanas. A obra foi feita por Cristo, não por você. E o que ele faz é eterno. Permanecer é uma escolha diária: confiar mesmo sem ver, descansar mesmo sem sentir e esperar mesmo sem entender, porque sabemos que o Pai é bom e nos ama. É nesse lugar que o favor opera continuamente.

Leia hoje

Salmos 99-100 • Provérbios 29

Anotações

DECLARAÇÃO

Eu sou justiça de Deus em Cristo. Permaneço no terreno da graça, onde o favor de Deus floresce.

O QUARTO HOMEM NA FORNALHA

"Tornou ele e disse: Eu, porém, vejo quatro homens soltos, que andam passeando dentro do fogo, sem nenhum dano; e o aspecto do quarto é semelhante a um filho dos deuses."

• Daniel 3.25 •

Quando os três jovens foram lançados na fornalha ardente, algo sobrenatural aconteceu: um quarto homem apareceu com eles. As chamas não os consumiram, a fumaça não os tocou e as correntes que os prendiam foram destruídas. Eles foram jogados amarrados, mas saíram livres. Nada no corpo deles foi queimado, só as amarras. Essa é a imagem perfeita do que Jesus faz por nós em meio às tribulações: ele não observa de longe, ele entra no fogo conosco.

Muitas vezes, oramos para que Deus nos livre do fogo. Mas há livramentos que não acontecem *antes*, mas *durante*. Talvez você esteja passando pelo fogo da dor, do luto, da perda, da injustiça ou da enfermidade, e tudo o que consegue ver é o calor que o cerca. No entanto, mesmo que os olhos naturais não o percebam, o quarto homem está aí. Jesus é fiel à aliança que estabeleceu conosco. Ele não promete ausência de lutas, mas garante estar ao nosso lado sempre.

A promessa de Jesus não foi dar-nos uma vida sem problemas, mas sua companhia eterna: "Eu estarei com vocês todos os dias". O mesmo Deus que permitiu o fogo caminha com você em meio às chamas. E quando tudo passar, você sairá mais maduro, com fé refinada e sem cheiro de fumaça. O fogo não será sua destruição, mas o cenário da glória de Deus. A fornalha não é o fim, mas o palco do livramento. Confie. Ele está aí.

Jesus está conosco na fornalha e sempre nos livra.

Leia hoje
Salmos 101-102 • Provérbios 30

Anotações

DECLARAÇÃO

Mesmo no fogo, eu creio: Jesus está comigo. Ele me guarda, livra e me faz sair mais forte.

RECEBA COMO FILHO, NÃO COMO SERVO

"Estai, pois, firmes na liberdade com que Cristo nos libertou, e não torneis a meter-vos debaixo do jugo da servidão."

• Gálatas 5.1, ARC •

A graça não é prêmio por esforço, mas uma herança para os filhos.

Esta é a postura que atrai a graça: viver como filho, não como servo. O servo trabalha para merecer, mas o filho recebe por herança. Muitos cristãos ainda se relacionam com Deus baseados na lógica da troca: "Se eu orar mais, serei mais abençoado" ou "se eu jejuar mais, apenas então Deus me ouvirá". Mas a nova aliança nos convida a sair da mentalidade de escravidão e permanecer firmes na liberdade com que Cristo nos libertou.

O jugo da escravidão é viver tentando conquistar o que Jesus já conquistou. É viver cansado, frustrado, sempre se achando insuficiente. A graça não funciona nesse sistema. Ela flui no ambiente da fé, não do esforço. Quando você para de correr atrás da bênção e apenas crê que ela já foi liberada em Cristo, o favor começa a se manifestar.

Deus não responde ao seu desempenho, mas à sua fé. Ele o chama de filho, e a herança é para os filhos. A paz também é para os filhos. A provisão, o cuidado e a resposta, tudo já está disponível, não como prêmio, mas como direito herdado. Receba-os como quem pertence à casa. Sirva com alegria, sem o peso de ter que provar ou conquistar direitos. Em Cristo, você já foi aceito. A bênção que você espera não é uma recompensa, é uma herança.

Leia hoje

Salmos 103-104 • Provérbios 31

Anotações

DECLARAÇÃO

Eu recebo como filho, não como servo. A graça me alcança porque sou amado, não porque mereço.

A JUSTIÇA QUE VEM DA FÉ

"E ser achado nele, não tendo justiça própria [...] senão a que é mediante a fé em Cristo, a justiça que procede de Deus, baseada na fé; para o conhecer, e o poder da sua ressurreição [...] conformando-me com ele na sua morte."

• Filipenses 3.9-10 •

Paulo era alguém que, humanamente, tinha muitos motivos para se gloriar: herança judaica, zelo religioso, obediência à lei. Contudo, quando teve um encontro com Cristo, tudo isso perdeu seu valor. Ele entendeu que a verdadeira justiça não vem do que fazemos, mas do Cristo em que cremos. E por isso, trocou sua justiça própria pela justiça que vem da fé no Filho de Deus. Esta é a troca essencial da nova aliança: deixar de confiar em si mesmo para confiar plenamente em Jesus.

Muitos cristãos ainda tentam viver com um pé na graça e outro na Lei. Servem a Deus, mas vivem inseguros, como se a bênção dependesse do comportamento. Se fosse assim, ninguém veria favor algum, porque todos pecamos. A justiça própria é sutil: ela se manifesta na comparação, na culpa, no orgulho. Toda vez que tentamos merecer, desconectamo-nos da graça e caímos na lógica da Lei, na qual não há fluir de bênçãos.

A graça é para quem crê, não para quem se acha digno. Não há problema em desejar obedecer, em crescer, em fazer o certo. Mas nunca coloque isso como o mecanismo necessário para ser aceito por Deus. Tudo o que temos, isto é, salvação, cura, favor e direção, está fundamentado no que Jesus fez. A fé na obediência de Cristo é o único caminho para uma vida abundante.

A justiça própria impede a graça; a fé no Filho libera o favor.

Leia hoje
Salmos 105-106

Anotações

DECLARAÇÃO

Não confio no meu desempenho, confio na justiça de Cristo e, portanto, recebo o favor de Deus.

RETORNE AO DESCANSO

"Retorne ao seu descanso, ó minha alma, porque o Senhor tem sido bom para você!"

• Salmos 116.7, NVI •

A graça floresce em corações que descansam em Cristo.

Em hebraico, a palavra "descanso" é *nuak*. Ela aparece quando a arca repousou no monte Ararate, quando Deus descansou no sétimo dia e também no nome "Noé", que significa *descanso*. Em Gênesis 6.8, lemos que Noé achou graça diante do Senhor. A primeira menção à graça na Bíblia está diretamente ligada ao descanso. Isso nos ensina um princípio poderoso: graça e descanso caminham juntos.

O mundo nos pressiona com exigências, produtividade e correria. Mas o Céu tem outro ritmo: o descanso da fé. Não se trata de inatividade ou preguiça, mas de confiar que Deus está agindo mesmo quando não o vemos. Quem descansa o faz não porque desistiu, mas porque entregou. Descansar é dizer: "Senhor, isto agora está nas tuas mãos". E quando entregamos de verdade, o favor começa a operar.

A graça floresce em corações que descansam. A ansiedade revela que ainda estamos tentando resolver com a força do braço o que já foi resolvido na Cruz. Por outro lado, o descanso revela que confiamos na força de Deus e na obra de Cristo. Talvez o que você mais precisa hoje não seja de mais esforço, mas de fé redobrada. A alma agitada se cala quando o coração confia. Volte para o descanso. Ele é o solo onde o favor brota.

Leia hoje
Salmos 107-108

Anotações

DECLARAÇÃO

Eu descanso em Deus e, nele, recebo graça, favor e direção.

A HUMILDADE ATRAI O FAVOR

"[...] Deus resiste aos soberbos, mas dá graça aos humildes."

• Tiago 4.6 •

A graça é como a água: sempre desce para os lugares mais baixos. Deus resiste aos soberbos, mas dá graça aos humildes. Isso revela um princípio espiritual poderoso: o orgulho bloqueia o favor, mas a humildade abre caminho para a manifestação da graça. A humildade não é autodepreciação, mas dependência. É dizer: "Senhor, sem ti, eu não posso". E é nesse lugar de rendição que o Céu se move.

O soberbo confia em si mesmo, olha exageradamente para si, acredita que pode tudo sozinho e vive se justificando. Sempre quer ter razão, controlar tudo e dominar as situações. Mas Deus não se impressiona com a autossuficiência. Ele se aproxima dos que reconhecem a própria limitação. Quando o coração se dobra, o favor se levanta. É por isso que os humildes são exaltados no tempo certo, porque reconhecem que toda força vem do alto.

A humildade também é visível nas relações. Quem é humilde não guarda mágoa, não alimenta ressentimento, não tenta revidar. Antes, perdoa, porque sabe que foi perdoado de uma dívida impagável. A humildade preserva casamentos, restaura amizades, cura ambientes, reconcilia. Por outro lado, onde há orgulho, há também contenda. A humildade é a porta da graça. Se você quer ver favor sobre a sua vida, desça. Deus se manifesta na vida dos que dependem dele.

A humildade protege você da queda e atrai o favor de Deus.

Leia hoje
Salmos 109-110

Anotações

DECLARAÇÃO

Eu sou dependente da graça. Reconheço minha fraqueza e recebo o favor de Deus sobre a minha vida.

A ARMADILHA DA JUSTIÇA PRÓPRIA

"Mas ele respondeu a seu pai: Há tantos anos que te sirvo sem jamais transgredir uma ordem tua, e nunca me deste um cabrito sequer para alegrar-me com os meus amigos."

• Lucas 15.29 •

A justiça própria finge fidelidade, mas esconde cobrança e orgulho.

O irmão do filho pródigo é o retrato perfeito da justiça própria. Ele permaneceu, trabalhou e obedeceu. Contudo, quando viu o pai recebendo com festa o filho mais novo que pecara e agora voltava arrependido, encheu-se de amargura. Seu coração revelou que ele não servia por amor, mas por merecimento. Ele esperava recompensa e, por isso, não conseguiu se alegrar com o favor concedido ao outro.

A justiça própria é sutil e traiçoeira. Ela se disfarça de fidelidade, mas esconde cobrança, ressentimento e comparação. Ela nos leva a pensar que Deus está nos devendo, que merecemos algo melhor, uma vida mais fácil, pessoas mais santas, reconhecimento pelo que fazemos. Mas o Evangelho é claro: tudo é graça. Tudo é dom. Não merecemos nada. Recebemos tudo porque Cristo nos amou primeiro. O maior mandamento da lei era: "Amarás o Senhor teu Deus". Mas o mandamento da graça é: "Nós o amamos porque ele nos amou primeiro".

Quem vive pela justiça própria exige perfeição dos outros. Quem vive pela graça oferece misericórdia. O irmão mais velho não conseguiu celebrar, porque seu coração estava cheio de méritos. Mas o pai não valoriza méritos, ele valoriza filhos.

Leia hoje
Salmos 111-112

Anotações

DECLARAÇÃO

Eu rejeito a justiça própria e vivo pela graça. Eu amo porque fui amado primeiro.

VENÇA A ACUSAÇÃO COM A CONSCIÊNCIA DA GRAÇA

"Agora, pois, já nenhuma condenação há para os que estão em Cristo Jesus."

• Romanos 8.1 •

A voz da acusação não grita, ela sussurra com a mesma entonação da sua mente: "Você falhou", "Deus está decepcionado com você", "você não é suficiente". Mas o Evangelho da graça nos convida a calar essa voz e ouvir outra mais poderosa, a voz do Pai nas Escrituras, que diz: "Você é meu filho amado, e tenho prazer em você". A condenação nunca vem do Espírito Santo. A correção dele é cheia de amor e aponta para a Cruz, não para a culpa.

Quem vive sob acusação acaba se afastando da oração, da comunhão eclesiástica e do serviço. A alma fica pesada, a esperança se apaga e o coração se esfria. Contudo, há uma chave para vencer isso: consciência de justificação. Quando você sabe que foi perdoado, justificado e incluído na família de Deus, não se condena nem faz isso aos outros. Antes, anda em leveza e vive como filho.

Você foi lavado pelo sangue de Jesus. Está limpo, não por causa do seu desempenho, mas por causa da Cruz. Portanto, levante-se e recomece. Você continua sendo amado, desejado e acolhido por Deus. E isso basta. Não é o seu histórico que o define, mas o sangue que o cobre. O Espírito não habita em quem merece, mas em quem crê. Mesmo que a voz da acusação tente calar você, a voz da graça grita mais alto: "Você foi justificado!".

Quem sabe que é perdoado não se acusa nem acusa os outros.

Leia hoje
Salmos 113-114

Anotações

DECLARAÇÃO

Sou perdoado, justificado e amado por Deus. Não vivo sob condenação, mas na liberdade da graça.

GRAÇA PARA QUEM NÃO MERECE

"Ora, como recebestes Cristo Jesus, o Senhor, assim andai nele."

• Colossenses 2.6 •

Não quero ter razão. Quero ter favor.

A justiça própria tem aparência de zelo, mas está sempre no ponto de se ofender, espera retorno por cada boa ação, cobra bênçãos em troca de boas obras. Quando o resultado não chega como esperado, o coração se fecha, a mágoa aparece e a alma adoece. Contudo, o amor de Deus não depende de merecimento. Você não serve a Deus para ser aceito, mas serve porque já é aceito. Não ama para ser amado, mas ama porque foi amado primeiro. É uma reação e não uma ação, você toca na fonte e flui a partir dela.

Este é o segredo da graça: ela transforma nosso servir em resposta, não em cobrança. Quando você entende que é filho, para de buscar aplausos, serve no secreto, perdoa com liberdade e ama sem esperar nada em troca. É nesse lugar que o favor de Deus flui com liberdade, tocando tudo ao redor.

Ore sempre: "Senhor, não quero ter razão. Quero ter favor". E repita isso quando for tentado a julgar, comparar-se ou esperar algo em troca. Quando o amor de Deus enche o seu interior, você vive com leveza, ama com profundidade e serve com alegria. Você não o faz para ser aceito, mas serve porque foi amado primeiro. Tudo começa e termina na graça. Portanto, viva por ela.

Leia hoje
Salmos 115-116

Anotações

DECLARAÇÃO

Eu renuncio à justiça própria. Sirvo por amor e recebo o favor imerecido de Deus em cada área da minha vida.

MAIS FAVOR E MENOS RAZÃO

"Reconhece-o em todos os teus caminhos, e ele endireitará as tuas veredas."

• Provérbios 3.6 •

A justiça própria se infiltra nas pequenas irritações do dia a dia: um comentário atravessado, uma ingratidão, um esquecimento. De repente, você se vê ressentido, tentando provar um ponto ou exigindo algo que acredita merecer. É nesse lugar que a graça é bloqueada. Deus não opera onde há cobrança, ele opera onde há entrega.

Reconhecer o Senhor em todos os caminhos é mais do que fazer orações, é cultivar um coração que sabe: "Eu não sou o centro. Deus é". É escolher abrir mão de ter razão para manter o favor. É perdoar quando você teria argumentos para revidar. É deixar o Céu governar onde sua alma quer controlar. Deus endireita caminhos quando o coração se curva.

A justiça própria adora apontar o erro do outro. Por outro lado, a graça prefere estender a mão. Quem vive para vencer discussões vive exausto. Quem vive para manter a paz, vive leve. Troque o peso da razão pela leveza do favor. Quando você desarma a alma, Deus entra com a força dele. Onde a razão não consegue, o favor realiza. Onde a lógica se esgota, a graça recomeça. Por isso, é melhor ter favor do que "ter razão".

Troque o peso da razão pela leveza do favor.

Leia hoje
Salmos 117-118

Anotações

DECLARAÇÃO

Abro mão da justiça própria. Escolho o perdão e o favor. Deus endireitará meus caminhos.

RESPIRE E DESCANSE NO SENHOR

"Todo ser que respira louve ao Senhor. Aleluia."

• Salmos 150.6 •

A fé que reconhece o respirar como dom de Deus é a fé que descansa.

Que difícil às vezes é parar e respirar com consciência, não? Há momentos em que a alma prende o fôlego: pressões externas, cobranças internas, lutas invisíveis, conflitos. E quando isso acontece, o corpo até continua ativo, mas o espírito cansa. A boa notícia é que há refúgio disponível para quem crê. Não um descanso apenas físico, mas um repouso profundo, de dentro para fora. Uma quietude que permite que você louve ao Senhor com cada respiração.

Deus chamou você para viver no compasso da graça. Isso não significa viver devagar, mas de forma guiada. Saber a hora de parar, de esperar e de confiar. O mundo celebra o excesso, a produtividade doentia e o fazer sem cessar, mas o Céu honra os que sabem repousar. No reino animal, o leão vive poucos anos, com intensidade, mas a tartaruga vive muito mais, com constância. O segredo está no ritmo certo.

Quando você sente que tudo está pesado, pare e respire. Converse com Deus: "Senhor, eu descanso em ti". Fazer isso não é sinal de fraqueza, mas de fé. É nesse lugar de confiança que o favor divino se manifesta e o milagre acontece, a leveza volta e o louvor flui. O fôlego que sustenta você vem do Céu. Quando você aprende a respirar, vivendo em fé, o descanso se torna uma força.

Leia hoje
Salmos 119.1-32

Anotações

DECLARAÇÃO

Recebo o fôlego de Deus. Vivo no ritmo da graça, em descanso e paz.

VIVA LIVRE DA TROCA E DO MERECIMENTO

"Pois todos vós sois filhos de Deus mediante a fé em Cristo Jesus."

• Gálatas 3.26 •

Você não é aceito por Deus com base no que faz, mas por causa de quem se tornou: um filho amado, incluído em Cristo pela fé. Quando você entende isso, descansa. Quando descansa, recebe. A lógica da graça é oposta à do mundo. Aqui, não se trata de esforço, mas de entrega. Não se conquista aceitação, ela é recebida. Contudo, a justiça própria tenta sutilmente nos reconectar ao sistema da troca. "Se fiz certo, mereço bênçãos. Se errei, não posso esperar nada de bom", e isto paralisa a graça.

Deus quer livrar você desse jugo. A nova aliança não opera por merecimento, ela flui com base no favor imerecido. Muitas áreas da vida que parecem bloqueadas, travadas ou sem avanço, podem estar assim porque, no fundo, você ainda se vê como alguém que precisa fazer para receber. Lembre-se de que o Evangelho nos ensina o contrário: você faz porque já recebeu. A alegria, a obediência e a generosidade nascem do descanso em um amor que nos foi dado antes de qualquer merecimento.

Voltar ao sistema da troca é como tentar pagar por um presente que já foi dado e pago. Isso ofende o doador e impede o desfrute. Deus não quer apenas abençoar você, ele quer que você aprenda a receber. E só quem entende que é filho, e não só servo, consegue viver em liberdade. Sua resposta não precisa ser o esforço do próprio braço, mas a fé.

A graça flui quando deixamos de tentar merecer.

Leia hoje
Salmos 119.33-64

Anotações

DECLARAÇÃO

Eu não volto ao jugo da troca. Recebo o favor de Deus pela fé na obra de Cristo.

NÃO PARALISE O FLUIR DA GRAÇA

"Todos quantos, pois, são das obras da lei estão debaixo de maldição [...]."

• Gálatas 3.10 •

A justiça própria é dizer "eu me garanto", e isso seca a fonte da graça.

Leia hoje
Salmos 119.65-96

Anotações

DECLARAÇÃO

Eu renuncio à justiça própria e recebo a graça de Cristo.

Você já vestiu uma roupa apertada? Limita os movimentos e impede a leveza do corpo. A ideia de justiça própria faz o mesmo com o cristão. Ela é sorrateira e se manifesta em pensamentos como: "Tenho feito tudo certo, por que ainda não fui recompensado?" ou "Fulano errou tanto e parece mais abençoado que eu". Essas vozes não vêm de Deus. São sinais de que você está escorregando do terreno da graça para o da Lei, onde a bênção depende do desempenho, não da fé. E nesse lugar, o favor se retrai.

Toda tentativa de merecimento nos coloca debaixo de peso. A justiça própria pressiona, exige, cobra, rouba a leveza da vida cristã e trava o fluir do Espírito. Deus não responde à autopiedade nem à comparação, ele responde à fé. Quando você se posiciona como alguém que precisa da graça, o Céu se move a seu favor. Quando se coloca como alguém que tudo merece, faz qualquer situação travar. É como tentar abrir um cofre com a chave errada: a força não resolve, só a chave certa.

Portanto, reconheça que não pode, mas creia que o Senhor pode. Peça ao Espírito que revele quais são as áreas em que você tenta se justificar. Talvez no casamento, no ministério, nas finanças. Escolha hoje o terreno da fé. Assuma sua dependência e veja a graça voltar a jorrar. O favor de Deus não é uma moeda de troca para nossas boas obras, ele é derramado sobre os que confiam, não sobre os que exigem.

TOQUE NA GRAÇA, RECEBA FAVOR

"e ser achado nele, não tendo justiça própria, que procede de lei, senão a que é mediante a fé em Cristo, a justiça que procede de Deus, baseada na fé."

• Filipenses 3.9 •

A graça é como um rio que flui do trono de Deus, sempre disponível, sempre suficiente. Mas há algo que pode bloquear esse fluxo: a justiça própria. Ela surge quando, mesmo sem perceber, você tenta conquistar o que já foi dado. É quando a oração vira moeda de troca, o jejum se torna escada para alcançar e o serviço vira currículo espiritual. Nessa lógica, o favor deixa de ser favor e se transforma em salário. Mas o Céu não funciona por meritocracia, ele opera por fé.

O apóstolo Paulo entendeu isso com profundidade. Ele tinha tudo para se gloriar: herança religiosa, obediência, currículo, zelo e boas obras. Mas, diante de Cristo, considerou tudo aquilo como perda, não porque fosse ruim, mas porque não podia salvar. A justiça própria é como areia movediça: quanto mais você se esforça, mais afunda. A justiça que vem da fé, por outro lado, é como uma rocha: firme, segura, estável. É sobre essa base que o favor de Deus se manifesta.

Você não precisa tentar impressionar o Céu, só precisa crer. Crer que está perdoado, justificado e aceito. Crer que Jesus já fez tudo e que agora é a sua vez de receber a recompensa da obra redentora na cruz. O favor não vem porque você jejuou muito ou acertou tudo, mas porque Cristo acertou por você. Onde há fé na obra consumada, há também graça fluindo. Toque na graça com fé e se deixe molhar pelo favor abundante de Deus.

A graça só flui onde não há exigência e cobrança.

Leia hoje

Salmos 119.97-128

Anotações

DECLARAÇÃO

Eu rejeito toda justiça própria e recebo o favor de Deus como filho, não por mérito, mas pela fé.

QUANDO A PAZ REINA

"O lobo habitará com o cordeiro, e o leopardo se deitará junto ao cabrito; o bezerro, o leão novo e o animal cevado andarão juntos, e um pequenino os guiará."

• Isaías 11.6 •

No Reino de Deus, até o impossível se harmoniza.

No Reino de Deus, até o impossível se harmoniza. Isaías 11 nos apresenta uma visão profética de um tempo de paz tão pleno que predadores e presas caminham juntos, e uma criança é capaz de conduzi-los. Essa imagem não é apenas uma promessa escatológica, mas uma revelação do ritmo do Céu: um compasso de confiança, reconciliação e descanso.

O mundo moderno gira em alta velocidade, forçando-nos a acreditar que parar é perder, que pausar é desperdício. Mas o Reino opera em outra lógica. Nele, descanso não é sinônimo de preguiça, mas expressão de fé. Quem descansa, confia. Quem confia, floresce. Foi assim com Noé. Seu nome significa "descanso", e ele encontrou graça aos olhos de Deus (cf. Gênesis 6.8). Essa conexão entre descanso e graça é mais do que etimológica, é espiritual. A graça de Deus se manifesta onde há rendição, não agitação. Onde há confiança, e não controle. Onde há entrega, e não desespero.

Quem tenta controlar tudo vive tenso, e a tensão fecha as portas para o favor divino. Mas quem caminha em paz, ainda que em meio ao caos, alinha-se com o compasso do Céu. Deus não está em crise. Ele conduz seus filhos pelo caminho da paz, mesmo quando tudo ao redor parece ruir. Descansar é escolher não reagir com pânico, mas com fé. Hoje, respire fundo. Aquiete a alma. Desacelere por dentro.

Leia hoje
Salmos 119.129-160

Anotações

DECLARAÇÃO

Eu escolho o ritmo do Reino: descanso, paz e confiança no cuidado do Pai.

MAIO

28

Devocional

148 /365

A ESTRADA DOS QUE SE CURVAM

Na Presença do Pai

"Digo-vos que este desceu justificado para sua casa, e não aquele; porque todo o que se exalta será humilhado; mas o que se humilha será exaltado."

• Lucas 18.14 •

Há dois caminhos diante de Deus: o da autopromoção e o da humildade. Um é pavimentado por comparação, esforço e vanglória. O outro, por silêncio, rendição e súplica. E foi esse último que Jesus reconheceu como o caminho da justificação. Na parábola, o fariseu se apresentava diante de Deus com as mãos cheias: cheias de obras, de méritos, de si. O publicano, ao contrário, chegava com as mãos vazias, o coração quebrantado e os olhos voltados para o chão. E foi justamente ele, o desprezado, o improvável, que voltou para casa aprovado.

O Reino de Deus nunca recompensou os que tentam se fazer grandes. Nele, é o joelho dobrado que abre portas, não o peito inflado. O coração que se curva é o que mais se aproxima do trono. Não por merecimento, mas por dependência. Humilhar-se, aos olhos do Céu, não é se menosprezar, mas reconhecer quem Deus é e quem nós somos sem ele. É parar de disputar um lugar de honra e aceitar, com reverência, o lugar de filho. É trocar o palco pelo altar. A exibição pelo arrependimento.

Na economia do Reino, quanto mais baixo você se ajoelha, mais alto Deus o levanta. Porque ali, no chão da humildade, nasce o tipo de fé a que o Céu não resiste.

O coração que se curva é o que mais se aproxima do trono.

Leia hoje

Salmos 119.161-176

Anotações

DECLARAÇÃO

Abro mão de querer me elevar ou ganhar status. Agradarei o coração do meu Deus, reconhecendo-o como tudo na minha vida!

ANTES DE TUDO, AMADO

"Com amor eterno eu te amei; por isso, com benignidade te atraí."

• Jeremias 31.3 •

O amor de Deus não depende das minhas boas obras; ele é eterno, imutável e totalmente fiel.

Leia hoje
Salmos 120-121

Anotações

Antes de qualquer escolha, obediência ou arrependimento, você já era alvo do amor de Deus. Este é o fundamento do Evangelho: Deus não o amou depois que você mudou, ele o amou muito antes. E esse amor não é passageiro ou condicional, é eterno. Isso significa que ele não começou a amar você a partir do momento de sua conversão. Esse amor tampouco acabará se você falhar. O amor de Deus é anterior, superior e independente das suas obras.

Vivemos em um mundo onde o amor é frágil e condicional. Somos ensinados a amar com base em comportamento, reciprocidade ou merecimento. Mas o amor de Deus não funciona assim. Ele amou você antes da fundação do mundo. Ele o escolheu quando você ainda estava perdido. Esse amor é a força que o atrai, que o transforma e que sustenta a sua identidade. Você não precisa mendigar aceitação; você já é amado, desde sempre e para sempre.

Quando você crê nesse amor, a sua vida muda. A insegurança dá lugar à confiança. A comparação dá lugar à gratidão. A cobrança desaparece, e o descanso ocupa o coração. Você foi amado antes de tudo e continuará sendo, mesmo em meio às falhas. Receba esse amor como base da sua fé, pois não depende de você, é dom do Pai.

DECLARAÇÃO

Fui amado com amor eterno. Esse amor me sustenta, transforma e nunca falha.

A VITÓRIA DE QUEM DESCANSA

"Vi ainda debaixo do sol que não é dos ligeiros o prêmio, nem dos valentes a vitória [...]; porém tudo depende do tempo e do acaso."

• Eclesiastes 9.11 •

A lógica do Reino é diferente da lógica do mundo. Enquanto a sociedade valoriza velocidade, produtividade e competição, o Céu valoriza descanso, fé e confiança. A Palavra nos mostra que não são os mais rápidos ou os mais fortes que vencem, mas os que aprendem a depender de Deus. A ansiedade pode até parecer zelo, mas, na verdade, é fruto do medo. Quem confia de verdade, descansa. E quem descansa, prova do favor.

Você já notou como a pressa revela a tentativa de controlar, de fazer com as próprias mãos, de se garantir? Por outro lado, o descanso revela fé. Deus não se impressiona com esforço humano, ele responde à fé. O favor não corre atrás dos apressados, mas dos que estão firmados na certeza de que o Senhor cuida de tudo. Descansar é abrir mão do controle e permitir que Deus seja Deus. No descanso, a alma se aquieta e o coração escuta.

Pare de tentar vencer com pressa, diminua o passo e entregue os pesos desta vida ao Senhor. A vitória não está na força do braço, mas na graça de Deus, que o conduzirá pelo caminho certo, no tempo certo, com os recursos certos. Quem descansa colhe vitórias que o esforço jamais poderia proporcionar.

A vitória não é dos rápidos, mas dos que descansam em Deus.

Leia hoje
Salmos 122-123

Anotações

DECLARAÇÃO

Eu descanso em Deus e, por isso, viverei a verdadeira vitória que vem do favor divino.

CURADO PELO AMOR

"Jesus, profundamente compadecido, estendeu a mão, tocou-o e disse-lhe: Quero, fica limpo!"

• Marcos 1.41 •

A cura começa no coração que crê no amor de Deus.

A cura não começa em uma oração perfeita ou em comportamentos impecáveis. Ela começa na consciência do amor de Deus. O leproso sabia que Jesus podia curá-lo, mas não tinha certeza se ele queria. Essa dúvida ainda habita muitos corações. Mas a resposta de Jesus continua sendo: "Quero. Fica limpo". A vontade do Pai é boa, perfeita e agradável, e ela inclui sua cura. Ele não ignora sua dor. Ele é movido por compaixão.

Quando você crê que é amado, não tem medo de pedir, de confiar, de esperar receber o cuidado do Pai. Mesmo que os sintomas persistam, o coração repousa na certeza de que a cura das enfermidades do corpo e da alma já foi providenciada. Não foque no que sente, mas no que Jesus fez. O amor de Cristo venceu na cruz. A fé não nega os sintomas, mas declara que o que Cristo fez é maior do que aquilo que se vê.

Jesus continua estendendo a mão. Ele ainda toca, ainda cura, ainda levanta. Não é o merecimento que atrai a cura, mas a fé no amor dele. Respire fundo, confie e declare: "Sou amado. Sou curado". A compaixão de Jesus não falha. O amor que cura continua agindo, e ele o alcança agora com vida e restauração.

Leia hoje
Salmos 124-125

Anotações

DECLARAÇÃO

Jesus quer me curar. Seu amor me alcança e, pela fé, sou curado.

Junho

06 – 12

A GRAÇA É PARA OS QUE NÃO MERECEM

"[...] Há tantos anos que te sirvo sem jamais transgredir uma ordem tua [...]"

• Lucas 15.29 •

Quem se vê como alguém imerecidamente perdoado não cobra perfeição de ninguém.

Leia hoje
Salmos 126-127

Anotações

DECLARAÇÃO

Eu deixo a justiça própria e recebo a graça. Vivo perdoado e perdoo com generosidade.

A graça só pode ser recebida por quem admite não ter mérito. Só desfruta da graça quem reconhece que não a merece. E quando essa consciência nos invade, ela transforma o modo como vemos a nós mesmos e como tratamos os outros. Quem entende quão perdoado foi trata os outros com misericórdia. Não exige perfeição do cônjuge, dos filhos, da liderança ou dos amigos, porque sabe que nem ele mesmo consegue oferecer isso.

O irmão do filho pródigo estava na casa do pai, mas longe do coração do pai. Seu senso de merecimento o impediu de se alegrar com o retorno do irmão. Ele se via como servo e achava que merecia mais por isso. Isso é justiça própria, que nos afasta do favor de Deus. Ela bloqueia a alegria, endurece o coração e paralisa a fé. Por trás da amargura desse irmão, havia o senso de injustiça: "eu merecia mais", assim como acontece no coração de quem cai da graça.

A justiça própria também se manifesta quando julgamos os outros, tentando corrigir tudo e todos. Mas o Espírito Santo, que conhece todas as nossas falhas, não nos acusa; ele nos convence com amor. Por que, então, insistimos em acusar? A verdade é que quem vive cobrando perfeição ainda não entendeu quão perdoado foi. A amargura não encontra espaço num coração que vive na graça.

CUIDADO COM A PRAGA DA JUSTIÇA PRÓPRIA

"Ele se indignou e não queria entrar [...]"

• Lucas 15.28 •

A justiça própria é uma praga silenciosa que se disfarça de zelo, fidelidade e esforço. O irmão do filho pródigo é o retrato disso: permaneceu na casa do pai, mas estava longe do seu coração. Sua indignação diante da restauração do irmão revelava um orgulho ferido. Ele acreditava que, por "ter feito tudo certo", merecia mais. Mas a verdade é que ninguém merece coisa alguma, tudo é graça.

Quando você disser: "Não mereço passar por isso", lembre-se: o que merecíamos era juízo, mas a misericórdia nos alcançou. Esse falso senso de justiça se manifesta também nos relacionamentos: um marido que se doa, mas se sente injustiçado; uma esposa que se entrega, mas se sente invisível; filhos que obedecem, mas não se sentem recompensados. O problema aqui não é fazer o bem, mas fazê-lo esperando ou exigindo retorno. O favor de Deus não está sobre quem crê que faz tudo certo, mas sobre quem crê que Jesus fez tudo, e de forma perfeita.

Portanto, dispense a mentalidade justiceira do irmão mais velho para não perder as grandes festas e celebrações dos Céus e o favor de Deus aqui na Terra. Viva pela graça, rejeite o orgulho e abrace a leveza de quem sabe que todo bem recebido é dom imerecido.

A justiça própria gera ressentimento; a graça gera descanso.

Leia hoje
Salmos 128-129

Anotações

DECLARAÇÃO

Senhor, eu não quero pensar que mereço. Eu quero apenas crer em Jesus, com humildade.

RESSENTIMENTO, PARA QUÊ?

"Porque eu sei que em mim, isto é, na minha carne, não habita bem nenhum [...]"

• Romanos 7.18 •

A visão orgulhosa de si mesmo sempre precede a queda.

Você é alguém que se magoa, melindra ou ressente facilmente? Esses são sintomas de quem ainda não entende bem o Evangelho. Quem se sente injustiçado com facilidade se vê como bom demais para ser ofendido. Isso, porém, é uma ilusão. Em nossa carne, não habita bem algum: nós não somos "bons demais". Reconhecer isso não significa que temos baixa autoestima. Em Cristo, somos novas criaturas, sim, mas ainda carregamos uma carne que precisa ser vencida, não valorizada. A graça não se manifesta em corações orgulhosos, mas naqueles que reconhecem sua total dependência do Senhor.

No Antigo Testamento está escrito que se a lepra tivesse coberto todo o corpo, o leproso era considerado puro (cf. Levítico 13.13). Mas se estivesse em partes, era impuro. O princípio é este: quem reconhece sua total contaminação, recebe purificação; aquele que admite sua incapacidade, acessa a graça. Pedro negou Jesus, não por fraqueza, mas por confiar demais em si mesmo. A visão orgulhosa de si mesmo sempre precede a queda, porque exalta a carne e minimiza a graça.

Por isso, ore com sinceridade: "Senhor, ajuda-me a ver a mim e a ti apropriadamente". Essa oração simples, feita com humildade, abre caminhos para o derramar de grandes bênçãos. Quando vemos segundo a perspectiva dos Céus, deixamos de nos ressentir facilmente. A graça ocupa o coração que, antes, estava cheio de orgulho.

Leia hoje
Salmos 130-131

Anotações

DECLARAÇÃO

Que o Senhor me ajude a vê-lo apropriadamente, bem como a mim.

MUDE A MENTE, MUDE A VIDA

"Porque assim diz o Senhor Deus, o Santo de Israel: 'Em vos converterdes e em sossegardes está a vossa salvação; na tranquilidade e na confiança, a vossa força [...]'."

• Isaías 30.15 •

Todos os dias, o Inimigo sussurra mentiras e tenta nos enganar, e ele não se apresenta de maneira óbvia. Ele se infiltra nos pensamentos, usando a primeira pessoa para parecer que é você mesmo quem está falando. "Eu não consigo", "Nada dá certo pra mim", "Meu casamento está perdido", "Nunca vou vencer". Esses pensamentos, quando geram desânimo e prostração, denunciam sua origem: não vêm de Deus. São setas inflamadas do Inferno para roubar sua fé.

A Palavra nos ensina que a fé fala. Por isso, mesmo diante de circunstâncias contrárias, as palavras que você declara devem estar alinhadas à verdade eterna que você crê. Diga: "Eu sou próspero em Cristo", "Ele se fez pobre por amor a mim", "Tudo o que eu fizer prosperará, porque o favor de Deus está sobre mim". Não declare o que sente momentaneamente, mas o que crê. Não se mova por lógica ou circunstância, mas pelas promessas bíblicas. Mude sua mente e, então, sua vida mudará também.

Isaías 30.15 nos revela o segredo: a salvação está em mudar a mente e sossegar, assim como a força está em confiar. Creia que Deus ama você, pois já provou isso na cruz. Ele não negou o próprio filho por você. O que mais ele não faria? Creia, descanse e vença. O favor divino já foi liberado sobre você, agora é hora de crer como quem já recebeu.

As palavras que você declara devem estar alinhadas à verdade eterna em que você crê.

Leia hoje
Salmos 132-133

Anotações

DECLARAÇÃO

Eu confio em Deus, e nele encontro salvação, força e prosperidade.

O QUE É SER JUSTO DIANTE DE DEUS?

"Vem do Senhor a salvação dos justos; ele é a sua fortaleza no dia da tribulação."

• Salmos 37.39 •

Justo não é quem nunca errou, mas quem foi declarado inocente por Cristo.

Leia hoje
Salmos 134-135

Anotações

DECLARAÇÃO

Sou justo por causa de Jesus. Tenho paz com Deus e acesso ao favor divino todos os dias.

Ser feito justo diante de Deus é mais do que receber perdão. Um réu pode ser perdoado e, ainda assim, permanecer com o histórico de culpa. Mas o justo, na nova aliança, é aquele que foi declarado inocente. Deus não apenas o perdoou, ele o justificou. Isso significa que, aos olhos divinos, é como se você nunca tivesse pecado. Essa justiça não veio de você, mas de Cristo. Ele assumiu o seu lugar na cruz, e agora você assume o lugar dele: foi aceito, feito justo e livre.

Essa verdade muda a maneira como você se aproxima de Deus. Não mais como alguém envergonhado, mas como filho confiante. A justificação lhe deu paz com Deus, e essa paz não depende de sentimentos, é um estado eterno. Mesmo quando você falha, sua posição diante dele não muda, porque ela está baseada na obra de Cristo, e não no seu desempenho. Você não precisa pagar por nada, tudo já foi pago. Nenhuma dívida pode ser cobrada duas vezes.

Viver como justo é viver com santa ousadia. É rejeitar a condenação, orar com fé, esperar favor todos os dias. Lembre-se: a justiça de Cristo o acompanha. Ela sustenta, protege e posiciona você. Não deixe o Diabo convencê-lo de que Deus está contra você. O Senhor já declarou: "Você está em paz comigo". Agora creia, caminhe e viva como justo, porque é isso que você se tornou em Jesus.

CREIA BEM

"E vos revistai do novo homem, criado segundo Deus, em justiça e retidão procedentes da verdade."

• Efésios 4.24 •

A vida cristã não começa com *fazer* coisas certas, mas com *crer* da maneira certa. Quando você crê corretamente, então vive corretamente. A mudança verdadeira não vem da força do braço, mas da revelação da justiça de Cristo, e essa obra começa em sua mente. Quando você entende que foi declarado justo, sua fé se fortalece e, então, suas atitudes mudam. Sua mente se renova. Sua oração se torna poderosa. E você se posiciona com ousadia, não com medo.

O Diabo é o acusador que mente, lança pensamentos de condenação e tenta convencer você de que não há saída. Ele investe contra a sua mente. Mas a resposta não está na fuga, muito menos na morte. A resposta para a transformação da mente está em Deus. Ele é a fonte da vida, o Deus que vivifica, que levanta e que restaura o propósito.

Fora de Cristo, tudo é vaidade. Salomão teve sabedoria, riquezas, prazeres e mesmo assim declarou: "Tudo é correr atrás do vento" (cf. Eclesiastes 2.11). Mas quem está em Cristo encontra sentido. Pense em você como uma luva. Jesus é a mão. A luva só tem razão de ser quando está preenchida pela mão. Assim é a nossa vida: só tem força e direção quando estamos cheios dele. Como cristãos, precisamos encher-nos de Jesus, revestir-nos do novo homem e viver com uma mente transformada.

O justo não foge, ele se posiciona com fé, graça e coragem.

Leia hoje
Salmos 136-137

Anotações

DECLARAÇÃO

Sou justo em Cristo. Tenho vida, propósito e direção, porque ele habita em mim.

ESTRELAS DO CÉU

"Que deveras te abençoarei e certamente multiplicarei a tua descendência como as estrelas dos céus e como a areia na praia do mar; a tua descendência possuirá a cidade dos seus inimigos."

• Gênesis 22.17 •

Você é descendência espiritual de Abraão, uma estrela que brilha no céu.

Leia hoje
Salmos 138-139

Anotações

Deus não desperdiça palavras. Quando prometeu a Abraão uma descendência "como as estrelas dos céus e como a areia da praia", estava revelando dois tipos de filhos: os naturais e os espirituais. A areia representa a descendência física, Israel, seu povo terreno. As estrelas apontam para os filhos da fé, nascidos do alto, assentados com Cristo nas regiões celestiais.

Se você nasceu de novo, você faz parte dessa promessa, é uma dessas estrelas. Sua vida não é regida pelo que vê ou sente, mas pelo que crê. Você vive a partir do alto e foi feito justo por causa de Cristo. E a promessa é clara: você possuirá a cidade dos seus inimigos. Em outras palavras, as portas do Inferno não prevalecerão contra sua vida. A autoridade foi dada à Igreja, e a vitória já foi garantida por Jesus. Assim como as promessas dadas a Abraão se cumpriram, as promessas de Jesus para você também se cumprirão gloriosamente.

A Bíblia diz que os sábios resplandecerão como o brilho do firmamento, e os que conduzem muitos à justiça brilharão como as estrelas para sempre (cf. Daniel 12.3). Essa é sua identidade. Você é luz do mundo. Você é herança eterna. Você é descendência espiritual de Abraão, chamado para viver como embaixador do Céu enquanto caminha na Terra, brilhando onde a escuridão tenta imperar.

DECLARAÇÃO

Sou herdeiro pela fé. Em Cristo, vivo como luz no mundo.

JUNHO

08

Devocional

159 /365

A PROMESSA DA PORTA CONQUISTADA

"E a tua semente possuirá as portas dos seus inimigos."

• Gênesis 22.17, ARC •

Essa é uma promessa extraordinária. Em tempos antigos, alianças eram seladas com sangue e palavras irreversíveis. Deus fez um juramento eterno a Abraão: sua semente possuiria a porta dos inimigos. E essa semente é Cristo. Ele venceu o Diabo, despojou os principados, esmagou a cabeça da serpente, venceu a morte e se assentou no trono da glória. Hoje, ele reina, e você reina com ele.

A palavra "porta" representa domínio, influência e autoridade. Possuir a porta do Inimigo significa governar onde antes havia opressão. Em Cristo, você recebe vitória sobre o pecado, a condenação, o medo, a enfermidade e toda arma do Inferno. Nada pode resistir à natureza vitoriosa de Jesus em você. Essa promessa não é só escatológica, ela é presente. A porta foi conquistada. A chave foi entregue. A autoridade foi liberada.

Você não precisa lutar para vencer, você luta a partir da vitória de Cristo. Levante-se com fé. Posicione-se como quem já está do lado da vitória. Tome posse da autoridade que foi dada à Igreja. Você está em Cristo, assentado nas regiões celestiais, e a porta do Inimigo já está debaixo dos seus pés.

A vitória é certa para quem está em Cristo.

Leia hoje

Salmos 140-141

Anotações

DECLARAÇÃO

Em Cristo, sou vencedor. Vivo sob a autoridade do Céu.

AS PORTAS DO INFERNO NÃO PREVALECERÃO

"[...] tu és Pedro, e sobre esta pedra edificarei a minha igreja, e as portas do inferno não prevalecerão contra ela."

• Mateus 16.18 •

As portas do Inferno não resistirão aos amados filhos de Deus.

No versículo mencionado, Jesus não expressa o Inferno atacando a Igreja, mas a Igreja avançando contra o Inferno. "Portas" representam estruturas de resistência. São lugares de influência, onde decisões e sentenças são decretadas. Quando Jesus menciona "as portas do Inferno", está falando de acusações, condenação, medo, vergonha, e ele deixa claro: essas portas não prevalecerão contra a Igreja.

Na época, Jesus estava em Cesareia de Filipe, região considerada a "porta do Inferno", onde se adorava o deus Pan, figura aterradora que inspirava medo. Muitos ainda veem Deus religiosamente, como os antigos viam o falso deus Pan, como alguém distante, punitivo, pronto para rejeitar. Mas Jesus revela a verdade do Pai: ele atrai, acolhe, perdoa e ama. Por isso, quando falhar, você não precisa fugir *dele*. Na verdade, você pode correr *para ele*.

A fé verdadeira se firma nesta verdade: Deus é bom. Ele o ama, mesmo nos dias maus. O Inferno tenta convencê-lo de que você está só. Contudo, a graça exclama: "Volte para casa!". Você tem um lugar seguro, e este lugar é o amor do Pai. O amor lança fora o medo, dissolve a vergonha e vence a condenação. Como Igreja, destrua as portas do Inferno, e faça isso convicto de que Deus ama você.

Leia hoje
Salmos 142-143

Anotações

DECLARAÇÃO

Mesmo nos meus erros, sei que sou amado. Deus é meu Pai e está sempre de braços abertos para mim.

O SENHOR ESTÁ COMIGO

"O Senhor está comigo; não temerei. Que me poderá fazer o homem?"

• Salmos 118.6 •

Deus não quer que você viva com medo. O amor dele não depende da sua performance. As Escrituras deixam claro que ele nos amou primeiro, e é este amor que lança fora todo medo. Às vezes, pensamos que só seremos amados se formos perfeitos e se fizermos tudo certo. Mas a Palavra afirma o contrário: é no dia da aflição, quando mais precisar, que você poderá ter confiança no cuidado de Deus, não porque você é bom, mas porque é amado.

O medo nasce da insegurança, da ideia de que Deus nos rejeitará. O medo é a expressão contrária do versículo mencionado. Mas na cruz, quando Jesus levou sua culpa, vergonha e condenação, o Senhor afirmou de forma definitiva: "Agora, você não é mais julgado com base no que fez, mas com base no que eu fiz por você". Por isso, não deixe o medo dominar seu coração. Você não tem o que temer, porque é aceito. Você é amado. Não fuja de Deus quando errar, corra para ele.

No dia da queda, da dúvida ou da fraqueza, confesse com fé: "Senhor, aperfeiçoa o teu amor em mim". Esse é o segredo da vida cristã. Não é o seu amor por ele que sustenta você, mas o amor dele por você. Viva segundo esta convicção: você é profundamente amado. E esse amor é a força que vence o medo, restaura sua confiança e o sustenta todos os dias.

O amor de Deus lança fora todo medo.

Leia hoje
Salmos 144-145

Anotações

DECLARAÇÃO

Eu sou amado por Deus. Não vivo com medo. Mesmo quando erro, sou aceito e abraçado em Cristo.

REVESTIDOS DE GLÓRIA

"Fizeste-o, no entanto, por um pouco, menor do que Deus e de glória e de honra o coroaste."

• Salmos 8.5 •

Deus tem uma excelente opinião sobre você porque o vê em Cristo.

Leia hoje
Salmos 146-147

Anotações

A Bíblia afirma que o homem foi coroado de glória e honra. O termo "coroar" também significa "encapsular", envolver completamente. Antes da Queda, Adão estava revestido da glória de Deus. Mesmo nu, não se envergonhava, pois não havia maldade em seu coração e sua consciência era de que estava revestido da glória de Deus. Esse revestimento o capacitava a governar sobre toda a criação. Contudo, ao pecar, Adão perdeu sua autoridade e revestimento de glória. Como está escrito: "Todos pecaram e carecem da glória de Deus".

Jesus veio restaurar e redimir todas as coisas. Na cruz, ele não apenas nos perdoou, mas nos devolveu a glória e a autoridade perdidas. Em Cristo, somos novamente envolvidos por esse revestimento divino. Em grego, a palavra "glória" é *doxa*, que também significa "ter uma boa opinião". Deus tem uma excelente opinião a nosso respeito, não por causa das nossas obras, mas porque ele nos vê em Cristo: justificados, amados, aprovados.

Quando essa verdade invade o coração, somos fortalecidos em fé. Não oramos mais com medo, mas com ousadia. Não nos achegamos a Deus com culpa, mas com confiança. Quem crê que está revestido da glória de Deus fala com poder, anda com firmeza e vence com autoridade. Você está encapsulado pela presença do Espírito. A glória voltou!

DECLARAÇÃO

Estou revestido de glória. Deus me aprova em Cristo e me dá autoridade espiritual.

AMOR QUE LANÇA FORA O MEDO

"No amor não existe medo; antes, o perfeito amor lança fora o medo. Ora, o medo produz tormento; logo, aquele que teme não é aperfeiçoado no amor."

• 1João 4.18 •

É justamente nos dias de angústia e incerteza que mais somos tentados a questionar o amor de Deus. "Se Deus me ama, por que estou passando por isso?", podemos pensar. Mas é nesse exato momento que mais precisamos nos lembrar da verdade: somos amados. Jesus nunca prometeu ausência de problemas, mas garantiu sua presença conosco no meio deles. Ele disse: "[...] No mundo tereis aflições, mas tende bom ânimo; eu venci o mundo" (João 16.33, ARC).

Vivemos em um mundo caído, marcado pelo pecado e pela atuação do Inimigo. Por isso, enfrentamos lutas, perdas e dores. No entanto, não estamos sozinhos. A certeza do amor de Deus é o que nos sustenta. Esse amor lança fora o medo, acalma o coração e renova as forças do cristão. O pânico e a ansiedade apenas se instalam quando o amor ainda não foi aperfeiçoado em nós. Contudo, quanto mais crescermos no entendimento do amor do Pai, mais segurança teremos para viver em fé, ousadia e descanso.

Não tente medir o amor de Deus a partir das circunstâncias. Meça-o pela Cruz. Foi ali que ele provou, de uma vez por todas, que o ama. Nos dias difíceis, não se afaste dele. Diga: "Pai, eu não entendo tudo, mas sei que sou amado". Essa verdade liberta e lança fora o temor.

O amor de Deus é maior do que qualquer crise.

Leia hoje
Salmos 148-149

Anotações

DECLARAÇÃO

Eu sou amado por Deus. O amor dele me sustenta, guarda e lança fora todo medo.

O AMOR FORTALECE MINHA FÉ

*"O Senhor é a minha luz e a minha salvação; de quem terei medo?
O Senhor é a fortaleza da minha vida; a quem temerei?"*

· Salmos 27.1 ·

O amor de Deus elimina o medo e fortalece a fé.

O medo não precisa mais dominar o seu coração. Davi, mesmo diante de inimigos e perigos reais, escreveu essas palavras de coragem e fé. Ele compreendia que a segurança não estava nas circunstâncias, mas na presença do Senhor. Quando você sabe que é amado, protegido e guiado por Deus, o medo perde sua força. Ainda que guerras se levantem contra você, não desfalecerá de medo.

Jesus revelou esse amor na cruz. Ele não apenas nos salvou do juízo, como também nos uniu ao Pai de forma definitiva. A ansiedade, o pânico e o medo do futuro são alimentados pela dúvida: "Será que estou só?". Mas Deus responde: "Eu sou a tua luz, a tua salvação, a tua fortaleza". Esse amor não falha. Mesmo quando tropeçamos, ele permanece fiel.

O amor que lança fora o medo não é o nosso amor por Deus, mas o amor dele por nós. É esse amor que traz descanso, cura a alma e nos faz levantar com confiança. Diga com fé: "Sou amado. Sou protegido. Sou guardado". E, quando o medo tentar voltar, atente você também para esta verdade: o Senhor é a sua luz, e quem anda na luz não tropeça no medo.

Leia hoje
Salmos 150

Anotações

DECLARAÇÃO

O Senhor é minha luz e salvação. Não temerei. Sou amado, guardado e firmado em seu amor perfeito.

AUTORIDADE PARA VENCER O INIMIGO

"Eis aí vos dei autoridade para pisardes serpentes e escorpiões e sobre todo o poder do inimigo, e nada, absolutamente, vos causará dano."

• Lucas 10.19 •

Jesus deu autoridade à sua Igreja. Ele não nos chamou para vivermos acuados, com medo das trevas, mas para avançarmos com ousadia. Quando você crê e confessa que ele é o Cristo, recebe poder para romper toda estrutura de acusação, condenação e opressão. As portas do Inferno representam exatamente isto: sistemas de julgamento, mentiras espirituais e prisões emocionais. Mas nada disso prevalece contra quem está firmado em Cristo.

Na cultura bíblica, as portas eram lugares estratégicos. Representavam lugares de decisões, proteção e julgamento. Quem dominava a porta, dominava a cidade. Jesus morreu na cruz fora da porta da cidade, isto é, ele rompeu o ciclo da condenação. Agora, a mesma autoridade lhe foi dada. Você pode declarar cura, libertação e salvação sobre sua vida e sua família, e o Inferno não poderá resistir.

As portas não atacam. Na verdade, quem avança é a Igreja. E a cada passo de fé, uma porta é derrubada, um cativo é liberto, uma alma é salva. A autoridade não é sua por merecimento, mas por filiação. Você é herdeiro com Cristo. E, em nome de Jesus, você vence serpentes, escorpiões e todo o poder do Inimigo.

A autoridade de Cristo em você destrói as portas do Inferno.

Leia hoje

Provérbios 1 • Mateus 1

Anotações

DECLARAÇÃO

Tenho autoridade em Jesus. Avanço com fé e nenhuma obra do Inimigo resistirá.

AS PORTAS CAIRÃO

"Eu irei adiante de ti, endireitarei os caminhos tortuosos, quebrarei as portas de bronze e despedaçarei as trancas de ferro."

• Isaías 45.2 •

As portas do Inferno não resistem ao poder do nome de Jesus.

Como você imagina a Igreja? Biblicamente, ela não é uma fortaleza acuada tentando resistir. Ela é um exército em marcha, avançando com luz, verdade e poder. Jesus declarou: as portas do Inferno não prevalecerão. Isso significa que não estamos na defensiva, mas na ofensiva. Somos nós que avançamos. Portas são feitas para resistir, mas, diante da autoridade de Cristo, elas cairão.

Na antiguidade, as portas das cidades eram estruturas pesadas, feitas de bronze e trancadas com ferrolhos de ferro. Eram projetadas para resistir a invasões. No entanto, Isaías 45 nos revela que o próprio Deus vai adiante do seu povo. Ele endireita os caminhos tortuosos, quebra as portas do Inimigo e despedaça os ferrolhos das trevas. Ou seja, quando você se posiciona em fé, Deus age com poder. As estruturas do Inferno não resistem à presença gloriosa de Cristo em você.

Essas portas representam prisões espirituais, fortalezas de engano, medo, vícios e condenação, mas nenhuma delas permanecerá de pé. Você tem autoridade para marchar com ousadia, bater contra essas portas e libertar vidas. Quando você prega, ora, ama e perdoa, as cadeias se rompem. As portas caem, a luz brilha e o Céu vence.

Leia hoje

Provérbios 2 • Mateus 2

Anotações

DECLARAÇÃO

Eu avanço com autoridade. As portas vão cair. Onde houver trevas, a luz de Cristo brilhará através de mim.

JUNHO

16

Devocional

167 /365

A DÍVIDA FOI ENCRAVADA NA CRUZ

Na Presença do Pai

"[...] tendo cancelado o escrito de dívida, que era contra nós e que constava de ordenanças, o qual nos era prejudicial, removeu-o inteiramente, encravando-o na cruz."

• Colossenses 2.14 •

Antes da Cruz, havia um registro espiritual real contra nós, um "escrito de dívida" que continha nossas falhas e transgressões e a penalidade que merecíamos. Esse registro era como um contrato judicial com base na Lei, declarando e requerendo nossa condenação. Mas Deus, em sua misericórdia, não apenas o rasgou, ele o encravou na cruz com Cristo. Isso significa que, para cada acusação, há agora o sangue que responde: "Está pago".

A acusação é a arma mais usada pelo Diabo. Ele aponta nossas falhas e tenta nos manter presos à culpa. Mas se Deus removeu completamente o escrito de dívida, quem ousará cobrar o que já foi quitado? Não há mais base legal para a condenação. O que era contra você não existe mais, pois foi cravado no madeiro, coberto pelo sangue de Jesus.

Por isso, levante-se hoje com fé e ousadia. Quando o Inimigo tentar trazer culpa, lembre-se: a sua dívida foi paga. Não se prostre diante da vergonha. Deus não apenas o perdoou, ele apagou o registro da culpa. O sacrifício na cruz o fez livre. O Inferno já não tem mais como cobrar você. Viva como alguém que está livre, justificado e em paz com Deus.

O que era contra você foi cravado na cruz e anulado para sempre.

Leia hoje

Provérbios 3 • Mateus 3

Anotações

DECLARAÇÃO

Minha dívida foi paga. O sangue de Jesus apagou minha culpa. Eu sou livre e perdoado.

A PRÓPRIA GRAÇA

"Porque a lei foi dada por intermédio de Moisés; a graça e a verdade vieram por meio de Jesus Cristo."

• João 1.17 •

A graça não é um conceito, mas uma pessoa: Jesus.

Esse versículo revela a chave da nova aliança. A Lei que foi dada representava um conjunto de mandamentos que exigiam perfeição e puniam falhas. Mas a graça veio. E ela não veio como um novo sistema de regras, mas como uma pessoa. A graça veio por meio de Jesus Cristo. Isso muda tudo. A graça não é um conceito abstrato ou uma doutrina fria, é o próprio Jesus se relacionando com você.

A Lei cobra, julga, condena. Ela mostra o que é certo, mas não transforma. Por outro lado, a graça revela a verdade com amor. Ela transforma o coração. Enquanto a Lei é escrita em pedra, a graça é escrita na carne do coração. A vida cristã não consiste em viver lutando por merecer o amor de Deus, mas crer que ele nos ama mesmo sem merecermos, e ver este amor nos transformando. É somente a graça que nos levanta quando caímos, fortalece-nos quando estamos fracos, acolhe-nos quando sentimos culpa. Tudo isso porque a graça é uma pessoa. É Jesus. E ele veio para nos libertar da queda, da fraqueza e da culpa.

Pare de tentar viver a vida cristã na própria força, pois a vida com Jesus não é desempenho, mas relacionamento. Hoje, abra o coração para ele. Deixe Jesus, a própria graça, guiar e sustentar você.

Leia hoje

Provérbios 4 • Mateus 4

Anotações

DECLARAÇÃO

Jesus é minha justiça, minha força e minha liberdade. Eu vivo pela graça, não pela lei.

TRANSFORMADO PELA COMUNHÃO

"E todos nós, com o rosto desvendado, contemplando, como por espelho, a glória do Senhor, somos transformados, de glória em glória, na sua própria imagem [...]."

• 2Coríntios 3.18 •

A vida cristã não é um jogo de esforço para avançar níveis e se tornar melhor. Não é uma lista de regras a cumprir nem um método para alcançar perfeição. A vida cristã é a união com Jesus. Quando você anda com ele, você é transformado. Não de fora para dentro, mas de dentro para fora. Assim como em um casamento, quando a partir da convivência os cônjuges começam a se parecer um com o outro, ao caminhar com Cristo, você é moldado à imagem dele.

Cristo não veio melhorar sua antiga natureza, ele veio lhe dar uma completamente nova. A transformação real começa quando paramos de olhar para as nossas falhas e passamos a contemplar a beleza dele. A religião pressiona com cobranças: "Faça isto para conquistar aquilo". A graça molda com amor: "Receba isto e seja transformado".

Você não foi chamado para vencer pela própria força, mas para ser transformado pela comunhão com Jesus. Quanto mais você contempla a glória do Senhor, mais se assemelha a ele. Não tente produzir o que só a graça pode gerar. Viva com os olhos fixos em Jesus, pois é dele que vem sua nova vida, força e transformação.

A transformação não vem da força, mas da contemplação de Cristo.

Leia hoje

Provérbios 5 • Mateus 5

Anotações

DECLARAÇÃO

Não sou eu quem vive, mas Cristo vive em mim. Ele me transforma pela graça.

CRISTO É A SUA NOVA IDENTIDADE

"E vos revistais do novo homem, criado segundo Deus, em justiça e retidão procedentes da verdade."

• Efésios 4.24 •

A minha melhor versão é Cristo.

"Seja a sua melhor versão"; você já escutou esta frase? Biblicamente, Cristo não veio para ajudar você a ser uma versão melhor de si mesmo. Ele não está ajustando o que você era. Na verdade, ele o faz completamente novo. A vida cristã não é uma reforma, é o resultado de um novo nascimento. O velho homem não pode ser consertado, ele foi crucificado. Agora, o que existe é um novo homem, criado segundo Deus, à imagem de Cristo. A obra que Deus está fazendo em você não é um aperfeiçoamento do passado, mas a manifestação de uma nova identidade que vem do Céu.

O que Cristo quer é ser a sua vida. Ele não veio apenas para lhe dar conselhos ou sugestões do que fazer. Ele veio para habitar em você, a fim de ser sua força, sua justiça, sua paz, e para governar suas decisões. Quando você entende isso, para de tentar merecer, de se comparar, de se esforçar para "chegar lá", porque, em Cristo, você já chegou. Você não está mais tentando se tornar algo, pois já é, por causa dele.

Por isso, mude sua maneira de pensar. A transformação começa pela renovação da mente. Quando você crê no Evangelho, seu comportamento se alinha. A sua melhor e única versão é Cristo, e é segundo esta imagem que você está sendo transformado. Apenas creia que Jesus manifesta a própria vida por meio de você. Assim, você se parecerá cada dia mais com ele.

Leia hoje
Provérbios 6 • Mateus 6

Anotações

DECLARAÇÃO

Cristo é a minha vida. Eu sou uma nova criação. Ele vive em mim e me transforma.

VENÇA A ACUSAÇÃO COM A VERDADE

"Eles, pois, o venceram por causa do sangue do Cordeiro e por causa da palavra do testemunho que deram [...]."

• Apocalipse 12.11 •

O Diabo é chamado de acusador. Ele tenta impor condenação sobre você todos os dias, sussurrando mentiras à sua mente: "Você não leu a Bíblia", "não orou", "não é um bom pai", "não deve ser abençoado". Mas a Palavra declara que você pode vencer essas acusações pelo sangue do Cordeiro e pelas Escrituras proclamadas. O sangue de Jesus já foi derramado. A sua parte aqui é declarar a verdade, mesmo quando os sentimentos dizem o contrário.

A vida cristã é, em grande parte, uma decisão diária de viver sem culpa. Se o Diabo acusa dia e noite, você também precisa rejeitar a acusação, dia e noite. Identifique os pensamentos que geram desânimo, apatia e incredulidade. Quando surgir a ideia de que nada vai mudar, combata-a com a Palavra: "Este é o dia que o Senhor fez; alegremo-nos nele". Diga: "Tudo o que faço prospera", "meus filhos são benditos", "meu casamento é uma bênção", "em Cristo, eu sou forte".

Pensamentos de derrota são setas do acusador. Mas você tem uma arma: a Palavra de Deus. Use-a e declare sua identidade: você é justificado, perdoado, amado, mais que vencedor em Cristo. Não aceite condenação, pois o sangue de Jesus já o libertou. Caminhe nessa liberdade todos os dias. Quando a mentira vier, proclame a verdade e, então, verá as acusações se calarem diante do testemunho da fé.

Não aceite condenação, pois o sangue de Jesus já libertou você.

Leia hoje

Provérbios 7 • Mateus 7

Anotações

DECLARAÇÃO

Eu sou justificado pelo sangue de Jesus. Nenhuma acusação tem poder sobre mim. Sou livre, amado e vitorioso em Cristo.

UMA MENTE ALINHADA COM O CÉU

"Porque a palavra de Deus é viva, e eficaz, e mais cortante do que qualquer espada de dois gumes, e penetra até ao ponto de dividir alma e espírito, juntas e medulas, e é apta para discernir os pensamentos e propósitos do coração."

• Hebreus 4.12 •

Não se cale diante da acusação. Confesse a Palavra.

A fé cresce quando declaramos a Palavra de Deus com ousadia. Declarar as verdades bíblicas destrói fortalezas mentais e espirituais. Quando você declara o que Deus diz a seu respeito, sua mente se alinha com o Céu e sua fé se fortalece. Há poder quando você declara: "Sou amado", "fui justificado", "sou perdoado". A mentira aprisiona, mas a verdade liberta gloriosamente. Lembre-se de que o maior campo de batalha é a mente.

A Palavra de Deus é viva e eficaz e tem a capacidade de transformar mentes e corações. Ela penetra mais fundo do que qualquer espada de dois gumes, alcançando até as profundezas invisíveis da alma e do espírito, e revelando os pensamentos mais ocultos do coração. Quando a proclamamos com fé, ela não apenas informa, mas transforma. Ela desfaz enganos, ilumina o que estava em trevas, rompe as mentiras que nos acorrentavam e abre caminho para a liberdade.

Por isso, declare com ousadia o que Deus diz a seu respeito: "Sou nova criatura", "fui redimido", "estou em paz com Deus", "sou herdeiro da promessa". Essas não são palavras vazias, são verdades vivas, afiadas, carregadas do poder do Espírito. Não se cale diante da acusação. Confesse a Palavra. Alinhe sua mente ao que o Céu já decretou. E veja, pela graça, o que parecia inabalável ruir diante do poder invencível da verdade.

Leia hoje

Provérbios 8 • Mateus 8

Anotações

DECLARAÇÃO

Eu declaro que serei transformado pela viva e eficaz Palavra de Deus.

LIVRE DA CONDENAÇÃO

"Ele nos libertou do império das trevas e nos transportou para o reino do Filho do seu amor."

• Colossenses 1.13 •

Você já notou como há cristãos que até temem orar? Conhece alguns que confundem temer a Deus com ter medo de Deus? A vida cristã não é sobre carregar culpa, mas sobre viver na justiça de Cristo. O Evangelho não é um fardo sobre os ombros, mas uma verdade que liberta o coração. Jesus não morreu para que você continuasse se sentindo acusado, mas para que fosse justificado. A cruz não é um lembrete do seu pecado, mas da justiça que agora está sobre você. Por isso, não precisamos ter medo. Você não vive mais sob culpa, pois foi transportado para o Reino do Filho amado.

Todos os dias, declare com ousadia: "Não há condenação sobre mim", "a acusação foi desfeita", "fui transportado para o Reino da graça". Se a acusação se baseia em seus erros, a graça se baseia nos acertos de Cristo. E esta é a diferença entre a religião e o Evangelho: a primeira aponta para você; o segundo aponta para o Cordeiro.

Você foi declarado justo. Isso significa que a sentença foi cancelada. Deus não tem mais nada contra você. Quando a culpa tentar voltar, lembre-se: não é Deus quem acusa. O Diabo é o acusador. Por outro lado, Cristo é quem o justifica. Não aceite pensamentos de medo, vergonha ou inferioridade. Vista a justiça de Cristo e viva com ousadia. Você não precisa conquistar o amor de Deus, ele já foi derramado sobre você. Descanse nessa verdade.

O Evangelho é o fim da culpa e o início da verdadeira liberdade.

Leia hoje

Provérbios 9 • Mateus 9

Anotações

DECLARAÇÃO

Fui transportado para o Reino da graça. Nenhuma acusação me alcança. Vivo em paz, fé e liberdade.

ARREPENDIMENTO RESTAURADOR

"Sansão clamou ao Senhor e disse: 'Senhor Deus, peço-te que te lembres de mim, e dá-me força só esta vez, ó Deus, para que me vingue dos filisteus, ao menos por um dos meus olhos'."

• Juízes 16.28 •

O Senhor não responde com base na performance, mas na rendição.

Sansão já não era o mesmo. Seus cabelos estavam raspados. Seus olhos arrancados. Sua força, que antes era lendária, agora parecia uma lembrança distante. Ele havia falhado com Deus, com sua missão, consigo mesmo. Mas naquele momento de fraqueza, no lugar mais improvável, ele fez algo que muitos esquecem: ele orou.

No meio das ruínas, Sansão clamou por algo que parecia impossível: "Dá-me forças mais uma vez". E Deus o ouviu. Porque o Senhor não responde com base na performance, mas na rendição. A oração de quem se reconhece quebrado ainda alcança o Céu. O arrependimento sincero ainda move o coração do Pai. Talvez você esteja em um tempo parecido: sentindo que já falhou demais, que perdeu força, que não enxerga mais saída. Mas Sansão nos lembra que o fim ainda pode ser um recomeço, quando há oração. Deus ainda ouve. Deus ainda responde. Deus ainda restaura.

Você não precisa de glórias passadas. Você precisa apenas clamar com sinceridade: "Lembra-te de mim, Senhor". E a força pode voltar. A visão pode não ser a mesma, mas o propósito ainda está de pé. Há algo que só você pode fazer em Deus, e é mais do que um ato de força: é um ato de fé. A graça de Deus é suficiente para dar força, mesmo quando tudo em volta parece ruína.

Leia hoje

Provérbios 10 • Mateus 10

Anotações

DECLARAÇÃO

Que o Senhor se lembre de mim. Que a visão e o propósito dados a mim por Deus sejam restaurados.

NÃO PERMANEÇA PRESO

"Porém Sansão esteve deitado até à meia-noite; então, se levantou, e pegou ambas as folhas da porta da cidade com suas ombreiras, e, juntamente com a tranca, as tomou, pondo-as sobre os ombros; e levou-as para cima, até ao cimo do monte que olha para Hebrom."

• Juízes 16.3 •

Às vezes, o Inimigo constrói portas ao redor da sua vida. Portas que parecem intransponíveis, de culpa, de cansaço, de medo, de pressão espiritual. Portas que o mantêm preso em um lugar que não corresponde à identidade que Deus entregou a você e que tentam afastá-lo do seu propósito. Sansão, mesmo enfraquecido em sua caminhada, mostra-nos algo: as portas que o Inimigo ergue não conseguem prender aquele que foi separado por Deus. Naquela madrugada, ele se levantou, arrancou a estrutura inteira da entrada da cidade, isto é, portas, batentes e tranca, e as levou sobre os ombros até um monte diante de Hebrom.

Existe uma força que Deus concede aos seus filhos para romper com tudo aquilo que foi projetado para detê-los. E essa força não vem do braço, mas da identidade firmada em Jesus. Mesmo tendo Sansão falhado, Deus ainda tinha um plano para ele. E mesmo em meio à batalha, Deus ainda tem um plano para você.

Se você tem se sentido cercado por acusações, fraquezas ou situações que aprisionam, lembre-se: portas não são prisão para quem conhece o Deus da libertação. Levante-se. Reaja: ore e declare a Palavra. Pela graça, caminhe rumo à comunhão e ao propósito, porque Hebrom está adiante, e não atrás. Não aceite viver cercado por limites que Deus não colocou ao seu redor.

Mesmo em meio à batalha, Deus ainda tem um plano para você.

Leia hoje

Provérbios 11 • Mateus 11

Anotações

DECLARAÇÃO

Pela graça, caminho rumo à comunhão e ao propósito.

REJEITE A CULPA, AFIRME A JUSTIÇA

JUNHO
25
Devocional
176/365

"O que justifica o perverso e o que condena o justo abomináveis são para o Senhor, tanto um como o outro."

• Provérbios 17.15 •

Não aceite condenação, pois Cristo já o justificou.

O peso que nos mantinha presos foi removido na cruz. Cristo suportou a condenação que era nossa, e por meio dele fomos reconciliados com Deus. Não há mais barreiras separando você da amizade do Pai. Em Cristo, a sentença foi cumprida e não anulada injustamente. Nenhuma acusação tem poder sobre os que foram justificados por ele. Rejeite a culpa, não porque ela nunca existiu, mas porque foi plenamente tratada na cruz. Você, que crê, foi feito amigo de Deus.

A Palavra declara que o Senhor abomina tanto quem declara justo aquele que permanece no erro, quanto quem condena o que ele já declarou justo. Isso é sério. Deus não se agrada quando um ímpio tenta parecer justo sem arrependimento e fé. Mas também não se agrada quando alguém que foi perdoado em Cristo insiste em viver como se ainda estivesse condenado. Os dois distorcem a verdade e ambos entristecem o coração do Pai.

Se você está em Cristo, não é mais um pecador tentando se aperfeiçoar por esforço próprio. Você foi justificado. Ainda pode falhar, sim, mas sua posição diante de Deus mudou. Você foi lavado, declarado justo e separado para ele. Por isso, rejeite a mentira da condenação e abrace a verdade do Evangelho. Com esse entendimento, ore com ousadia, fale com fé e viva com liberdade. Pois, agora, quem define sua identidade não é o que você fez, mas o que Cristo fez por você.

Leia hoje
Provérbios 12 • Mateus 12

Anotações

DECLARAÇÃO

Eu sou justiça de Deus em Cristo. Nenhuma culpa, medo ou acusação pode dominar minha vida.

A NOVA NATUREZA PERMANECE

"Porque, com uma única oferta, aperfeiçoou para sempre quantos estão sendo santificados."

• Hebreus 10.14 •

Pense em uma bela borboleta. Um dia, ela foi lagarta, mas, após a metamorfose, nunca voltou à natureza débil de lagarta. Mesmo que pouse no lixo, ela continua sendo borboleta. Seu ambiente não define mais sua natureza. Assim também é com você, cristão. Em Cristo, sua natureza foi completamente transformada. Uma nova criação nasceu. Mesmo que tropece, você continua sendo filho, justo e amado. O erro não desfaz a nova natureza. O pecado do cristão agora se torna apenas um acidente, não mais uma identidade.

Quanto mais consciência você tem de quem é, menos deseja voltar para o lixo. Quando entende que não é mais lagarta, não aceita rastejar. A borboleta nasceu para voar. Você nasceu de novo para viver em novidade de vida. Se pecar, não se afunde em culpa; antes, levante-se em fé. Cristo não espera sua perfeição. Ele já aperfeiçoou você com uma única oferta, e este sacrifício foi suficiente. A Cruz é maior do que a Queda.

A Palavra declara: Deus abomina tanto o que justifica o ímpio quanto o que condena o justo. Se ele declarou você justo, não se condene. Rejeite a culpa e afirme sua nova identidade. O sangue do Cordeiro é a sua justiça. Você não voltará a ser quem era. Você está sendo moldado à imagem do Filho. A metamorfose é definitiva.

A Cruz é maior do que a Queda.

Leia hoje
Provérbios 13 • Mateus 13

Anotações

DECLARAÇÃO

Eu sou justiça de Deus em Cristo. Mesmo que tropece, permaneço filho amado, transformado pela graça.

NENHUMA CONDENAÇÃO HÁ

"Agora, pois, já nenhuma condenação há para os que estão em Cristo Jesus."

• Romanos 8.1 •

Quem o justificou jamais o condenará.

Muitos cristãos vivem repetindo frases de autodepreciação: "eu não presto", "sou um fracasso", "não sirvo para nada". Será que isso é humildade? Não, é condenação e, diante da Cruz, hipocrisia. Se Deus diz que você é uma nova criatura, continuar dizendo o contrário é viver como se a obra da Cruz não tivesse funcionado. Deus não se agrada da hipocrisia, não porque quer nos punir, mas porque ela nos impede de experimentar o amor verdadeiro. Quando fingimos ser alguém que não somos, não nos sentimos amados.

O Diabo até tenta convencer você de que Deus só o ama porque não sabe quem você realmente é. Mas Deus sabe de tudo e, mesmo assim, o ama completamente. Ele conhece cada falha, cada pensamento, cada escolha errada da sua vida. Mesmo assim, decidiu amá-lo plenamente e entregou seu Filho por você. Este é o Evangelho: o sangue de Jesus apagou sua ficha suja. Em Cristo, você não é apenas perdoado, você foi declarado justo. Isso significa que pode orar com ousadia, viver com leveza e se levantar com fé todos os dias.

Se tropeçar, declare: "Meu erro não muda quem sou, porque fui feito justiça de Deus". Essa declaração o reposiciona, realinha a mente e silencia a acusação. Não volte para o lixo do passado. Cristo já o lavou. E quem o justificou jamais o condenará.

Leia hoje

Provérbios 14 • Mateus 14

Anotações

DECLARAÇÃO

Eu sou justiça de Deus em Cristo. Nenhuma condenação há sobre mim, porque fui amado, lavado e declarado inocente.

DEUS O VÊ EM CRISTO

"De sorte que já não és escravo, porém filho; e, sendo filho, também herdeiro por Deus."

• Gálatas 4.7 •

Deus teria todos os motivos para nos rejeitar. Ele conhece nossos erros, intenções, pecados e, mesmo assim, decidiu nos amar completamente. Ele não nos ama pelo que fazemos, mas por quem nos tornamos: filhos. Temos falhas, sim, mas Deus não nos vê mais como pecadores. Ele nos vê em Cristo. Isso muda tudo. Ele nos olha e vê seu Filho. Por isso, seu amor não muda nem oscila. Ele é firme, eterno, incondicional e imerecido.

Deus não sonda o nosso coração para nos acusar, mas para nos mostrar que ele conhece tudo o que há em nós e, ainda assim, oferece seu amor. Quando tentamos parecer fortes, quando nos escondemos em máscaras, parecemo-nos demais com Adão tentando se cobrir com folhas. Deus ama a sinceridade. Ele se agrada quando nos aproximamos sem fingimentos, com o coração exposto e arrependido. Quando reconhecemos que ainda podemos pecar e, mesmo assim, confiamos que ele nos ama, vivemos em liberdade.

Deus já o declarou justo. Agora, você precisa concordar com ele. Ainda que não veja provas imediatas, creia. A verdade não é o que você sente nem o que os outros dizem. A verdade é o que está na Palavra. E ela diz: você é justo em Cristo. Viva a partir dessa verdade. Não tente conquistar o que já é seu. Apenas creia que é filho, confie que é amado e reconheça que é herdeiro.

Deus o conhece completamente e mesmo assim escolheu amá-lo, plenamente.

Leia hoje
Provérbios 15 • Mateus 15

Anotações

DECLARAÇÃO

Eu sou justo em Cristo. Deus me ama, enxerga-me como filho e me cobre com seu favor, apesar de mim.

CONCORDE COM DEUS

"Andarão dois juntos, se não houver entre eles acordo?"

• Amós 3.3 •

Quem concorda com Deus caminha em liberdade.

Leia hoje
Provérbios 16 • Mateus 16

Anotações

Se Deus declara que você é justo, como pode andar com ele insistindo em se ver como pecador? Concordar com Deus é o primeiro passo para andar com ele em comunhão. A Bíblia diz que fomos justificados pela fé, não por mérito. Não importa o que sinta ou o que os outros digam: se Deus afirma que você é justo, então isto é fato. Assuma sua nova identidade e declare: "Eu sou justo pela fé". Quando você concorda com a Palavra, sua vida começa a se alinhar com o Céu.

Mesmo que o Diabo traga lembranças reais de erros do passado, lembre-se: o sangue de Jesus é suficiente. A dívida foi paga. A cruz não é um símbolo qualquer para ser pendurado na parede. O sacrifício no madeiro foi um pagamento absoluto pelos nossos pecados. Nele, a culpa perdeu a voz. Agora, apenas o Pai define quem você é, e ele o chama de justo, santo e filho.

Hoje, tome uma decisão prática: pare de falar mal de si mesmo. Não diga que não presta, que é fraco, sem valor. Isso não é humildade, é incredulidade. Humildade é concordar com Deus. É dizer o que ele diz. Confesse: "Eu sou amado e perdoado". Declare o que você crê, não o que sente. É essa fé que abre caminho para o favor. É essa verdade que transforma a vida.

DECLARAÇÃO

Eu sou justo pela fé. A culpa não tem mais poder sobre mim. Ando com Deus, em plena comunhão.

RECEBA TODAS AS PROMESSAS

"Não foi por intermédio da lei que a Abraão ou à sua descendência coube a promessa de ser herdeiro do mundo, e sim mediante a justiça da fé."

• Romanos 4.13 •

A promessa feita a Abraão é impressionante: ele seria herdeiro do mundo. Isso fala de uma herança completa, espiritual, emocional, familiar, física e financeira. Mas essa promessa não foi dada por sua obediência à Lei, mas pela justiça que vem da fé. Abraão não precisou cumprir uma lista de exigências para receber a promessa, ele apenas creu. Deus o considerou justo por causa da sua fé. O mesmo vale para você. Se está em Cristo, você é descendência de Abraão e herdeiro segundo a promessa.

A insegurança entra quando ainda acreditamos que precisamos merecer para receber. Mas o cristão jamais deve se esquecer de que Evangelho não é sobre merecimento, mas sobre fé. Muitos não duvidam de que Deus pode abençoar, mas hesitam em crer que ele queira abençoar. Creia: o Senhor se alegra em presentear você. Muitas vezes, o problema não está na falta de fé no poder de Deus, mas na falta de fé em sua própria posição em Cristo. Você foi justificado, e o justo vive pela fé.

A fé não é esforço, mas descanso. É tomar posse do que já foi conquistado. Pare de olhar para si mesmo; olhe para Cristo. A herança está disponível. As promessas são reais. Sua parte é apenas crer. Abraão creu, mesmo quando não havia esperança natural, e a fé dele foi suficiente. A sua, em Cristo, também será.

A herança não é conquistada, é recebida pela fé.

Leia hoje

Provérbios 17 • Mateus 17

Anotações

DECLARAÇÃO

Em Cristo, sou justo e herdeiro. Recebo hoje tudo o que o Pai prometeu.

Na Presença do Pai

Julho

07 — 12

UMA FÉ FORTALECIDA

"[...] que nos salvou e nos chamou com santa vocação; não segundo as nossas obras, mas conforme a sua própria determinação e graça [...]."

• 2Timóteo 1.9 •

O que Deus tem para mim não depende do meu esforço.

Leia hoje
Provérbios 18 • Mateus 18

Anotações

Deus não apenas salvou você; ele o chamou. E o chamado que ele faz não está apoiado nas suas obras, nem nas suas qualidades, mas na própria graça e propósito eterno dele. Foi assim com Abraão. Ele recebeu uma promessa que parecia impossível: ser herdeiro do mundo. A promessa inclui vida plena, paz, saúde, abundância e acesso à graça. E essa herança, diz a Escritura, não veio pela Lei, mas pela justiça da fé. Isso significa que o que Deus tem para você não depende do seu esforço, nem do seu merecimento.

Muitos não duvidam do poder de Deus, mas hesitam ao pensar: "Será que ele faria isso por mim?". Essa dúvida nasce quando olhamos para as nossas falhas, e não para o sacrifício perfeito de Jesus. Quando você se vê à luz das suas limitações, acaba construindo uma fé frágil, condicionada, cansada. Mas quando seus olhos se voltam para Cristo, a fé se firma. Porque a fé não se alimenta do que você é, mas de quem ele é em você.

A justiça da fé tira você do terreno escorregadio da dúvida e planta seus pés sobre a certeza. Você recebe porque crê, não porque merece. É por isso que a Palavra nos ensina a declarar: "Sou justiça de Deus em Cristo. As promessas são minhas". Não diga o que sente, diga o que crê. Não fale o que vê, mas o que Deus prometeu. Porque o favor dele é ativado pela fé, e esta cresce quando você enxerga a justiça de Cristo em sua vida.

DECLARAÇÃO

Eu sou justiça de Deus em Cristo e recebo todas as suas promessas pela fé.

EM CRISTO, EU VENÇO A CONDENAÇÃO

"Quem intentará acusação contra os eleitos de Deus? É Deus quem os justifica."

• Romanos 8.33 •

O maior inimigo da fé é a condenação. E o Acusador sabe disso. Ele não aparece dizendo "você errou", mas sussurra mentiras em primeira pessoa: "eu sou um fracasso", "eu não presto", "eu sou fraco". Ele quer que você pense que essa voz é sua. Mas essa voz não vem de Deus, pois a voz do Espírito Santo convence, não acusa. Ela aponta para Cristo, não para a sua falha. Quando você ouve palavras que o prendem na vergonha e no medo, pode ter certeza: não é o Pai falando.

Jesus, em João 3, comparou sua obra à serpente de bronze que Moisés levantou no deserto. O povo havia pecado, e serpentes os feriam. A solução não foi eliminar as serpentes, mas levantar algo que apontasse para o juízo já executado. O bronze representava isto: o juízo. E agora, Cristo é a serpente de bronze, aquele que se fez maldição por você. Ele foi crucificado como maldito para que você fosse liberto do veneno da serpente: a condenação.

Você não foi chamado para vestir culpa, mas para se revestir de Cristo. Quando errar, não olhe para o seu pecado, olhe para a cruz. O juízo já caiu sobre Jesus e não há mais condenação para quem está nele. Esta é a vitória da Cruz: a acusação perdeu sua força. A serpente foi vencida. Agora, toda vez que você olha para Jesus, é curado, restaurado e perdoado.

Não há mais condenação para mim, que estou em Cristo.

Leia hoje
Provérbios 19 • Mateus 19

Anotações

DECLARAÇÃO

Eu sou justiça de Deus em Cristo. O veneno da condenação não tem mais poder sobre mim.

A GRAÇA É O PÃO DO CÉU

"Então, disse o Senhor a Moisés: Eis que vos farei chover do céu pão [...]."

• Êxodo 16.4 •

A graça é o pão celestial que nos sustenta no deserto desta vida.

Muitos rejeitam o Evangelho da graça como o povo rejeitou o maná, chamando-o de "pão vil". Mas o maná era o pão do céu, isto é, a provisão divina, suficiente, diária e perfeita. O Evangelho da graça é isto: o pão celestial que nos sustenta no deserto desta vida. Quem se alimenta da graça se torna celestial: vive do alto, pensa no alto, anda como filho. Quem rejeita esse pão volta a desejar os alhos e cebolas do Egito: a velha vida da carne, do esforço e da troca.

A Cruz é o antídoto, e a graça é o alimento. Assim como o maná era dado todas as manhãs, a graça também é diária. Não basta tê-la provado uma vez, é preciso se alimentar continuamente da verdade de que você foi perdoado, justificado, amado. Quando você vive desse pão, seu interior se fortalece e sua mente se renova. O Espírito molda sua identidade. Você anda em paz, não porque tudo ao redor mudou, mas porque você foi nutrido por algo que vem do alto.

A graça é pão do céu. Quem come dele vive. E Deus, assim como fez com o povo no deserto, continua derramando essa provisão sobre o seu povo. Não é pouca, nem frágil, nem instável; antes, é suficiente, perfeita e diária. Quando você crê, recebe. Quando se alimenta, caminha. E quando o faz em graça, o deserto deixa de ser ameaça, porque há pão para hoje e promessa para o amanhã.

Leia hoje

Provérbios 20 • Mateus 20

Anotações

DECLARAÇÃO

Vivo em paz porque Cristo é o pão celestial que me dá vida.

CONFESSE O QUE VOCÊ QUER VER

"Eis que eu criei o ferreiro, que assopra as brasas no fogo e que produz a arma para o seu devido fim; também criei o assolador, para destruir. Toda arma forjada contra ti não prosperará [...]."

• Isaías 54.16-17 •

Você não deve mais declarar: "eu sou burro", "não consigo", "sou um fracasso". Palavras assim não combinam com quem nasceu de novo. Mude sua fala; antes, diga: "eu tenho a mente de Cristo", "eu sou justiça de Deus", "eu posso todas as coisas naquele que me fortalece". A Palavra na sua boca é a arma mais poderosa contra o Diabo. E a Bíblia garante: nenhuma arma forjada contra você prosperará, inclusive as palavras de acusação.

Quando você creu em Jesus, sua dívida foi paga. Você morreu com Cristo, e quem morreu não pode mais ser acusado. A acusação perdeu seu poder. Toda voz que se levanta em juízo contra você será silenciada, porque a justiça foi satisfeita na cruz. Esta é a sua herança: viver sem culpa, sem condenação, com ousadia e fé.

Por isso, não diga o que sente, mas o que crê. Fale a verdade da Palavra. Declare aquilo que deseja ver, e não o que está vendo. A fé é a convicção das coisas que se esperam, não das que se sentem. E quem confessa a verdade com ousadia destrava o favor de Deus em todas as áreas da vida.

Não diga o que sente, mas o que crê, e esta fé mudará sua realidade.

Leia hoje

Provérbios 21 • Mateus 21

Anotações

DECLARAÇÃO

Eu sou justiça de Deus. Nenhuma acusação contra mim prosperará. Eu confesso a verdade da Palavra.

OLHE PARA CRISTO

"E do modo por que Moisés levantou a serpente no deserto, assim importa que o Filho do Homem seja levantado."

• João 3.14 •

Quem olha para Cristo vence a culpa e anula o veneno da condenação.

Ao olhar para a cruz, o veneno da serpente deixa de ter poder sobre a minha vida. Por quê? Porque quando olho para mim mesmo, vejo falhas, erros e omissões, que me culpam e condenam. A culpa paralisa, gera incredulidade e impede a fé de agir. Mas quando fixo meus olhos em Cristo, vejo a sua perfeição e reconheço as minhas próprias limitações, a fé se levanta e o veneno perde o efeito.

Na cruz, Jesus se fez serpente de bronze, um símbolo de juízo, e carregou toda a culpa que era nossa. Ao olhar para ele, você é curado. Não pela força, mas pela fé. O veneno da condenação é vencido quando você o contempla e se rende aos pés da cruz. A serpente foi levantada para que o povo não morresse e, hoje, Cristo está exaltado para que você viva.

Em Números 20, Arão só morreu depois que tirou suas vestes sacerdotais. Enquanto estava revestido, a morte não pôde tocá-lo. E você, hoje, está revestido de Cristo. Sua veste é a justiça santa. Enquanto você permanecer nessa posição, a morte — em forma de culpa, medo ou angústia — não poderá paralisar você. Mas se você tirar a veste, ou seja, se voltar a olhar para si mesmo, para seu desempenho e mérito, perderá a força. Por isso, mantenha-se revestido de Cristo. Mantenha os olhos na Cruz.

Leia hoje

Provérbios 22 • Mateus 22

Anotações

DECLARAÇÃO

Eu estou revestido de Cristo. O veneno da culpa perdeu o poder sobre mim. Eu vivo pela fé.

ELE SE ALEGRA EM ME DAR O REINO

"Não temais, ó pequenino rebanho; porque vosso Pai se agradou em dar-vos o seu reino."

• Lucas 12.32 •

Você pertence ao Pai. É parte do seu rebanho, guardado sob seu cuidado. Isso não é um consolo qualquer, é uma promessa que revela identidade e destino. Você não é órfão, não está perdido, nem precisa lutar para provar seu valor. O Rei do Universo se alegra em chamar você de filho e entregar-lhe o Reino, com toda sua justiça, paz e perdão.

O Acusador pode tentar sussurrar mentiras: "você será rejeitado por Deus", "você falha demais", "você é pecador e nunca será amado". Mas quem é do rebanho do Pai tem uma voz mais alta ressoando no coração. A cruz grita amor por você. O Cordeiro foi levantado, e sobre ele caiu todo juízo, toda culpa, toda condenação. Agora, você está revestido de justiça. A acusação perdeu sua força. E mesmo quando falha, você não é lançado fora, porque o Pastor conhece cada ovelha e nunca as rejeita.

Por isso, não tema. Olhe para Cristo. Veja o Cordeiro exaltado que venceu a serpente, que o lavou com seu sangue e o chama pelo nome. Quando você crê nisso, vive como quem é livre. Diga com fé: "Eu sou parte do rebanho do Pai. Ele se alegra em me dar o Reino. Eu sou livre da culpa, livre da condenação. Eu pertenço ao Pastor, e nada me faltará". Esta é a verdade que o guarda, fortalece e conduz: você já é dele.

O Rei do Universo se alegra em me chamar de filho.

Leia hoje

Provérbios 23 • Mateus 23

Anotações

DECLARAÇÃO

Eu olho para Jesus e recebo vida. Não afundarei sob o peso da acusação, pois estou em Cristo.

OLHE PARA CRISTO, NÃO PARA SI

"Olhando firmemente para o Autor e Consumador da fé, Jesus [...]."

• Hebreus 12.2a •

Sou transformado enquanto contemplo a cruz, não por esforço, mas por revelação.

Leia hoje
Provérbios 24 • Mateus 24

Anotações

A Bíblia diz que somos transformados à medida que contemplamos a glória do Senhor. Basta olhar para Cristo, observar sua obra consumada, e seremos transformados de dentro para fora. É um processo espiritual, poderoso, que não depende do nosso esforço, mas da direção da nossa visão. Creia com fé que estar aos pés da cruz é o lugar perfeito para a redenção e transformação do coração.

O problema é que, muitas vezes, olhamos para nós mesmos, para nossas falhas, medos e limitações, e isso alimenta a condenação. A culpa enfraquece a força da ousadia e trava o avanço. Mas quando olhamos para a cruz, vemos o juízo de Deus em Cristo exercido ali, em nosso lugar. Vemos a justiça que agora habita em nós, e isto nos transforma.

Não ouça as vozes da acusação. Não meça seu futuro a partir de seus erros. Permaneça com os olhos fixos em Jesus. Permaneça revestido dele, que é o Autor e Consumador da sua fé.

DECLARAÇÃO

Meus olhos estão em Cristo. Eu sou transformado pela glória que vejo. Não há mais culpa sobre mim.

VALORIZE O PÃO QUE VEIO DO CÉU

"Comeu cada qual o pão dos anjos; enviou-lhes ele comida a fartar."

• Salmos 78.25 •

Deus enviou ao povo de Israel o pão dos anjos, isto é, uma provisão direta do céu. Mas muitos, em vez de acolherem esse presente com gratidão, trataram-no com desprezo. Chamaram o maná de "pão vil", esquecendo-se de que era Deus quem os sustentava dia após dia. Aquilo que era milagre aos olhos do Céu se tornou banal aos olhos da Terra. E o resultado da ingratidão foi amargo: corações endurecidos, murmuração constante e, por fim, morte.

Esse pão que desceu do céu apontava para algo maior: o Evangelho da graça. Cristo é o verdadeiro alimento. Ele é o pão vivo que nos fortalece, cura e transforma. Receber esse pão com fé e gratidão é honrar a obra consumada na cruz. É reconhecer que a graça é suficiente para salvar, restaurar e preencher completamente. Mas quando o coração se torna fonte de murmuração, a alma se fecha e o veneno da serpente encontra brechas. A ingratidão apaga a visão espiritual, rouba a fé e alimenta a carne.

A gratidão, ao contrário, abre os céus. Um coração grato se torna leve, valente e cheio de esperança. A gratidão nos lembra de quem somos, do que já temos e do quanto fomos amados. Valorize o pão do céu. Valorize o Evangelho da graça. Não é algo comum, é Cristo em você, sua esperança de glória. Rejeite a culpa, a acusação, a murmuração. Olhe para a cruz, encha-se de gratidão e viva em paz. Esse é o pão dos céus, receba-o com gratidão.

A gratidão honra a graça e rejeita o veneno da serpente.

Leia hoje

Provérbios 25 • Mateus 25

Anotações

DECLARAÇÃO

Eu valorizo o pão do céu. Sou grato por Jesus e, portanto, rejeito a culpa e vivo livre pela graça de Deus.

A PODEROSA PAZ DE DEUS

"E a paz de Deus, que excede todo o entendimento, guardará o vosso coração e a vossa mente em Cristo Jesus."

• Filipenses 4.7 •

A verdadeira paz nasce da fé na obra consumada.

A paz de Deus não depende das circunstâncias, por isso dizemos que ela excede o entendimento humano. Essa paz é fruto da obra da Cruz e da certeza de que a dívida foi paga, o juízo cancelado e o favor liberado. Jesus apareceu aos discípulos após a ressurreição e disse: "Paz seja convosco", e mostrou-lhes as mãos e o lado. Suas feridas declaravam: "Está tudo resolvido entre nós". A paz foi conquistada.

Muitas vezes, nossas emoções são governadas por nossos pensamentos. Quando a mente é atacada, o coração é abalado. E quando isso ocorre, a fé enfraquece. Por essa razão, é vital que a paz de Deus guarde nossa mente e nosso coração. Não se trata de uma paz comum, mas da paz que nasce da fé na obra consumada. Não vem de uma conclusão lógica, mas da revelação de que não há mais condenação para quem está em Cristo. Justamente por isso é que o mundo não a pode oferecer.

Essa paz divina guarda e protege contra o medo, contra a ansiedade, contra o desespero. Quando você crê que está tudo pago, a alma descansa. Quando lembra que o sangue de Jesus foi derramado, o coração se aquieta. Nada pode tirar a paz de quem crê em Cristo. Nada pode abalar quem confia no amor de Deus.

Leia hoje

Provérbios 26 • Mateus 26

Anotações

DECLARAÇÃO

Eu creio que tudo foi resolvido na Cruz. O sangue de Jesus me garante paz. Meu coração e minha mente estão guardados em Cristo.

A MORTE FOI VENCIDA NA CRUZ

"[...] para que, por sua morte, destruísse aquele que tem o poder da morte, a saber, o diabo, e livrasse todos que, pelo pavor da morte, estavam sujeitos à escravidão por toda a vida."

• Hebreus 2.14-15 •

Jesus morreu para nos libertar da condenação e do medo. Medo da morte, da culpa, do inferno. Pela cruz, ele tirou do Diabo a autoridade de nos oprimir. O texto bíblico nos diz que, ao morrer, Jesus destruiu aquele que tinha o poder da morte. A palavra "destruir" aqui significa "desempregar". Ou seja, o Diabo foi demitido do cargo de executor da morte. Não há mais salário a ser cobrado, pois o pecado foi pago com o sangue de Jesus.

A morte se manifesta de várias formas: medo, ansiedade, doenças, opressão, miséria. Mas quando você contempla Cristo, também fica imunizado contra esse veneno. O pecado perdeu o poder de matar você. A culpa não pode mais paralisar sua fé. A condenação não pode mais dominar os filhos de Deus. Portanto, lembre-se da Cruz de Cristo e revista-se da justiça dele. Esse é o antídoto.

A paz de que você precisa não vem da ausência de problemas, mas da certeza de que a dívida foi paga. Quando essa verdade entra no coração, a morte perde autoridade e a alma encontra descanso. Hoje, você pode caminhar como um verdadeiro filho de Deus: livre.

O Diabo ficou desempregado, pois o sangue de Jesus pagou tudo.

Leia hoje
Provérbios 27 • Mateus 27

Anotações

DECLARAÇÃO

A morte foi vencida. A dívida foi paga. Eu sou justo em Cristo e imune à condenação.

VIVENDO PELA FÉ

"E, se o ministério da morte, gravado com letras em pedras, se revestiu de glória [...] como não será de maior glória o ministério do Espírito! Porque, se o ministério da condenação foi glória, em muito maior proporção será glorioso o ministério da justiça."

• 2Coríntios 3.7-9 •

A justiça própria destrói a fé; a justiça de Cristo a fortalece.

A Lei, escrita em pedras, é chamada na Bíblia de "ministério de condenação e da morte". Ela revela a justiça de Deus, mas não tem poder para justificar ninguém, apenas condenar. É por isso que o Diabo tenta manter o cristão preso à Lei, isto é, a um sistema de relacionamento com Deus baseado no merecimento. Onde há Lei, há culpa; e onde há culpa, a fé morre.

A justiça própria nasce quando tentamos conquistar o favor de Deus com base no próprio desempenho. Dizemos: "Eu não adultero e não roubo. Vou para a igreja aos domingos e dou o dízimo, então mereço bênçãos". Mas isso é barganha, não é fé. Por outro lado, quando olhamos para Cristo, a condenação perde força, o medo se desfaz e a vida ressurreta do Espírito nos fortalece. A glória da nova aliança não está nas tábuas de pedra da Lei, mas no ministério da reconciliação de Cristo.

Acredite: você não vive mais pela Lei. Você vive pela fé no Filho de Deus, que nos amou e se entregou por nós. Essa é a verdadeira vida cristã, que não é religião, mas comunhão com a verdade que liberta.

Leia hoje

Provérbios 28 • Mateus 28

Anotações

DECLARAÇÃO

Eu não vivo mais pela Lei, mas pela fé no Filho de Deus.

VITÓRIA CONSUMADA

"Porque convém que ele reine até que haja posto todos os inimigos debaixo dos pés. O último inimigo a ser destruído é a morte."

• 1Coríntios 15.25-26 •

No livro de Josué, cinco reis cananeus foram derrotados e presos (cf. Josué 10.22-26). Quando um rei era vencido naquela época, ele era trazido acorrentado, e o rei vencedor, assentado em seu trono, colocava os pés sobre ele como um gesto simbólico que representava a vitória consumada. O exército já havia vencido a batalha no campo, e agora os reis estavam subjugados. Essa imagem ecoa no Novo Testamento, quando Paulo afirma que Cristo reina até que todos os inimigos estejam debaixo dos seus pés. O último a ser destruído é a morte.

Jesus venceu a morte. E agora, como Corpo de Cristo, estamos assentados com ele nas regiões celestiais. Isso significa que tudo o que está debaixo dos pés dele está também debaixo dos nossos pés: a doença, a tristeza, a escassez, a condenação. Não lutamos por vitória, mas a partir da vitória. Vivemos pela fé na obra consumada, não pelo esforço da carne.

A experiência dessa vitória se manifesta quando deixamos de tentar merecer e, então, descansamos. Quando dizemos com fé: "Jesus, obrigado porque o Senhor já venceu por mim", os inimigos são colocados sob nossos pés. Esta é a posição do justo: assentado, descansando na graça, vendo a vitória se cumprir para a glória de Deus.

A vitória já foi conquistada, agora é hora de descansarmos nela.

Leia hoje
Provérbios 29

Anotações

DECLARAÇÃO

Estou assentado com Cristo, e todos os inimigos estão debaixo dos meus pés. A vitória já é minha.

SÊ TU UMA BÊNÇÃO

"Vós, porém, sois raça eleita, sacerdócio real, nação santa, povo de propriedade exclusiva de Deus [...]"

• 1Pedro 2.9a •

Quem não tem não pode dar. Prosperar é um caminho para abençoar.

Deus quer que você seja integralmente próspero. Não faz sentido pensar que um Pai tão generoso desejaria a miséria de um filho. A escassez não vem dele. Mas enquanto houver vergonha da bênção, ela não poderá ser plenamente recebida. Deus não concede algo para que vivamos envergonhados. Ele deseja que nos alegremos com suas bênçãos e que creiamos que elas vêm dele.

Muitos se contentam em ter apenas o suficiente para si e para os seus, como se isso fosse sinal de humildade. Mas essa visão ignora os milhares de necessitados que poderiam ser alcançados por meio da sua vida. A prosperidade de Abraão e Isaque foi um caminho para um propósito maior: serem uma bênção. Deus os engrandeceu não para fins egoístas, mas para que abençoassem outros. O propósito da prosperidade não é o acúmulo, mas o serviço. Deus não deseja que o dinheiro seja amado, pois o amor ao dinheiro é a raiz de todos os males. Quando, porém, há um propósito nobre no coração — como abençoar a família, socorrer o necessitado, investir no Reino —, então a prosperidade encontra um caminho legítimo.

Quem não tem não pode dar. A pobreza limita a capacidade de ajudar. Deus ama os pobres, mas não deseja que seus filhos permaneçam em necessidade. Ele deseja levantar aqueles que creem, para que esses possam compartilhar. Deus quer abençoar para que sejamos uma bênção.

Leia hoje
Provérbios 30

Anotações

DECLARAÇÃO

Eu recebo a bênção de Deus com gratidão e serei uma fonte de bênção para muitos.

ABENÇOADO PARA ABENÇOAR

"De ti farei uma grande nação, e te abençoarei, e te engrandecerei o nome. Sê tu uma bênção!"

• Gênesis 12.2 •

Desde o princípio, a bênção de Deus sobre a humanidade foi clara: "Sejam férteis, multipliquem-se, encham a terra". Isso não é apenas sobre filhos ou terras, é sobre vida abundante em todos os aspectos. Deus nunca desejou escassez para seus filhos. Ele é um Pai generoso, que se alegra em suprir e em ver você florescer. Ele quer abençoá-lo no corpo, na alma, no espírito, nos relacionamentos, nos dons e na missão. Sua bondade se expressa em múltiplas formas, e tudo o que ele dá vem com propósito.

Ser abençoado não significa acumular. Significa transbordar. Há quem se contente apenas com o que basta para si, mas quem anda com Deus entende que a verdadeira prosperidade não termina em si mesmo. Deus deseja que você seja um canal, não um reservatório. Que você multiplique paz, sabedoria, serviço, consolo, compaixão. Que abençoe com palavras, com tempo, com conselhos, com cuidado. Nem toda bênção é material, e nem toda oferta se mede em números; algumas se manifestam em abraços, orações e presença.

Deus o chama a viver com propósito. O mundo precisa de vozes que edificam, de mãos que levantam, de corações que acolhem. E tudo isso nasce de um coração que entende: fui abençoado para abençoar. Então, seja uma bênção.

Ser abençoado não significa acumular. Significa transbordar.

Leia hoje
Provérbios 31

Anotações

DECLARAÇÃO

Eu sou abençoado por Deus para ser uma bênção na vida de muitos.

ENRAIZADO NO AMOR ETERNO

JULHO
15
Devocional
196/365

"Porém eu, pela riqueza da tua misericórdia, entrarei na tua casa [...]."

• Salmos 5.7 •

O amor de Deus é o alicerce da minha fé.

A revelação mais importante do Universo é: Deus escolheu nos amar. Nada é mais poderoso do que essa verdade. Todo o plano da redenção, todo o sacrifício na cruz, toda a obra do Espírito, tudo parte desse amor imensurável. Somos alvo da graça e da misericórdia divina.

Quando se tem a convicção desse amor, o medo perde a força. As Escrituras nos garantem que o amor lança fora o medo. E o amor de Deus não é teórico; é prático, real, transformador. Ele entregou o próprio Filho como a maior prova de amor. Esse amor nos favorece, enriquece, agracia. Somos feitos herdeiros de Deus, coerdeiros com Cristo. Isso nos garante segurança, identidade e propósito.

Ao entendermos a profundidade dessa revelação, de que somos amados, caminhamos com ousadia, oramos com confiança e vivemos com paz. Nenhuma circunstância pode apagar esse amor. Nenhuma falha pode desfazê-lo. É eterno, imutável, perfeito.

Leia hoje

Salmos 1-2 • Provérbios 1 • Marcos 1

Anotações

DECLARAÇÃO

Eu sou amado com amor eterno. Esse amor me fortalece e sustenta, guiando-me.

JULHO

16

Devocional

197/365

CRISTO HABITA ONDE O AMOR É REVELADO

Na Presença do Pai

"E, assim, habite Cristo no vosso coração, pela fé, estando vós arraigados e alicerçados em amor."

• Efésios 3.17 •

Coisas boas acontecem com quem sabe que é amado. Essa verdade precisa estar gravada no coração do cristão. Quando se tem consciência de que é amado por Deus, a vida ganha cor, direção e descanso. A graça se manifesta, o favor nos alcança e a paz toma o lugar da ansiedade. A fé se torna firme, a oração ganha ousadia e o coração se enche de esperança. Quantas bênçãos nascem da convicção de amor!

Não é sobre religião, mas sobre identidade e poder confiar plenamente no que Cristo fez. Ele ama você, e esse amor é suficiente. Você não precisa conquistar o que já recebeu graciosamente. Não precisa mendigar o que já foi dado gratuitamente. O amor de Deus é a base de tudo, e quando estamos enraizados nele, frutificamos com leveza.

Efésios 3.17-19 mostra uma oração poderosa sendo feita: que Cristo habite em nosso coração pela fé. Não como quem visita, mas como quem reside com prazer. E o lugar onde Cristo habita é o coração que sabe que é amado. O amor é o alicerce da plenitude de Deus em nós. Quando esse amor é revelado, tudo muda.

Coisas boas acontecem com quem sabe que é amado.

Leia hoje

Salmos 3-4 • Provérbios 2 • Marcos 2

Anotações

DECLARAÇÃO

Cristo habita em mim. Sou amado, seguro e cheio da plenitude de Deus.

O AMOR QUE ALCANÇOU A TODOS

"E conhecer o amor de Cristo, que excede todo entendimento, para que sejais tomados de toda a plenitude de Deus."

• Efésios 3.19 •

O amor de Deus é largo o suficiente para alcançar qualquer pessoa.

Leia hoje

Salmos 5-6 • Provérbios 3 • Marcos 3

Anotações

Estar tomado de toda a plenitude de Deus é viver enraizado na certeza de que somos amados. Isso significa que nenhuma acusação, luta ou tribulação tem poder de arrancar essa verdade do nosso coração. Quem tem raízes no amor de Deus não se abala. Ainda que a dor venha, a alma permanece firme: "Sou amado, e porque sou amado, Deus me sustentará". Você já vivenciou situações assim?

Paulo afirma que esse amor é extraordinário e sobrenatural. Não é algo apenas para se saber, mas para se experimentar. Por isso, ele ora para que recebamos essa revelação e conheçamos esse amor de forma viva e transformadora. E então menciona as quatro dimensões desse amor. A primeira delas é a largura: o amor de Deus é largo como os braços da cruz. Alcança todos. É inclusivo. Não exclui quem erra, quem sofre, quem se acha indigno. Alcança o justo e o pecador, o sábio e o simples. Alcança todas as nações, todas as línguas, todas as histórias. Esse amor é tão largo que envolve até aqueles que acham que não merecem.

Lembre-se então de que nenhum ser humano está fora do alcance desse amor. Você cabe no abraço do nosso Senhor.

DECLARAÇÃO

Sou amado com um amor sem limites. Nada pode me separar desse amor.

NOS PIORES DIAS, O AMOR PERMANECE

"Porque tu és a minha rocha e a minha fortaleza; por causa do teu nome, tu me conduzirás e me guiarás."

• Salmos 31.3 •

Você já enfrentou dias escuros? O amor de Deus não nos alcança apenas quando estamos bem. Ele se move em nossa direção no dia mau, no dia da incredulidade, da queda, da vergonha. O amor dele é tão largo que alcança desde quem parece justo até o mais vil pecador. Esta é a lógica escandalosa da graça: Deus ama até os que ninguém consegue amar.

Certa vez, um pastor conhecido me contou sobre uma visita que fez a um presídio feminino. Enquanto ele pregava, notou uma mulher isolada. Após a ministração, soube que ela havia participado de rituais macabros com assassinatos de crianças. Um horror inimaginável. Contudo, ao ouvir sobre o sangue de Jesus, ela chorou e disse: "Eu creio". E naquele instante, foi perdoada. Depois, o pastor foi questionado: "Você ainda crê que Jesus pode perdoá-la?". Ele respondeu com firmeza: "Sim. O sangue de Jesus é suficiente".

Esta é a lógica da graça: absurda aos olhos humanos, mas absolutamente real. Se Jesus perdoou aquela mulher, pode perdoar a qualquer um. O amor de Deus é maior do que a lógica, maior do que o pecado, maior do que a culpa. A Cruz é suficiente. Se você crê, então está completamente perdoado. O amor dele é largo o bastante para incluir até quem o mundo rejeita e nos alcança quando faz sol ou quando chove. Não há pecador longe demais para os braços acolhedores de Cristo.

O amor de Deus é largo demais para ser limitado pela lógica humana.

Leia hoje

Salmos 7-8 • Provérbios 4 • Marcos 4

Anotações

DECLARAÇÃO

Eu sou alcançado, amado e perdoado, mesmo nos piores dias.

COMO É FELIZ AQUELE QUE OUVE A VOZ DO SENHOR

JULHO
19
Devocional
200 /365

"O temor do Senhor é o princípio da sabedoria, e o conhecimento do Santo é prudência."

• Provérbios 9.10 •

A verdadeira alegria nasce de um coração atento à voz do Senhor.

Leia hoje

Salmos 9-10 • Provérbios 5 • Marcos 5

Anotações

O devocional tem sido um dos momentos mais preciosos do meu dia. Receber a verdade da Palavra, mergulhar em revelações simples e profundas e, depois, compartilhar o que o Espírito tem ministrado ao meu coração. Tudo isso tem me mudado de dentro para fora e acumulado em meu interior virtudes: sensibilidade, discernimento, fé. E isso é o que acontece com o cristão que se enche das Escrituras e ouve a Deus. A paz ocupa espaços que antes estavam tomados por ansiedade. A confiança substitui o medo. As disciplinas espirituais, que antes eram apenas disciplinas, tornam-se prazerosas. Tenho descoberto, dia após dia, que ouvir a voz do Senhor não é apenas importante, é fonte de vida.

Esse texto de Provérbios revela que há uma felicidade reservada àqueles que ouvem o Senhor, que se colocam intencionalmente diante dele. Ouvir a voz divina é mais do que um ato devocional: é uma postura. É escolher esperar à porta, é vigiar em expectativa, é saber que cada encontro com ele libera favor e vida sobre nós.

Você talvez esteja vivendo dias difíceis. Porém, se parar para ouvir o Senhor atentamente, logo perceberá: ele está falando. Nosso Pai ministra paz, sabedoria e consolo. Há favor onde há presença, e há presença onde há escuta.

DECLARAÇÃO

Eu escolho ouvir, esperar e viver pela voz que me conduz em paz.

DIARIAMENTE EM SUA PRESENÇA

"Pois um dia nos teus átrios vale mais que mil; prefiro estar à porta da casa do meu Deus, a permanecer nas tendas da perversidade."

• Salmos 84.10 •

É difícil explicar como a Palavra de Deus nos molda quando nos expomos a ela diariamente. Ela não é um conjunto de regras, mas uma vida que entra e se espalha, silenciando as vozes de acusação. Ela sussurra: "Você está perdoado e foi justificado. Pode andar sem medo, sem angústia, sem culpa". Essa é a mensagem do Evangelho, as Boas Novas que declaram que o sangue do Cordeiro foi suficiente.

Deus faz *em* nós a obra que ele quer fazer *através de* nós. Não há recompensa maior do que saber que vidas estão sendo alcançadas. Pessoas antes presas à culpa, ao medo ou à depressão são libertas apenas ao ouvir, todos os dias, a verdade da graça de Deus. A sabedoria grita: "Como é feliz o que me ouve diariamente!". Aqueles que decidiram vigiar diariamente às portas da casa de Deus têm sido transformados. Esses se assentam para ouvir, aprender, crer e, então, receber favor.

Essa constância, esse compromisso diário com a Palavra, produz algo eterno no coração. A vida de Deus é liberada, o favor nos alcança, e não há outro lugar onde eu deseje estar senão aos seus pés, na sua presença, ouvindo aquele que é a própria Vida.

Felizes são os que ouvem a voz de Deus todos os dias.

Leia hoje

Salmos 11-12 • Provérbios 6 • Marcos 6

Anotações

DECLARAÇÃO

A cada dia escolho ouvir a Palavra e viver na presença daquele que me transforma.

OUÇA A VOZ DE DEUS

"Lâmpada para os meus pés é a tua palavra e, luz para os meus caminhos."

• Salmos 119.105 •

A verdadeira felicidade está na presença constante de Deus.

A verdadeira felicidade não está na ausência de problemas, mas na presença constante de Deus. Parar todos os dias diante do Senhor é o segredo de uma vida segura e cheia de sentido. A Palavra é lâmpada para os pés, ela clareia os passos que devem ser dados. Em dias nublados, ela brilha como farol; em noites escuras, como fogo que aquece. Quem aprende a ouvir a voz de Deus pela Palavra encontra direção mesmo em meio ao caos, e favor mesmo em tempos difíceis.

Nem sempre temos as palavras certas para dizer quando nos colocamos diante dele em oração. Às vezes, é no silêncio que a luz começa a brilhar. À medida que o coração se aquieta, o Espírito começa a soprar e a Palavra ganha vida. Ela consola, corrige, sustenta. A Bíblia ilumina o interior e dissipa as sombras da dúvida, da ansiedade e do medo. A cada manhã, mesmo sem respostas prontas, a presença de Deus nos renova através da nossa escuta atenta.

A fé nasce desse ouvir constante. Não é apenas ler com os olhos, mas deixar que a Palavra penetre profundamente e se torne parte do coração. A Bíblia não é apenas texto, ela é lâmpada e luz. Quando nos rendemos à sua direção, não tropeçamos nas trevas. Meditar nela, ruminar cada versículo, transforma o caminho. É aí que encontramos vida. É aí que recebemos o favor do Senhor.

Leia hoje

Salmos 13-14 • Provérbios 7 • Marcos 7

Anotações

DECLARAÇÃO

Eu não ando pelo que vejo ou sinto, mas escolho andar pela Palavra de Deus.

TRANSFORMADOS PELA PALAVRA

"Tornai-vos, pois, praticantes da palavra e não somente ouvintes, enganando-vos a vós mesmos."

• Tiago 1.22 •

Viver uma fé não fingida é o que sustenta casamentos, transforma finanças, fortalece a saúde, molda o caráter. A fé que nasce da revelação nos leva a viver acima das circunstâncias. Esse tempo diário diante da Palavra é uma disciplina espiritual que gera frutos eternos. Com o passar dos dias, talvez sem que o percebamos, algo dentro de nós vai sendo mudado. A transformação acontece de forma silenciosa, constante e profunda.

Se você tem vivido essa prática, então também sabe que algo está se tornando diferente em você. Há mais paz, mais clareza, mais presença. O coração fica sensível, a mente se alinha à verdade e a alma encontra descanso. O cristão que diariamente busca a Deus experimenta os benefícios da vida devocional, e todos ao seu redor provam do mesmo sabor doce de sua transformação.

Você é justo em Cristo, e o justo viverá pela fé. Viva dessa fé que vem do Evangelho prático. Viva desse alimento diário que transforma de dentro para fora. Viva esperando, diariamente, às portas daquele que é a fonte da vida e do favor. Priorizar esse tempo com Deus não é apenas um hábito espiritual, mas uma necessidade para quem deseja viver uma vida plena.

A fé que transforma nasce do Evangelho meditado todos os dias.

Leia hoje

Salmos 15-16 • Provérbios 8 • Marcos 8

Anotações

DECLARAÇÃO

Minha fé é alimentada pela Palavra; sou transformado de dentro para fora pela verdade de Cristo.

A TROCA NA CRUZ

"Certamente, ele tomou sobre si as nossas enfermidades e as nossas dores levou sobre si [...] e pelas suas pisaduras fomos sarados."

• Isaías 53.4-5 •

A Cruz restaurou nossa comunhão com Deus e nos devolveu o que foi perdido no Éden.

A Cruz foi o cenário da maior troca da história: Jesus tomou sobre si tudo aquilo que era nosso, para nos dar tudo o que era dele. Contudo, muitas vezes subestimamos a profundidade do que realmente aconteceu ali. Desde a criação, o plano de Deus para o homem sempre foi glorioso, repleto de comunhão, propósito e vida abundante. No Éden, Adão desfrutava da presença de Deus todos os dias. A Bíblia diz que, na viração do dia, o Senhor vinha ao encontro dele. O maior tesouro do jardim não era o ouro ou as árvores frutíferas, era a presença de Deus.

Quando Adão pecou, ele não perdeu apenas o jardim. Ele perdeu a presença. E essa foi a maior tragédia da humanidade. A partir desse momento, o homem passou a viver separado de Deus, e todas as outras perdas — escassez, doença, morte, brigas, dor — foram consequências dessa ausência. O homem foi programado para viver na presença de Deus. Assim como um carro depende de combustível para andar, o homem depende da comunhão com o Pai para viver com plenitude.

Por isso, parar diariamente para ouvir a voz de Deus não é apenas um ato devocional, é um retorno ao Éden. É um reencontro com o plano original. Esta é a beleza da cruz: Jesus tomou o que era nosso e nos deu o que era dele, a reconciliação com o Pai. Você não precisa mais viver afastado, carregando pesos que já foram retirados. Pela Cruz, a presença foi devolvida a nós. Agora, basta crer.

Leia hoje

Salmos 17-18 • Provérbios 9 • Marcos 9

Anotações

DECLARAÇÃO

Pela Cruz, fui reconciliado com Deus. Sua presença é minha fonte, meu prazer e meu propósito.

AS PRIMEIRAS HORAS

"Apartarás para o Senhor todo que abrir a madre e todo primogênito dos animais que tiveres [...] serão do Senhor."

• Êxodo 13.12 •

O princípio espiritual das primícias é de grande importância ao cristão. Entregar as primeiras horas do dia ao Senhor é como consagrar todas as outras. A primeira hora consagrada carrega em si o símbolo do todo, e o que é entregue a Deus é santificado, multiplicado, abençoado. Por isso, pare, organize-se, lute contra as distrações. A mesma serpente que tirou Adão da presença de Deus tenta, hoje, encher sua agenda de ocupações desnecessárias. Contudo, quem decide encontrar o Senhor todos os dias encontra vida, favor e graça.

Tudo isso foi restaurado na cruz. Ali, Jesus entregou a si mesmo como primícia por nós — o primeiro e perfeito sacrifício que abriu o caminho para nossa reconciliação. Ele tomou o nosso lugar, carregou nossa dor, para que vivêssemos sua paz. Levou nossa culpa, para que recebêssemos sua justiça. Sofreu o castigo, para que experimentássemos liberdade. Tornou-se maldição, para que fôssemos abençoados. Mas como viver essas verdades diariamente de forma prática? O segredo está nas primícias: separar o primeiro momento do dia, os primeiros pensamentos, o primeiro lugar no coração para o Senhor. Quando você se entrega a Deus logo no início do dia, você abençoa o todo.

Ao colocar o Evangelho em primeiro lugar, você permite que a verdade o transforme. A fé cresce, o coração se alinha com o Céu, e o favor do Senhor repousa sobre toda a sua caminhada.

A primeira hora consagrada a Deus tem poder para abençoar o dia todo.

Leia hoje

Salmos 19-20 • Provérbios 10 • Marcos 10

Anotações

DECLARAÇÃO

Hoje entrego ao Senhor as primícias do meu dia. Sua presença santifica, fortalece e transforma tudo.

O RETORNO À PRESENÇA

"Pois também Cristo morreu, uma única vez, pelos pecados, o justo pelos injustos, para conduzir-vos a Deus [...]."

• 1Pedro 3.18 •

Pela Cruz, não apenas somos perdoados, mas trazidos de volta para perto.

A maior tragédia da humanidade aconteceu no Éden, quando Adão perdeu a presença de Deus. A Cruz é o caminho de volta a essa presença. Foi na cruz que aconteceu a maior troca da história. O Filho de Deus se fez filho do homem para que os filhos dos homens pudessem se tornar filhos de Deus.

Essa obra é tão profunda que ultrapassa a compreensão humana. Muitos ainda subestimam o que realmente aconteceu na cruz de Cristo. Quando Deus criou o ser humano, o plano era glorioso: comunhão plena, proximidade com o Criador e vida abundante. Adão desfrutava da presença de Deus todos os dias no jardim, e esse era o tesouro do Éden. Mas o pecado rompeu essa comunhão. Quando Adão caiu, não perdeu apenas um lugar de provisão. Ele perdeu o acesso direto à presença de Deus. E foi essa separação que gerou todo o restante da miséria humana.

Mas Deus, em sua misericórdia, providenciou o caminho de volta. Como escreveu Pedro, "Cristo sofreu pelos pecados uma vez por todas, o justo pelos injustos, para conduzir-vos a Deus". Jesus não veio apenas para nos livrar da culpa, mas para nos reconduzir à presença. Ele abriu o caminho que estava fechado desde o Éden. Agora, pela Cruz, não apenas somos perdoados, mas trazidos de volta para perto. A verdadeira bênção do Evangelho não é apenas o que Deus faz por nós, mas o fato de podermos estar com ele novamente.

Leia hoje

Salmos 21-22 • Provérbios 11 • Marcos 11

Anotações

DECLARAÇÃO

Fui reconciliado com Deus. Hoje, volto ao meu lugar de origem: a presença do Pai.

CAMINHE COM DEUS TODOS OS DIAS

"Buscar-me-eis e me achareis quando me buscardes de todo o vosso coração."

• Jeremias 29.13 •

Fomos criados para buscar e encontrar a Deus. O nosso espírito anseia por comunhão com o Criador. Por isso, parar diariamente para ouvir sua voz e meditar em sua Palavra não é apenas um hábito devocional, mas uma necessidade vital, não um detalhe religioso. Quando buscamos o Senhor de todo o coração, como diz Jeremias, não ficamos sem resposta. Encontramos vida, direção, paz e sentido.

É por isso que entregar as primeiras horas do dia ao Senhor tem tanto valor. As primícias do tempo consagram todo o restante. Quando priorizamos o Céu no início, abrimos espaço para que o Céu se manifeste no todo. O tempo que dedicamos a Deus nunca é perdido, é plantio. E a colheita vem em forma de sabedoria para decisões difíceis, força para dias pesados, consolo para as dores escondidas e graça para lidar com o inesperado. Quem coloca Deus em primeiro lugar, experimenta o seu favor em todas as áreas.

Esta é a verdadeira liberdade: viver na presença para a qual fomos criados. O que Adão perdeu no Éden, Cristo restaurou na Cruz. E agora, pela fé, podemos voltar ao jardim, à comunhão que transforma. Todos os dias, somos convidados a buscar esse encontro com todo o nosso coração. Ele se revela a todo aquele que decide buscá-lo assim.

Fomos criados para a presença, e ela é o nosso lugar de origem.

Leia hoje

Salmos 23-24 • Provérbios 12 • Marcos 12

Anotações

DECLARAÇÃO

Hoje, volto ao meu lugar em Deus. Eu pertenço à presença e é nela que encontro vida.

FÉ PELA PALAVRA DE CRISTO

"Todavia, o meu justo viverá pela fé; e: Se retroceder, nele não se compraz a minha alma."

• Hebreus 10.38 •

A fé é despertada quando ouvimos, meditamos e recebemos revelação da Palavra.

Leia hoje

Salmos 25-26 • Provérbios 13 • Marcos 13

Anotações

DECLARAÇÃO

Hoje, a palavra de Cristo está gerando fé e poder dentro de mim.

O que produz fé em nosso coração não é a cobrança da Lei, nem o peso de regras ou exigências religiosas, mas o Evangelho: a boa notícia da graça de Deus revelada em Cristo. A fé não nasce do medo, da condenação ou da tentativa de merecer algo. A fé é despertada quando ouvimos, meditamos e recebemos revelação da Palavra. Por isso, não basta apenas ler versículos mecanicamente. É necessário ouvir com o coração, permitir que a revelação penetre no espírito e que o Evangelho nos transforme por dentro. A fé verdadeira brota quando o nosso espírito se conecta com a verdade da graça.

A fé verdadeira não é apenas um sentimento momentâneo, mas uma escolha constante de confiar. Viver pela fé, como afirma Hebreus, é decidir diariamente permanecer naquilo que Deus já falou, mesmo quando os olhos ainda não veem. Este é o estilo de vida do justo: ele vive pela fé. Ele caminha não pelo que sente, mas pelo que crê. E essa fé não vem do esforço humano, mas da Palavra de Cristo.

Quando você ouve o Evangelho da graça, seu interior é alimentado por verdades eternas: você é amado, aceito, justificado. E é a partir dessa convicção que nasce uma vida corajosa, perseverante, cheia de paz. A fé é o que sustenta o justo em meio às pressões. E quando ela é alimentada todos os dias, não há espaço para o retrocesso.

A FÉ QUE MOVE OS CÉUS

"[...] O justo viverá por fé."

• Romanos 1.17 •

Você sabe o que é fé? Fé não é otimismo, pensamento positivo ou insistência humana. Segundo a Bíblia, é a convicção nas promessas divinas, fundamentada na revelação da Palavra (cf. Hebreus 11.1). É essa fé, viva e eficaz, que move os Céus. Deus responde à oração feita com fé. É por isso que a nossa maior prioridade deve ser alimentar a fé todos os dias. A vida do justo depende disso. Não há outra forma de caminhar com Deus se não for crendo. E crer exige constância, meditação, além de requerer que o coração seja exposto diariamente ao Evangelho de Cristo.

Se você deseja ver transformação real em sua vida, busque revelação. Peça ao Espírito Santo que abra os seus olhos para compreender a profundidade da Palavra e, assim, crescer em fé. Leia, medite e declare. Quando a Palavra queima no coraçao, a fé é ativada. E quando a fé é ativada, milagres acontecem. Cristo nos deixou o exemplo perfeito: ao caminhar com os discípulos na estrada de Emaús, ele não revelou sua identidade de imediato. Primeiro, expôs-lhes as Escrituras (cf. Lucas 24.13-35). E foi pela Palavra que os seus corações arderam. Foi pela Palavra que a fé foi reacendida.

Tudo muda quando aprendemos a contemplar Cristo nas Escrituras, porque nos tornamos semelhantes àquilo que contemplamos. E se contemplamos a graça, a bondade, a fidelidade e o amor de Deus, passamos a viver a partir disso.

É pela Palavra que a fé reacende.

Leia hoje

Salmos 27-28 • Provérbios 14 • Marcos 14

Anotações

DECLARAÇÃO

A minha fé está sendo fortalecida pela Palavra. Eu creio, recebo e vivo pela fé.

O GRANDE AMOR DE DEUS

"O Senhor, teu Deus, está no meio de ti, poderoso para salvar-te; ele se deleitará em ti com alegria; renovar-te-á no seu amor, regozijar-se-á em ti com júbilo."

• Sofonias 3.17 •

Deus sorri para mim com amor e alegria, mesmo em dias difíceis.

Quando decidimos seguir a Cristo, a pergunta que precisamos fazer é: que tipo de deus estamos vendo nas Escrituras? Que conceito há dele em nosso coração? Um deus irado e distante ou um deus sorridente, que nos ama, perdoa e se alegra conosco? A maneira como vemos Deus determina profundamente como nos vemos e como vivemos.

A Bíblia diz que nos tornamos semelhantes àquilo que contemplamos. Se consideramos que servimos a um deus carrancudo e exigente, provavelmente nos tornaremos duros e acusadores. Mas se entendermos a verdade de seguir o Deus cheio de graça, amor e compaixão, seremos moldados por esse amor.

Deus sorri para nós. Ele está feliz conosco, não porque merecemos, mas porque estamos em Cristo. Ele se alegra por nos amar, por nos perdoar e por nos ter feito seus filhos. Pessoas verdadeiramente felizes são aquelas que compreenderam que Deus está sorrindo para elas. Mesmo em meio às lutas e falhas, sabem que são amadas, aceitas e sustentadas por um amor inabalável.

Leia hoje

Salmos 29-30 • Provérbios 15 • Marcos 15

Anotações

DECLARAÇÃO

Eu sou profundamente amado, totalmente perdoado e plenamente aceito por Deus em Cristo.

AMOR QUE NÃO TEM FIM

"[...] a fim de poderdes compreender, com todos os santos, qual é a largura, e o comprimento, e a altura, e a profundidade e conhecer o amor de Cristo, que excede todo entendimento [...]"

• Efésios 3.18-19 •

O apóstolo Paulo escreveu que precisamos estar arraigados e alicerçados em amor para compreendermos, juntamente com todos os santos, qual é a largura, o comprimento, a altura e a profundidade do amor de Cristo. Isso é parte da missão do cristão.

O amor de Deus é largo, ele alcança a todos. Mas também é comprido: cobre toda a nossa história. Ele nos amou no passado, mesmo quando éramos inimigos. Perdoou-nos de uma vez por todas. Não há mais sacrifício necessário pelos nossos pecados. Fomos perdoados eternamente. Esse amor também está no presente: ele nos guia, cura, sustenta e fortalece. E está no nosso futuro: já nos vê glorificados, ressuscitados, revestidos de incorruptibilidade em Cristo. Esse amor cobre tudo, do início ao fim.

Saber disso muda a forma como vivemos. Liberta do medo, traz descanso e enche o coração de paz. O amor de Deus não tem fim, não tem medida, não tem condição. É eterno, inabalável e pessoal.

O amor de Deus cobre todo o meu passado, presente e futuro.

Leia hoje
Salmos 31-32 • Provérbios 16 • Marcos 16

Anotações

DECLARAÇÃO

Eu sou amado com um amor eterno, constante e imutável. Nada pode me separar do amor de Deus.

ELE É O QUE LEVANTA A SUA CABEÇA

"Agora, será exaltada a minha cabeça acima dos inimigos que me cercam. No seu tabernáculo, oferecerei sacrifício de júbilo; cantarei e salmodiarei ao Senhor."

• Salmos 27.6 •

Deus é aquele que nos coloca de pé quando não temos mais forças.

Há momentos em que tudo em nós tende a se curvar: os ombros pesam, os olhos se abaixam, a alma se retrai. O medo, a pressão e a dor silenciosa tentam nos diminuir. Mas o salmista declara algo poderoso: "Agora será exaltada a minha cabeça acima dos inimigos que me cercam". Deus é aquele que nos coloca de pé quando não temos mais forças. Ele nos ergue, não apenas do chão, mas do lugar de humilhação interior. Ele restaura nossa dignidade, renova nosso ânimo e nos faz ver além do vale.

A resposta de Deus não depende da nossa performance. Davi não apresentou um currículo espiritual impecável, ele apenas clamou. E Deus ouviu. Este é o milagre da graça: um Pai que responde ao coração quebrantado, que acolhe o que se rende, que se aproxima quando mais precisamos. Em tempos difíceis, o segredo não está em controlar tudo, mas em voltar os olhos para o Senhor.

E então, mesmo cercado, Davi canta. Ele oferece sacrifícios de júbilo, não porque está tudo bem, mas porque o Senhor está ali. Louvar em meio ao caos é um ato de fé, é declarar que Deus é digno, mesmo quando o chão treme. O louvor não é negação da dor, mas a lembrança de que não estamos sozinhos. É assim que a cabeça se levanta: não por orgulho, mas por confiança. Não por negação da realidade, mas pela certeza de que, acima de qualquer circunstância, Deus ainda reina.

Leia hoje

Salmos 33-34 • Provérbios 17

Anotações

DECLARAÇÃO

Mesmo quando tudo pesa, eu escolho louvar ao Senhor. Ele me levanta e responde quando clamo.

Agosto

08 – 12

AGOSTO 01
Devocional
213 /365

DEUS NÃO SE LEMBRA MAIS

"Eu, eu mesmo, sou o que apago as tuas transgressões por amor de mim e dos teus pecados não me lembro."

• Isaías 43.25 •

O sangue de Jesus apagou meu passado. Deus não se lembra mais.

Há quem viva ansioso com o futuro, temendo o que virá. Mas a promessa de Deus é clara: ele estará conosco todos os dias da nossa vida. O amor dele não se limita ao passado e ao presente, ele já alcançou o nosso futuro. Toda a nossa história está segura nas mãos do Pai. O amor de Deus é eterno, constante e fiel em todas as fases da vida.

Quando nos lembramos das falhas do passado, das decisões erradas e dos pecados cometidos, precisamos crer na verdade do Evangelho: Deus não se lembra mais do que foi apagado pelo sangue de Jesus. A cruz é o lugar onde a memória do pecado se dissolve. Essa é a santa amnésia divina. Ele apaga as suas transgressões e diz: "Dos teus pecados não me lembro mais".

O perdão de Deus é total, e a justificação em Cristo é completa. Se alguém tentar acusar você do que já foi perdoado, a resposta é simples: "Meu advogado é Jesus, e ele já me justificou". O amor de Deus cobre o passado, sustenta o presente e garante o futuro. Não carregue o peso do que já foi resolvido na cruz. Você foi perdoado, lavado e tornado justo por causa de Cristo.

Leia hoje
Salmos 35-36 • Provérbios 18

Anotações

DECLARAÇÃO

Eu sou perdoado, justificado e amado. Nenhuma acusação tem poder contra mim.

O AMOR QUE GARANTE O FUTURO

"Porque Deus amou ao mundo de tal maneira que deu o seu Filho unigênito, para que todo o que nele crê não pereça, mas tenha a vida eterna."

• João 3.16 •

Pela verdade desse versículo, hoje é tempo de descansar no amor divino, que é eterno, apaga o passado e garante o futuro. O sacrifício de Cristo foi feito de uma vez por todas. O sangue do Cordeiro nos purificou completamente. O amor de Deus é tão extenso que percorre toda a linha da nossa existência, do início à eternidade. Ele estava lá no seu passado, está com você agora e já o espera no futuro.

O amor de Deus não conhece limites e vai além do nosso entendimento. O sacrifício de Cristo, feito de uma vez por todas, apaga o nosso passado e nos garante um futuro cheio de esperança. A obra feita na cruz é completa, e o sangue de Jesus purifica totalmente aqueles que creem nele. Quando Deus olha para nós, ele não vê o nosso pecado, mas a justiça de Cristo. Nós podemos celebrar! Não há mais condenação para aqueles que estão em Cristo, pois ele levou sobre si todo o peso de nossos erros.

O perdão de Deus é total e definitivo. Você entende o que isso representa? Não precisamos viver com medo, pois Deus já preparou um caminho de paz e segurança para nós. Ele é o fundamento da nossa esperança, que oferece a garantia de que o nosso amanhã está em boas mãos. É nesse perfeito amor que encontramos força para caminhar todos os dias, sabendo que, por causa do sacrifício de Cristo, o nosso futuro está seguro.

Não precisamos viver com medo, pois Deus já preparou um caminho de paz.

Leia hoje
Salmos 37-38 • Provérbios 19

Anotações

DECLARAÇÃO

Eu descanso no amor eterno de Deus, que me purifica e garante o meu futuro em Cristo.

ELE CUMPRIRÁ

"Deus não é homem, para que minta; nem filho de homem, para que se arrependa. Porventura, tendo ele prometido, não o fará? Ou, tendo falado, não o cumprirá?"

• Números 23.19 •

Deus é fiel para cumprir todas as suas promessas.

Todas as promessas divinas têm nele o sim. Ele é fiel e verdadeiro. Esse Pai, que tem as mãos cheias de bênçãos, tem também pensamentos de paz a seu respeito, para conduzi-lo por bons caminhos. Ele é o Deus da esperança e deseja encher o seu coração de alegria e paz no crer. Nesta manhã, receba esta verdade: seus pecados foram perdoados. Você foi declarado justo diante de Deus. Não há mais condenação sobre a sua vida porque você está em Cristo. Não desfrutará de ricas bênçãos por merecimento, mas pela graça e pelo sangue do Cordeiro.

O Senhor não é homem para mentir, e todas as suas promessas são certezas. Se ele disse que você é perdoado, então você o é. Se ele disse que o justificou, então está feito. Você foi salvo, lavado e redimido, e não há mais nada que possa condená-lo. A obra da Cruz foi finalizada, e o sangue de Jesus trouxe liberdade e restauração.

Deus é fiel para cumprir tudo o que prometeu. Não importam as circunstâncias; o que ele prometeu, ele cumprirá. Ele é fiel e verdadeiro, e podemos descansar nesta verdade. A paz e alegria dele subsistem na confiança em sua Palavra. Confie na fidelidade de Deus e receba, pela fé, a certeza de que ele cumprirá todas as promessas bíblicas em sua vida.

Leia hoje

Salmos 39-40 • Provérbios 20

Anotações

DECLARAÇÃO

Eu sou perdoado, justificado e guardado pela graça de Deus, e creio que ele cumprirá todas as suas promessas.

SOMOS COMO ÁRVORES PLANTADAS JUNTO ÀS ÁGUAS

"Bendito o homem que confia no Senhor e cuja esperança é o Senhor. Porque ele é como a árvore plantada junto às águas [...] e, no ano de sequidão, não se perturba, nem deixa de dar fruto."

• Jeremias 17.7-8 •

Somos como árvores plantadas junto às águas. Imagine o que isso representa. No tempo certo, daremos frutos e nossas folhas não murcharão. Mesmo em anos de sequidão, não deixaremos de frutificar. Tudo o que fizermos prosperará, porque fomos cuidadosamente plantados por Deus. Nossa vida foi escrita e determinada por ele, antes mesmo de qualquer dia existir. Ele nos conhece profundamente. A palavra ainda nem chegou à nossa boca, e ele já a conhece toda (cf. Salmos 139.4).

Para aqueles que estão vivendo em meio à pressão, o Senhor diz: "Sou eu que te sustento, ajudo, fortaleço e tomo pela mão direita. Não temas, tu és meu filho. Eu mesmo te gerei. Não temas, pequena ovelhinha". Nenhuma ameaça de homens pode impedir o que Deus determinou para a sua vida. O homem não tem a última palavra sobre você, somente o Senhor a tem. Ele é o Alfa e o Ômega, o Princípio e o Fim.

As Escrituras garantem que tudo já está preparado, então não ande ansioso. Cada detalhe está sob o controle dele. Concentre-se apenas em permanecer com raízes profundas, bebendo das santas águas da Palavra de Deus, e em permitir que ela nutra sua estrutura e produza frutos agradáveis. Você foi chamado a dar frutos que permaneçam, para a glória de Deus.

Deus tem o controle de todos os detalhes da sua vida.

Leia hoje
Salmos 41-42 • Provérbios 21

Anotações

DECLARAÇÃO

Eu confio em Deus, pois ele é a minha esperança.

O DEUS QUE NOS TIROU DO FUNDO DO POÇO

AGOSTO
05
Devocional
217 /365

"Tirou-me de um poço de perdição, de um tremedal de lama; colocou-me os pés sobre uma rocha e me firmou os passos."

• Salmos 40.2 •

Ele ajuda, fortalece e toma você pela mão direita.

Deus pode tirar alguém do fundo do poço e colocá-lo sobre uma rocha firme. Foi o que ele fez comigo e com você. Ele nos disse: "Teus pés não vacilarão mais. Saberás qual caminho tomar. Minha voz estará atrás de ti, guiando teus pés e dizendo: este é o caminho, anda por ele. Não digas: sou pequeno demais. Eu te apresentei às profundezas do meu amor". Lembre-se de que, sob essa verdade, o medo é removido, a insegurança é vencida e o Senhor derrama favor e misericórdia sobre a sua vida.

Relembremos hoje as promessas divinas que nos foram entregues. A dor não permanecerá para sempre. A noite escura não durará, pois logo virá a manhã. Seus inimigos estão debaixo dos pés do Senhor, e eles não tocarão você. Mil poderão cair ao seu lado e dez mil à sua direita, mas você não será atingido. Praga nenhuma chegará à sua casa. O Senhor é com você. Ele ajuda, fortalece e toma você pela mão direita. Ele é quem o sacia quando você está sedento, quem unge a sua cabeça com óleo, quem faz transbordar o seu cálice. A bondade e a misericórdia divinas seguirão você continuamente (cf. Salmos 23.6).

Portanto, aquiete o seu coração. Entregue o seu caminho ao Senhor, confie nele e o mais ele fará (cf. Salmos 37.5). Deus nunca falhou, e continuará sem falhar. Ele é o seu Deus e cumprirá as promessas das Escrituras.

Leia hoje

Salmos 43-44 • Provérbios 22

Anotações

DECLARAÇÃO

Eu confio em Deus, que me tira do poço e me coloca sobre a rocha.

A PALAVRA PERMANECERÁ

"Passará o céu e a terra, porém as minhas palavras não passarão."

• Mateus 24.35 •

Ele nunca falhou, e jamais falhará. Glória a Deus! Aleluia! Você já vivenciou dias em que o coração esteve mais sensível e foi difícil conter as lágrimas? Às vezes, enquanto me preparo para esse tempo de oração e ministração, sinto o Espírito me alertando: "Pegue um lenço, você vai precisar". E quando isso acontece, sei que é porque ele preparou algo profundo que me levará ao quebrantamento. Hoje foi um desses dias. Desde o amanhecer, o Senhor colocou em meu coração uma canção e, com ela, uma porção especial de sua graça.

É nos dias em que menos merecemos que ele mais nos surpreende. Sua bondade é imensurável. Talvez, enquanto você faz seu devocional, Deus o esteja lembrando de pessoas queridas. Permita que o Senhor use estas palavras para curar, consolar e edificar o seu coração. Hoje, ele quer curar feridas antigas e fortalecer sua fé. É a Palavra dele que traz vida, renovo e transformação.

As Escrituras nos garantem que as palavras dele para você não deixarão de se cumprir. Os problemas passarão, as enfermidades passarão, as crises passarão, mas o que Deus prometeu certamente acontecerá e permanecerá. Portanto, apegue-se a essa verdade hoje e creia nela. Que o Espírito Santo torne este dia especial na sua vida, e as promessas do Senhor se cumpram.

A Palavra do Senhor não volta vazia, ela sempre traz vida e transformação.

Leia hoje

Salmos 45–46 • Provérbios 23

Anotações

DECLARAÇÃO

Eu sou tocado pela Palavra de Deus e creio que ele usará a minha vida para alcançar outros com o seu amor.

O RIO DE VIDA FLUI EM VOCÊ

"[...] Se alguém tem sede, venha a mim e beba. Quem crer em mim, como diz a Escritura, do seu interior fluirão rios de água viva."

• João 7.37-38 •

O Senhor está fazendo algo novo em sua vida, fortalecendo-o com seu rio de cura.

Leia hoje

Salmos 47-48 • Provérbios 24

Anotações

DECLARAÇÃO

Eu recebo a água viva de Deus, que traz cura, restauração e renovação para a minha vida.

Eu aprendi que os dons que Deus me deu não servem para serem retidos, mas para serem repartidos. O Espírito me conduz a orar, a ministrar e a liberar palavras que transformam. E quero seguir com essa liberdade, obedecendo ao que o Senhor coloca em meu coração. Há algo poderoso quando nos rendemos e deixamos Deus usar os dons que nos entregou para curar, consolar e edificar outros.

Algumas manhãs, sinto o chão debaixo dos pés sumir e a presença de Deus me envolver por completo. Nesse ambiente, o Senhor fala comigo. Ele me ensina que dias difíceis não duram para sempre, que ainda há feridas que precisam ser saradas em mim, e que minhas lágrimas são recolhidas por sua mão fiel.

Entenda também que sempre há um rio fluindo no cristão. Um rio de vida e de cura. Beba dele. Beba da água viva. O Senhor está aí onde você está, não apenas ao seu lado, mas dentro de você. Ele deseja fazer algo novo, fortalecendo mãos cansadas, erguendo corações abatidos, restaurando a esperança. O Senhor deseja encher seu coração de cura, restauração e renovação. Não importa o que você tenha enfrentado, o Senhor é poderoso para transformar qualquer situação e dar uma nova direção. Portanto, receba a água viva, a cura, o fortalecimento e a paz. Tudo o que você precisa fazer é parar, ir até ele em oração e receber da água viva, que é Cristo.

IMUNES PELA CRUZ DE CRISTO

"Mas ele foi traspassado pelas nossas transgressões e moído pelas nossas iniquidades; o castigo que nos traz a paz estava sobre ele, e pelas suas pisaduras fomos sarados."

• Isaías 53.5 •

Mesmo que você esteja passando por lutas, mesmo que "cobras" tentem feri-lo com o veneno da acusação, da dor ou da dúvida, lembre-se de que você está imune. Elas podem até tentar atingir você, mas, ao olhar para Cristo, o Cordeiro levantado, a Cruz se torna seu antídoto. Jesus levou sobre si todo o peso do pecado e da dor e, por meio do seu sacrifício, fomos libertos de todo o mal. Já não estamos condenados e presos pelo pecado, pois ele nos libertou.

Enquanto estivermos neste mundo, as aflições virão. Mas quem tem a revelação da graça e conhece a Palavra de Deus não será vencido. O Evangelho não impede que cobras apareçam, mas torna você imune ao veneno delas. O veneno da acusação, da dúvida, da falta de perdão e da desesperança, tudo isso já foi derrotado na cruz. Cristo, o Cordeiro de Deus, já pagou o preço e venceu por nós.

Portanto, a boa notícia é que, por meio de Jesus, podemos permanecer firmes mesmo enfrentando lutas. Não somos mais escravos do medo, da dor e da acusação, porque Cristo nos libertou. O poder do Evangelho nos dá a capacidade de olhar para ele e, em sua graça, sermos curados. Não permita que as serpentes da vida envenenem a sua fé. Olhe para Cristo, confie em sua obra realizada na cruz e continue crendo.

Ao olhar para Cristo, o Cordeiro levantado, a Cruz se torna seu antídoto.

Leia hoje
Salmos 49-50 • Provérbios 25

Anotações

DECLARAÇÃO

Eu confio em Cristo, que me dá a vitória e me torna imune ao veneno do Inimigo.

A TRANSFORMAÇÃO DA MENTE

"E não vos conformeis com este século, mas transformai-vos pela renovação da vossa mente, para que experimenteis qual seja a boa, agradável e perfeita vontade de Deus."

• Romanos 12.2 •

A renovação da mente é a transformação que nos leva a viver a vontade de Deus.

Esta é uma das mais poderosas verdades do Evangelho: o que você pensa tem o poder de influenciar quem você é. Suas crenças determinarão suas escolhas, suas reações e até mesmo os limites que você enxerga. Por isso, é essencial reconhecer o poder dos conceitos. Muitas vezes, pensamos que acreditamos em algo, mas, na prática, nossas atitudes revelam outra realidade. Arrancamos frutos podres, mas nos esquecemos da raiz: os conceitos. Isso não funciona! Mude a raiz e então os frutos mudarão. Tenha a mente transformada pela Palavra e então suas atitudes mudarão.

A renovação da mente é a verdadeira transformação. A Bíblia chama isso de *metanoia*, que é o arrependimento genuíno, isto é, uma mudança de entendimento. A Palavra nos exorta a não nos conformarmos com este século. O mundo vive em conformidade com padrões de culpa, escassez, autossuficiência, medo, hedonismo e condenação. Mas quem nasceu de novo precisa aprender a pensar como Deus pensa.

A verdadeira mudança começa dentro de nós. Quando nossa mente é renovada, começamos a ver a vida a partir da perspectiva divina, e isso transforma nossas escolhas e ações. É uma mudança radical, que nos leva a experimentar a boa, agradável e perfeita vontade de Deus.

Leia hoje

Salmos 51-52 • Provérbios 26

Anotações

DECLARAÇÃO

Minha mente será transformada por Cristo e eu viverei a boa, agradável e perfeita vontade de Deus.

PENSANDO CONFORME A PALAVRA

"Pois quem conheceu a mente do Senhor, que o possa instruir? Nós, porém, temos a mente de Cristo."

• 1Coríntios 2.16 •

Deus pensa em termos divinos de perdão, abundância, favor imerecido, suprimento e amor incondicional. Deus é Pai. Ele não quer construir uma relação de troca com você, mas de amor. Quando você crê que é amado, perdoado e justificado, você vive seguro. O medo desaparece, e é assim que sua vida começa a mudar de dentro para fora.

Cada vez que você ouve o Evangelho e expõe sua mente à verdade da Palavra, o seu interior é reorganizado. Ele ordena o caos que havia dentro. Por muitos anos, sua mente pode ter sido alimentada por culpas, exigências e rejeições, mas agora, pela graça, a Palavra de Deus arranca essas raízes antigas e planta novos conceitos, que são saudáveis e cheios de vida. Não pense sobre si mesmo com base no que você sente ou no que disseram a seu respeito, pense conforme a Palavra. Concorde com Deus. Se ele diz que você tem a mente de Cristo, então é isso o que você tem. Se ele diz que tudo é possível, então creia. Não declare derrota sobre sua vida, declare o que Deus já estabeleceu.

Hoje, concorde com a Palavra. Não diga que está só, pois ele prometeu que nunca o deixará. Não diga que ninguém se importa com você, pois ele é o seu Pai. Não diga que você é fraco, diga que tudo pode naquele que o fortalece. Não diga que está em escassez, diga que o Senhor é o seu pastor e que nada faltará. É tempo de mudança.

Pense conforme a Palavra e declare o que Deus já estabeleceu sobre a sua vida.

Leia hoje

Salmos 53-54 • Provérbios 27

Anotações

DECLARAÇÃO

Eu concordo com a Palavra de Deus e creio que tudo é possível para mim, pois tenho a mente de Cristo.

DECLARANDO A VERDADE DE DEUS

AGOSTO 11 Devocional 223 /365

"Se permanecerdes em mim, e as minhas palavras permanecerem em vós, pedireis o que quiserdes, e vos será feito."

• João 15.7 •

A renovação da mente transforma a vida, alinhando-a às verdades de Deus.

Ao declarar a verdade de Deus sobre a sua vida, a realidade ao seu redor se transforma, pois a graça de Deus opera onde as forças humanas não podem alcançar. Não se trata de autoajuda, mas de um Evangelho vivo, que penetra o coração e renova a mente. O Evangelho não é um conjunto de palavras, mas um poder transformador que muda tudo ao redor. Quando você declara o que Deus diz sobre você, sua vida começa a refletir essas palavras.

Quantas vezes a Bíblia evidencia o poder das palavras e da mente! Alinhe seus pensamentos à mente de Cristo, que é perfeita e cheia de poder, e então notará que a mudança começa de dentro para fora. À medida que você confessa as Escrituras com fé, a realidade ao seu redor se alinha a essas mesmas verdades de Deus. Não é sobre o que você pode fazer, mas sobre o que Deus pode fazer através de você. O Evangelho é poder e, ao crer e declará-lo, você o libera sobre a sua vida. Permita que a Palavra de Deus seja o fundamento das suas declarações e contemple a graça realizando o que parecia impossível.

Deus é fiel para cumprir a sua Palavra e capacitar você a viver a vida abundante que ele planejou. Que o Senhor o abençoe, fortaleça e conduza por dias de transformação da sua mente.

Leia hoje

Salmos 55-56 • Provérbios 28

Anotações

DECLARAÇÃO

Eu declaro que sou transformado pela Palavra de Deus, e vejo essas verdades manifestadas em minha vida.

TUDO FOI PAGO

"No qual temos a redenção, pelo seu sangue, a remissão dos pecados, segundo a riqueza da sua graça."

• Efésios 1.7 •

O texto bíblico afirma que temos redenção, que fomos comprados de volta das mãos do Inimigo e que recebemos a remissão dos nossos pecados, ou seja, o perdão pleno de todas as nossas faltas. Nada disso aconteceu por mérito, esforço ou sacrifício humano, mas segundo a riqueza da graça de Deus.

Esta é uma verdade fundamental do Evangelho: não há mais condenação para aqueles que estão em Cristo Jesus. A dívida foi quitada, a sentença foi anulada e o escrito de dívida foi rasgado. Agora, temos um relacionamento seguro com o Pai, baseado não em nossas obras, mas na obra consumada de Cristo. A Cruz proporcionou o que nenhum esforço humano poderia obter: trouxe perdão, liberdade e reconciliação com o Pai. O Senhor pagou por nossas falhas, anulando toda a condenação, e nos deu um novo caminho para vivermos livres. Isso significa que nada mais pode nos separar de Deus, pois a obra de Cristo foi suficiente. Não estamos mais sob a escravidão do pecado, mas sob a graça de Deus.

Quando você entende e crê nessa verdade, experimenta uma vida transformada pela graça. O peso da condenação e da culpa desaparece, e você passa a viver em plena paz com Deus. Lembre-se continuamente: não há mais dívida, tudo já foi pago por Cristo. Aceite essa verdade e viva em liberdade, como uma nova criação, restaurada e livre.

Em Cristo, nossa dívida foi quitada e não há mais condenação sobre nós.

Leia hoje
Salmos 57-58 • Provérbios 22

Anotações

DECLARAÇÃO

Eu fui perdoado e justificado pela obra consumada de Cristo.

PAZ, DESCANSO E CONFIANÇA

"Quando, pois, Jesus tomou o vinagre, disse: Está consumado! E, inclinando a cabeça, rendeu o espírito."

• João 19.30 •

Não há mais espaço para medo, culpa ou condenação. Tudo foi pago.

Muitas pessoas vivem em constante insegurança em seu relacionamento com Deus, sentindo-se novamente condenadas toda vez que erram. Contudo, é importante compreender que, mesmo que você tenha falhado e se sinta mal com Deus, Deus não está "de mal com você". A Cruz foi o suficiente. O sangue do Cordeiro foi suficiente. Não há mais pendências entre você e o Pai, pois o que havia contra você foi completamente removido. Pense em como seria se você recebesse a notícia de que, até o fim da sua vida, nenhuma dívida poderia recair sobre você novamente, que não importa quanto gastasse, ninguém lhe cobraria nada. Seria um alívio, não é? Foi isso que Jesus fez com os seus pecados. Toda a dívida — passada, presente e futura — foi paga de uma vez por todas.

Se essa realidade incomoda alguém, é por ainda não haver compreendido o poder do novo nascimento. A verdadeira graça não estimula o pecado, mas atrai o arrependimento. Quem nasceu de novo recebeu uma semente divina dentro de si, e essa semente deseja a Deus e anseia por ele. Quanto mais você entende a graça, mais perto quer estar de quem o ama incondicionalmente.

É isso que muda o coração. Você deixa de fugir de quem pagou sua dívida; antes, você corre para ele. Não se afasta de quem garantiu seu futuro; antes, aproxima-se com gratidão. Não há mais espaço para medo, culpa ou condenação. Agora, há paz, descanso e confiança, porque tudo foi pago.

Leia hoje

Salmos 59-60 • Provérbios 30

Anotações

DECLARAÇÃO

Eu sou livre de condenação, pois Cristo pagou a minha dívida por completo.

AGOSTO

14

Devocional

226/365

O QUE ELE FEZ É MAIOR DO QUE O QUE EU FIZ

"Porque com o coração se crê para justiça e com a boca se confessa a respeito da salvação."

• Romanos 10.10 •

A bondade de Deus nos atrai. Ela nos constrange e nos envolve, conduzindo-nos ao arrependimento. Não se trata de um peso ou uma cobrança, mas uma transformação interior, uma *metanoia*, uma mudança radical de mente. A verdade é que quem nasceu de novo não deseja mais viver no pecado. Para o cristão, o pecado deve ser um acidente, e não um estilo de vida. O desejo dentro de nós deve ser buscar o Senhor e estar perto dele, porque temos um Pai amoroso, que perdoou todos os nossos pecados.

O mais extraordinário é que, uma vez que seus pecados estão perdoados, o Diabo não pode mais tocar na sua vida. Se o salário do pecado é a morte, e você foi perdoado, a morte já não tem mais poder sobre você. Cristo tornou-o livre do medo, livre da culpa, livre da condenação. Talvez você abaixe a cabeça e diga: "você não sabe o que eu fiz". É verdade, eu não sei. Mas sei o que Cristo fez na cruz. E o que Cristo fez é infinitamente maior do que qualquer coisa que você tenha feito. Não há pecado grande demais que o sangue de Jesus não possa apagar, nem sujo demais que ele não possa lavar. Você foi perdoado.

Hoje, deixe seu passado aos pés de Cristo. Não aceite mais a condenação. Você está limpo. Você está livre. Cristo não apenas pagou sua dívida, mas também uniu você a ele em amor eterno.

O amor de Deus nos liberta da condenação e nos une a ele em amor eterno.

Leia hoje

Salmos 61-62 • Provérbios 31

Anotações

DECLARAÇÃO

O que eu fiz não é maior do que o que Cristo fez. Eu estou perdoado.

TUDO ESTÁ EM CRISTO

"[...] para compreenderem plenamente o mistério de Deus, Cristo, em quem todos os tesouros da sabedoria e do conhecimento estão ocultos."

• Colossenses 2.2b-3 •

Não há nada fora de Jesus que possa nos satisfazer.

A vontade de Deus é que sejamos tomados de toda a sua plenitude. Em Cristo estão ocultos todos os tesouros da sabedoria, do conhecimento, da graça, da cura, da paz e da provisão. Tudo de que você precisa está nele. Tudo o que você busca na vida já está em Cristo. Todo o vazio e anelo humano suplica por seu Criador, e somente se satisfará nele. Em Cristo, você é completo.

Você precisa de saúde física? A satisfação está nele. Precisa de estabilidade emocional? A satisfação está nele. Portas abertas, direção, capacidade, conexões, suprimento? A satisfação está nele. Cura da alma, restauração de casamento, paz ao coração ansioso? A satisfação está nele. Salvação? A satisfação está nele. Não há nada que falte em Cristo. Não procure resposta para as ausências do coração fora de Cristo. Não confie no braço do homem nem em sua própria força. Peca aquele que tenta resolver esses problemas antes de orar, antes de buscar ao Senhor. Quando Cristo habita em você, há satisfação. Na plenitude divina, você recebe tudo de que precisa para viver em vitória, paz e propósito.

Cristo é o nosso suprimento, nossa força e paz. Não há nada fora dele que possa nos satisfazer. Ele é a resposta para todos os anseios do nosso coração. O amor de Cristo é imensurável. Ele nos preenche com a sua plenitude.

Leia hoje

Salmos 63-64 • Provérbios 1 • João 1

Anotações

DECLARAÇÃO

Eu estou completo em Cristo, e nele encontro tudo de que preciso para viver em plenitude.

A PLENITUDE DE DEUS

"A fim de poderdes compreender, com todos os santos, qual é a largura, e o comprimento, e a altura, e a profundidade, e conhecer o amor de Cristo [...] para que sejais tomados de toda a plenitude de Deus."

• Efésios 3.18-19 •

Há uma chave neste texto: você será tomado pela plenitude de Deus à medida que tiver a revelação do quanto ele ama você. É o amor que transforma, atrai e sustenta. Hoje, quero destacar a *altura* desse amor. Qual é a altura do amor de Deus? É a distância entre o Céu e a Terra. A distância que o próprio Deus percorreu para nos encontrar. Ele não apenas desceu e caminhou entre nós. As Escrituras nos dizem que ele deixou sua glória, fez-se homem, humilhou-se até à morte, e morte de cruz (cf. Filipenses 2.5-8).

A altura do amor de Deus é a distância entre o trono e a cruz. Ele foi cuspido, rejeitado, maltratado, e tudo isso para nos resgatar. Como homem, ele sofreu por amor a você. O amor de Deus é tão grande que ele nos amou até o fim. Desceu das alturas, entregou-se, levou sobre si nossa condenação e morreu para nos dar vida.

Quando você medita nessa verdade, percebe o quanto você é amado. O amor de Deus o alcança onde você está. O amor que desceu até a cruz transforma e eleva você à eternidade, para estar com ele. Esse amor nos dá acesso à plenitude de Deus e transforma todas as áreas da nossa vida, trazendo paz e confiança.

A altura do amor de Deus é a distância entre o trono e a cruz.

Leia hoje

Salmos 65-66 • Provérbios 2 • João 2

Anotações

DECLARAÇÃO

Eu sou amado por Deus, e o seu amor me transforma, fortalece e liberta.

A PROFUNDIDADE DO AMOR DE DEUS

AGOSTO
17
Devocional
229 /365

"Mas Deus prova o seu próprio amor para conosco pelo fato de ter Cristo morrido por nós, sendo nós ainda pecadores."

• Romanos 5.8 •

Graça é quando Deus nos dá o que não merecemos.

Jesus entende você. Ele sentiu na pele as aflições humanas. Ele sofreu no corpo e na alma, foi tentado, humilhado, rejeitado e traído. Por isso, pode socorrer todo aquele que também passa por dores e tentações. A profundidade do amor de Deus nos fala disto: da distância que ele percorreu para nos alcançar, da graça incompreensível para a mente humana.

Vivemos em uma sociedade que valoriza a meritocracia. Tudo é baseado em esforço, desempenho, metas batidas e conquistas pessoais. Isso nos torna acostumados com a lógica da troca. Por essa razão, é tão difícil entender a graça e um relacionamento com Deus onde não haja barganha, mas apenas favor imerecido. Justiça é quando recebemos o que merecemos. Misericórdia é quando Deus não nos dá o que merecemos. Mas e graça? Graça é quando Deus nos dá o que não merecemos, como a vida eterna, o perdão completo e a reconciliação com ele.

Lembre-se: o Filho de Deus foi morto pelos nossos pecados. Por justiça, mereceríamos condenação. Por misericórdia, Deus decidiu não nos punir. Mas por graça, foi além: ele se fez homem, assumiu o castigo em nosso lugar e nos adotou como filhos. Ele nos salvou. Não apenas nos perdoou, mas nos fez herdeiros com Cristo.

Leia hoje

Salmos 67-68 • Provérbios 3 • João 3

Anotações

DECLARAÇÃO

Eu sou salvo pela graça de Deus e vivo como herdeiro de suas promessas.

DE INIMIGOS A FILHOS

"Assim como nos escolheu, nele, antes da fundação do mundo, para sermos santos e irrepreensíveis perante ele; e em amor [...]."

• Efésios 1.4 •

A Bíblia diz que antes éramos inimigos de Deus, mas hoje somos chamados filhos e herdeiros. Como isso foi possível? Pelo amor de Deus por meio de Jesus. Esse amor desceu aos lugares mais sombrios para nos resgatar. É um amor que não desiste, mesmo diante das nossas recaídas, fraquezas e falhas. Ele nos ama não pelo que somos, mas porque escolheu nos amar.

Imagine a situação em que um homem é traído por sua esposa, e então a perdoa. Ela o trai novamente, e ele outra vez a perdoa. Contudo, ela decide se entregar à prostituição. Mesmo assim, ele vai atrás dela e a busca no prostíbulo, levando-a de volta para casa. Ele não a rejeita nem a acusa. Em vez disso, esse esposo a restaura, com o coração cheio de compaixão e perdão. Para alguns, isso pode soar chocante e até ofensivo, não é? Essa, porém, é uma história bíblica, a história de Oseias e Gômer. Nas Escrituras, nós somos comparados a Gômer. Nossos erros e traições contra Deus, repetidamente cometidos contra ele, são refletidos aí. Quantas vezes traímos o Senhor? Mas, assim como Oseias, Deus não desiste de nós. Ele insiste em nos buscar, perdoar e restaurar.

O amor de Deus é um amor que vai além da lógica humana, que perdoa sem restrições e nos chama de volta à sua presença. Profundo demais para ser compreendido, só pode ser experimentado. Portanto, renda-se a ele hoje.

O amor de Deus é profundo demais para ser compreendido, só pode ser experimentado.

Leia hoje

Salmos 69-70 • Provérbios 4 • João 4

Anotações

DECLARAÇÃO

Eu sou amado e restaurado por Deus e vivo em sua graça, por seu amor.

VITORIOSO NA ADORAÇÃO

"Porém tu, Senhor, és o meu escudo, és a minha glória e o que exaltas a minha cabeça. Com a minha voz clamo ao Senhor, e ele do seu santo monte me responde."

• Salmos 3.3-4 •

Na adoração, Deus traz vitória e nos responde com sua intervenção.

É possível vencer sem levantar espada? É possível destruir exércitos apenas levantando a voz em adoração? A Bíblia diz que sim. Segundo as Escrituras, adorar não é apenas cantar, mas reconhecer a grandeza de Deus e responder a ela com devoção. A adoração é o lugar onde a presença de Deus se manifesta e onde experimentamos vitória, não porque merecemos, mas porque ele é fiel.

O texto de Salmos 3.3-4 nos lembra de que o Senhor é o nosso escudo e a nossa glória. Quando clamamos em seu nome, ele nos responde. Não importa onde esteja ou o que enfrente, a adoração abre o caminho para a intervenção divina na sua vida. Quando você se coloca em atitude de adoração, Deus age e traz proteção, direção e resposta.

Por um lado, ao reclamar, você exalta o problema; por outro, ao adorar, você exalta a Deus. Na santa adoração, você declara quem é maior e quem é por você, afirmando que somente ele é Deus — não o problema nem o Inimigo. E isso honra o nome do seu Deus. Hoje, seja vitorioso a partir da adoração, pois o Senhor é aquele que exalta a sua cabeça e responde poderosamente.

Leia hoje

Salmos 71-72 • Provérbios 5 • João 5

Anotações

DECLARAÇÃO

Eu decido honrar e glorificar a Deus por meio da adoração.

IMPERFEITOS TAMBÉM CLAMAM

"Deus é o nosso refúgio e fortaleza, socorro bem-presente nas tribulações."

• Salmos 46.1 •

Essa é uma das declarações mais lindas de proteção e socorro. Quando Davi fala de "escudo", ele está se referindo ao escudo de guerra que protegia todo o corpo, não apenas um pequeno adorno, mas um paredão de proteção da cabeça aos pés. Ele expressa que a proteção de Deus é completa: cobre mente, emoções, coração e todo o caminho.

O salmista afirma que Deus é aquele que levanta a sua cabeça. Quantas vezes enfrentamos lutas que nos deixam prostrados, com a cabeça baixa, desencorajados a levantar os olhos e clamar a Deus? O peso da ansiedade, do estresse ou da culpa tenta nos fazer olhar para baixo, mas o Senhor se aproxima do coração quebrantado que se derrama. Ele não nos deixa caídos. Será que Davi clamava a Deus por considerar-se perfeito? Não. Ele clamava porque conhecia a Deus. Ele sabia que, ao clamar, seria ouvido. Da mesma forma, a resposta divina ao nosso clamor não depende da nossa perfeição, mas da fidelidade do nosso Pai, que nos vê em Cristo.

Louvar é não colocar os olhos no problema, mas focar em Jesus, que tem a solução. Hoje, receba a vitória a partir da adoração. Mude o foco. Tire os olhos de sua imperfeição e coloque os olhos naquele que cumpriu o sacrifício perfeito, o Príncipe da Paz.

A resposta divina ao nosso clamor não depende da nossa perfeição.

Leia hoje

Salmos 73-74 • Provérbios 6 • João 6

Anotações

DECLARAÇÃO

Eu exalto a Deus em adoração, e nele encontro vitória, força e paz.

QUANDO NÃO SOUBER O QUE FAZER, ADORE

"Deus é espírito; e importa que os seus adoradores o adorem em espírito e em verdade."

• João 4.24 •

A adoração transforma o caos em solo fértil para o milagre.

Nos momentos mais difíceis da minha vida, enfrentei desafios muito intensos. Separei 21 dias de jejum e nada parecia resolver. Durante esses dias, clamei, intercedi, chorei aos pés de Jesus, mas nada acontecia. Em meio ao clamor desesperado, conversei com um querido pastor, Aluízio, que me ajudou a mudar o rumo da estação que enfrentava. Ele me disse: "Naor, vá para a sua casa. Por uma semana, apenas cante. Apenas adore". Naquele instante, algo foi desbloqueado no meu espírito. Voltei para casa e obedeci. Sem buscar respostas ou questionar a Deus, apenas me rendi em adoração.

Essa experiência se tornou uma das maiores lições da minha vida: quando não souber o que fazer, adore ao Senhor. Não espere entender tudo. Adore aquele que vive, que reina, que permanece entronizado mesmo quando tudo ao seu redor parece desabar. Quando você adora em meio ao caos, os Céus se manifestam, o inferno se cala e a alma se aquieta. Em adoração, a presença de Deus invade o ambiente com paz, clareza e descanso.

Adoração é guerra espiritual em forma de rendição. É como dizer: "eu não controlo, apenas confio". E Deus responde. Não porque você mereceu, mas porque decidiu confiar mesmo sem entender. Escreva isto no seu coração: "Quando não souber o que fazer, adore ao Senhor".

Leia hoje

Salmos 75-76 • Provérbios 7 • João 7

Anotações

DECLARAÇÃO

Quando não souber o que fazer, escolherei adorar. Hoje, entrego, confio e espero no Senhor.

AGOSTO
22
Devocional
234 /365

LIVRE PARA PROSSEGUIR

"Irmãos, quanto a mim, não julgo havê-lo alcançado; mas uma coisa faço: esquecendo-me das coisas que para trás ficam e avançando para as que diante de mim estão, prossigo para o alvo [...]"

• Filipenses 3.13-14 •

A Palavra nos exorta: "esquecendo-me das coisas que para trás ficam, prossigo para o alvo". Como fazer isso? Olhando firmemente para o Autor e Consumador da nossa fé, Jesus Cristo. Todas as vezes que o passado bater à sua porta, declare com fé: "Eu sou uma nova criatura, pois fui perdoado e reconciliado. Não tenho mais passado, pois nasci de novo". Para avançar você também precisa perdoar. Quem guarda mágoa é como alguém que carrega um cadáver amarrado à alma, que contamina e paralisa.

Paulo escreveu: "Quem me livrará do corpo desta morte?", fazendo referência a um antigo método de execução romana: amarrar um corpo morto a um criminoso vivo até que este também morresse. Assim é a mágoa. Ela adoece quem a carrega. Quando somos feridos, a vingança tenta assumir o controle. Mas hoje, isso precisa ser rejeitado. Perdoar não é sentir, é decidir. Talvez você diga: "Não consigo perdoar". Então, diga a Deus: "Senhor, eu quero perdoar, então eu perdoo. Tire de mim esse ódio". Pela fé, libere o perdão.

Pensamentos como "nada de bom me espera" devem ser lançados fora. Creia e declare: "Coisas boas me esperam". O favor de Deus o cercará como um escudo. Há grandes bênçãos que acompanham o perdão liberado.

O perdão rompe com o passado e abre caminho para o novo de Deus.

Leia hoje

Salmos 77-78 • Provérbios 8 • João 8

Anotações

DECLARAÇÃO

Esqueço o que ficou para trás. Perdoo, avanço e declaro: coisas boas me esperam no Senhor.

PENSE PODEROSAMENTE

"Porque, como imagina em sua alma, assim ele é [...]."

• Provérbios 23.7 •

A maneira como você pensa define o rumo da sua vida com Deus.

A verdadeira transformação ocorre quando sua mente se alinha à verdade. O versículo mencionado revela que aquilo que pensamos a nosso respeito tem poder sobre quem nos tornamos. Os pensamentos moldam a vida. Renovar a mente é mais do que um exercício espiritual, é uma chave para experimentar tudo o que Deus planejou para nosso bem.

Como cristão, você já nasceu de novo no espírito, e seu corpo será glorificado no futuro. Mas, hoje, é a alma — mente, emoções e vontade — que precisa ser transformada. A exposição à Palavra de Deus é a única forma de transformar nossa mente e encher-nos de pensamentos corretos. Pensar como Deus pensa é o caminho para viver como ele deseja. É por isso que a fé correta gera vida correta. Quando você crê que é amado, justificado e guardado, suas atitudes mudam, suas decisões melhoram e sua esperança se renova.

Por isso, pense poderosamente. Escreva essa verdade no seu coração. Não aceite viver refém de mentiras antigas ou crenças distorcidas. Abandone o medo, a culpa, a rejeição e agarre-se às promessas bíblicas. Quando a mente é renovada pela Palavra, tudo muda. Louve, declare a verdade e permita que sua mente seja cheia da luz de Deus.

Leia hoje

Salmos 79-80 • Provérbios 9 • João 9

Anotações

DECLARAÇÃO

Alinho minha mente com a verdade de Deus e declaro: sou amado, justificado e cheio do Espírito.

ROMPA PENSAMENTOS LIMITANTES

"Tudo posso naquele que me fortalece."

• Filipenses 4.13 •

Muitas vezes, vemo-nos diante de um problema e acreditamos que não poderemos vencê-lo. Pensamos que não há saída e que chegou o nosso fim. Esses pensamentos paralisantes são chamados de pensamentos limitantes. Eles travam nossa alma, impedem o avanço, sabotam a fé e distorcem o que Deus diz a nosso respeito. A forma como você se enxerga define a maneira como você vive.

Por isso, a renovação da mente a partir das verdades bíblicas é essencial. Se você acredita que não pode, viverá travado. Mas se crê que em Cristo pode todas as coisas, então essa verdade o libertará. Desde o Éden, o Diabo ataca a nossa identidade. Ele tentou confundir Eva e teve êxito. Depois, fez o mesmo com Jesus no deserto, dizendo: "Se tu és o Filho de Deus...", tentando semear dúvida sobre quem ele era. Esta estratégia continua viva: confundir sua mente para roubar seu destino. Contudo, em Cristo, você pode enfrentar escassez ou abundância, tristezas ou alegrias, desertos ou montanhas, mas em tudo confiará nele.

Hoje, encha sua mente da verdade de Deus, substituindo cada mentira por declarações de fé. Diga com convicção: "Eu sou quem Deus diz que eu sou". Você é mais que vencedor. É amado, escolhido, chamado e capacitado. Sua mente não precisa mais ser cativa da dúvida. Você tem a mente de Cristo.

A forma como você se enxerga define a maneira como você vive.

Leia hoje

Salmos 81-82 • Provérbios 10 • João 10

Anotações

DECLARAÇÃO

Eu sou quem Deus diz que eu sou. Em Cristo, posso todas as coisas.

DO QUE ESTÁ CHEIO O SEU CORAÇÃO?

"O homem bom do bom tesouro do coração tira o bem, e o mau do mau tesouro tira o mal; porque a boca fala do que está cheio o coração."

• Lucas 6.45 •

Pare de pensar com base na culpa, enchendo o coração de lixo. Encha-se da Palavra!

Leia hoje

Salmos 83-84 • Provérbios 11 • João 11

Anotações

Memorize esta verdade: "A vida é determinada pelos pensamentos". Se você deseja mudar sua vida e seu futuro, comece a mudança pela mente. A Palavra de Deus tem o poder de transformar pensamentos e realinhar identidades. Aquilo que você pensa todos os dias molda quem você é e o que vive. Não é possível pensar como um derrotado e viver como um vencedor. A vida sempre seguirá os pensamentos.

Se sua mente estiver cheia de medo, escassez e rejeição, sua realidade será marcada por insegurança, limitação e dor. Contudo, se sua mente estiver cheia da verdade do Evangelho, você contemplará paz, provisão e direção. Comece agora a substituir mentiras por verdades eternas. Abandone pensamentos antigos e declare: "Eu sou quem Deus diz que eu sou". Encha seu coração da Palavra de Deus e retire daí bons tesouros!

Pare de pensar com base na culpa, enchendo o coração de lixo, e comece a viver a partir de uma consciência do perdão. Deixe a mentalidade de falta e abrace a mentalidade da abundância da graça. Recuse a imagem de fracasso e assuma a vitória de Cristo. Decida hoje encher sua mente com a Palavra e declarar com ousadia: "Eu me vejo como o Senhor me vê". Essa verdade será o ponto de partida para uma transformação real, de dentro para fora.

DECLARAÇÃO

Meus pensamentos serão guiados pela verdade bíblica.

NÃO ESCUTE A SERPENTE

"Mas receio que, assim como a serpente enganou a Eva com a sua astúcia, assim também seja corrompida a vossa mente e se aparte da simplicidade e pureza devidas a Cristo."

• 2Coríntios 11.3 •

A verdade é que todos enfrentamos dias bons e dias difíceis, dias de sol e dias de chuva. Há manhãs de ânimo e outras em que as lutas parecem intensas demais. Independentemente se sorrimos ou choramos, existe uma realidade que nos sustenta: o Senhor é a nossa força. Ele é a nossa fonte diária, quem levanta a nossa cabeça e fortalece o nosso coração. Por outro lado, existe uma batalha invisível acontecendo todos os dias: um esforço diabólico contra a nossa mente.

O apóstolo Paulo nos alertou sobre isso. O engano da serpente começa na mente, como ocorreu com o sibilar maligno lançado a Eva em Gênesis 3. O Diabo distorce a imagem de Deus e tenta romper a simplicidade da nossa comunhão com Cristo. A palavra "corromper", no original grego, era usada para descrever o momento em que o templo, isto é, a casa de Deus, era contaminado ou negligenciado. Da mesma forma, quando damos ouvidos às mentiras do Diabo, permitimos que nossa mente se contamine e afastamo-nos da pureza da fé.

Lembre-se de que o Evangelho desfaz o engano. Ele restaura a clareza e nos conduz de volta à essência: Cristo em nós. Não precisamos complicar o relacionamento com Deus. Ele é real, presente, acessível e fiel. Hoje, você pode se voltar a ele com confiança, porque a graça leva você muito além do que poderia imaginar.

A simplicidade do Evangelho vence os enganos da serpente.

Leia hoje

Salmos 85-86 • Provérbios 12 • João 12

Anotações

DECLARAÇÃO

Renovo minha mente com a verdade de Cristo. Volto à simplicidade e descanso na graça de Deus.

O TOQUE RESTAURADOR

"Ora, descendo ele do monte, grandes multidões o seguiram. E eis que um leproso, tendo-se aproximado, adorou-o, dizendo: Senhor, se quiseres, podes purificar-me. E Jesus, estendendo a mão, tocou-lhe, dizendo: Quero, fica limpo! E imediatamente ele ficou limpo da sua lepra."

• Mateus 8.1-3 •

A graça não recua diante da sujeira, ela se aproxima e a desfaz.

Leia hoje

Salmos 87-88 • Provérbios 13 • João 13

Anotações

Nessa passagem, Jesus não curou o leproso a partir da palavra. Jesus o tocou. Isso era algo absolutamente proibido na cultura judaica! A lepra era considerada uma impureza cerimonial, um símbolo do pecado. Quem tocasse um leproso tornava-se impuro. Mas Jesus inverteu essa lógica. Ele não foi contaminado pela lepra; na verdade, foi a sua santidade que purificou o homem. Aquele toque curou o corpo, mas também restaurou a alma. O leproso não era apenas doente, ele era excluído, rejeitado, invisível. Jesus o viu, aproximou-se e o tocou com compaixão. Foi uma cura completa.

Foi Jesus quem lhe devolveu dignidade, valor e pertencimento. E disse: "Quero, fica limpo". Essas palavras ecoam até hoje para todos nós. Jesus deseja nos curar, restaurar e tocar áreas do coração que ninguém mais se atreveria a tocar. Esta é a essência da graça: o pecado não tem poder de contaminar a Cristo; é Cristo quem tem o poder de purificar o pecador. A graça não recua diante da sujeira, ela se aproxima e a desfaz.

Hoje, ele continua dizendo "eu quero". Ele quer curar as feridas que ninguém vê. Ele quer afirmar sua identidade, quando até você duvida de quem seja. Ele quer abraçar você com graça e renovar a sua alma.

DECLARAÇÃO

O Senhor quer me curar. Ele me toca com a sua graça e me purifica com o seu amor.

DESCANSO: A VERDADEIRA TERRA PROMETIDA

"Vinde a mim, todos os que estais cansados e sobrecarregados, e eu vos aliviarei."

• Mateus 11.28 •

A Bíblia apresenta o descanso como nossa verdadeira terra prometida. No Antigo Testamento, Canaã era o lugar físico onde o povo de Israel deixaria para trás os anos de escravidão, os sofrimentos e as humilhantes lutas, entrando em um tempo de paz e prosperidade. Hoje, essa promessa é muito mais profunda e acessível: Cristo é o nosso descanso, em quem encontramos alívio e renovação.

Esse descanso já não é um local nem uma condição humana e material, mas um estado espiritual alcançado pela fé em Jesus. Quem crê verdadeiramente nele pode descansar em meio às responsabilidades e desafios da vida, pois a confiança em Deus traz paz ao coração. Não se trata de inatividade ou ausência de trabalho, mas de viver com o coração tranquilo, livre da ansiedade, sabendo que o Senhor cuida de cada detalhe. Podemos agir, liderar, servir e trabalhar com alegria, confiantes de que ele está no controle e proverá tudo de que precisamos.

Esse descanso é fruto da confiança plena na fidelidade e no cuidado de Deus. Quando descansamos em Cristo, nossa alma repousa e a paz que excede todo entendimento guarda nosso coração e mente. Nele, somos fortalecidos para caminhar com esperança, coragem e firmeza, independentemente das circunstâncias.

Em Cristo, recebo o descanso que renova a minha alma.

Leia hoje

Salmos 89-90 • Provérbios 14 • João 14

Anotações

DECLARAÇÃO

Confio no cuidado de Deus e caminho em paz e confiança.

A BATALHA NA MENTE E NO CORAÇÃO

"Sobre tudo o que se deve guardar, guarda o coração, porque dele procedem as fontes da vida."

• Provérbios 4.23 •

A vitória começa em pensamentos alinhados com a verdade.

A estratégia do Diabo é sempre a mesma. Ele não é criativo, sempre tenta corromper a nossa mente com mentiras sobre quem Deus é e sobre quem nós somos para ele. Quando crescemos ouvindo frases como "o Papai do céu castiga!" ou "Cuidado! Deus está vendo!", moldamos uma imagem distorcida de Deus. Essa visão pautada no medo prejudica a nossa fé, e os pensamentos que cultivamos ditam muito da vida que viveremos. Você não pode viver vitória pensando em derrota, nem experimentar suprimento a partir de pensamentos de escassez.

Se você se vê fraco, viverá de forma limitada. Mas, quando começa a pensar poderosamente, ou seja, conforme a Palavra, tudo muda. A vitória começa na mente. Pensamentos de medo, escassez e enfermidade drenam a força, mas levantar-se com declarações de fé como "nenhuma arma forjada contra mim prosperará" renova a força e o ânimo.

Provérbios 4.23 nos chama a vigiar o coração que, na linguagem bíblica, representa a mente e as emoções. A mente é um campo de batalha. Se o Inimigo o fizer focar em si mesmo, ele vencerá. Mas se olhar para Cristo e para o que ele já fez por você, então será vitorioso nele. Hoje, proteja seus pensamentos enchendo sua mente com a Palavra.

Leia hoje

Salmos 91-92 • Provérbios 15 • João 15

Anotações

DECLARAÇÃO

Minha mente é protegida pela verdade de Deus. Penso com fé, creio firmemente e vivo em ousadia.

A NOVA MENTE EM CRISTO

"E, assim, se alguém está em Cristo, é nova criatura; as coisas antigas já passaram; eis que se fizeram novas."

• 2Coríntios 5.17 •

Levar a mente cativa à obediência de Cristo significa decidir pensar com base no que ele fez: cumpriu a Lei, venceu o pecado e a morte, pagou a dívida, ressuscitou e reina soberanamente. Viver segundo o padrão de tudo que se fez novo, inclusive a mentalidade, não depende do que se sente, mas do que se escolhe viver. A fé não é sentimento, é decisão. É uma batalha diária, sim, mas ela é vencida com perseverança. Pensamentos são como pássaros: você não pode impedir que sobrevoem sua mente, mas pode impedir que façam ninho nela.

O Diabo tenta consultar o seu passado para paralisar o seu presente e atormentar o seu futuro. Ele revive traumas, lembranças, erros e fraquezas para trocar a sua confiança por medo. Mas Deus não olha para o seu passado a fim de definir o seu futuro. Ele olha para o seu unigênito Filho. E Cristo é a resposta definitiva para a sua vida. Você foi feito novo nele. Sua mente foi renovada. A pessoa rejeitada, ferida, traída ou abandonada que você foi não existe mais. Você tem um novo nome e uma nova identidade. Você tem uma nova forma de pensar.

Escolha hoje pensar conforme a Bíblia. Quando pensa com a mente de Cristo, tudo muda, pois a Palavra alinha a sua identidade. Com ela, você aprende que não é o que fizeram com você. Você é o que Deus diz que é. Hoje, pense com fé, fale com fé, caminhe com fé.

Fomos feitos novos em Cristo. Temos a mente de Cristo.

Leia hoje

Salmos 93-94 • Provérbios 16 • João 16

Anotações

DECLARAÇÃO

Tenho a mente de Cristo. Deixo o passado e vivo o novo que Deus tem para mim.

SABEDORIA NO FALAR E NO CALAR

"O coração do sábio é mestre da sua boca e aumenta a persuasão nos seus lábios."

• Provérbios 16.23 •

O sábio sabe o que dizer, quando dizer e como dizer.

Leia hoje

Salmos 95-96 • Provérbios 17 • João 17

Anotações

Dizem que um homem sábio teve um problema com sua esposa. Ela discutia, e ele apenas ouvia. Não porque fosse indiferente, mas porque sabia que o silêncio, às vezes, é a melhor resposta. A Bíblia diz que até o tolo, quando se cala, pode parecer sábio. Isso não quer dizer que o silêncio resolva tudo, mas há momentos em que ele é a escolha mais prudente. Saber a hora certa de falar é sabedoria e escolher a hora certa de calar também.

A sabedoria não é ausência de opinião, mas a manifestação da presença de discernimento. É saber como e quando expressar o que se pensa, e escolher bem as palavras. No casamento, por exemplo, a sabedoria está em não disputar por quem tem a razão, mas em proteger a relação. Aqui em casa, eu e minha esposa temos um acordo: ela decide as coisas pequenas e eu as grandes. E, em mais de trinta anos juntos, nunca mais tivemos decisões grandes para tomar! Brincadeiras à parte, isto é sabedoria: ceder quando necessário, calar quando for prudente e, acima de tudo, escolher bem o que realmente vale a pena discutir.

Peça sabedoria a Deus. Ame-a e busque entendê-la. A Bíblia diz que quem a ama será protegido, e quem a busca será guardado. A sabedoria é uma bênção prática que transforma decisões, protege relacionamentos e sustenta a vida com equilíbrio.

DECLARAÇÃO

Eu escolho viver com sabedoria. O Espírito Santo me ensina e guia minhas palavras e atitudes.

Setembro

09 — 12

RICO EM ESPERANÇA

"E o Deus da esperança vos encha de todo o gozo e paz no vosso crer, para que sejais ricos de esperança no poder do Espírito Santo."

• Romanos 15.13 •

Esperança verdadeira nasce de uma mente renovada pela graça.

Esperança é expectativa de coisas boas. E Deus deseja que você seja *rico* em esperança, não pelo esforço humano ou pensamento positivo, mas pelo poder do Espírito Santo e pela fé na Palavra. O Evangelho gera fé, e a fé produz esperança. Não é automático, mas é acessível. A fé não é um sentimento, mas uma decisão. Quando pensamentos de medo, fracasso ou escassez surgirem, rejeite-os. Eles são como pássaros: você não pode impedir que sobrevoem sua mente, mas pode impedir que façam ninho nela.

Deus nos chama a uma transformação interior, contínua, que muda nossa maneira de pensar e, por consequência, nossa maneira de viver. Esse processo se chama renovação da mente. A palavra usada em Romanos 12.2 para "renovação" é *anakainosis*, que significa restauração completa, mudança profunda para melhor. Isso acontece quando nos expomos à verdade do Evangelho, quando mergulhamos na Palavra e deixamos que a graça nos molde por dentro.

É isto que estamos fazendo aqui: renovando a mente pela Palavra. A cada leitura, algo está sendo restaurado, alinhado, edificado em seu interior. Deus deseja que você transborde de esperança. Não aceite pensamentos derrotistas. Decida crer. Ouse pensar como Deus pensa. E sua vida começará a refletir aquilo que ele já declarou a seu respeito.

Leia hoje

Salmos 97-98 • Provérbios 18 • João 18

Anotações

DECLARAÇÃO

Sou cheio de esperança. Minha mente é renovada pela Palavra e minha fé cresce no Espírito.

RENOVE SUA MENTE TODOS OS DIAS

"Alegrai-vos sempre no Senhor; outra vez digo: alegrai-vos."

• Filipenses 4.4 •

A renovação da mente não é um evento isolado, mas um processo contínuo e diário. Esse processo começa quando você escolhe ouvir, meditar e crer na verdade do Evangelho. A transformação que Deus realiza em nós não acontece de fora para dentro, mas no sentido inverso. Quanto mais você se expõe à Palavra da graça, mais os padrões antigos vão sendo quebrados e pensamentos alinhados com Cristo ocupam o lugar das mentiras. Essa renovação não apenas melhora sua vida, ela alegremente redefine o seu destino.

A sua vida é influenciada pelos pensamentos que você alimenta. Se você se encher de culpa, medo, escassez ou condenação, viverá travado, inseguro e oprimido. Mas se você encher sua mente com a verdade de que é amado, justificado, suprido e cheio do Espírito Santo, passará a experimentar a leveza da graça e a plenitude da vida em Deus, que produzirão grande alegria em seu interior. Esta é a essência da fé: escolher acreditar no que Deus diz, ainda que os sentimentos digam o contrário.

Por isso, alegre-se. Mesmo que nem tudo esteja como você gostaria, regozije-se no Senhor. Essa alegria é fruto da confiança e da mente renovada. Deus é bom, e ele preparou coisas boas para você. Decida pensar com fé, declare a verdade da Palavra e veja sua vida ser transformada, um pensamento de cada vez.

Renovar a mente é abrir caminho para a alegria e a plenitude de Deus.

Leia hoje

Salmos 99-100 • Provérbios 19 • João 19

Anotações

DECLARAÇÃO

Regozijo-me no Senhor. Minha mente é renovada pela graça e minha vida segue o rumo da verdade.

A BASE DO MILAGRE É A GRAÇA

"E vieram a ele muitas multidões trazendo consigo coxos, aleijados, cegos, mudos e muitos outros e os largaram junto aos pés de Jesus; e ele os curou."

• Mateus 15.30 •

Jesus não exige perfeição para agir; ele responde ao coração quebrantado.

Talvez você se sinta desanimado, sem esperança ou sem perspectiva. Mas hoje quero lembrá-lo de algo poderoso: no Senhor, a cada manhã, podemos começar de novo. Não importa o que aconteceu ontem, sempre há esperança para quem decide se aproximar dele.

O versículo mencionado mostra multidões indo até Jesus, levando todo tipo de gente: doentes, feridos, quebrados, muitos com histórias difíceis e marcados por erros e más decisões. Contudo, o que impressiona é que Jesus não fez exigências. Ele não questionou ninguém. Não perguntou se estavam orando, se conheciam a Torá ou se haviam pecado. Ele apenas os curou. Isso é graça. Graça é Deus oferecendo tudo a quem não tem nada para dar em troca. O amor de Deus não está condicionado ao seu desempenho. Ele o ama porque você é filho. Não há nada que possa fazer para que ele o ame mais, nem erro que o faça amá-lo menos.

Seus pecados não anulam o amor de Deus. Não tente se corrigir antes de se aproximar. Apenas vá. A base do milagre não está na sua performance, mas na compaixão graciosa do Pai. Assim como você ama seus filhos mesmo quando falham, Deus ama você infinitamente mais. Vá até ele com confiança. Ele continua curando, restaurando e acolhendo.

Leia hoje

Salmos 101-102 • Provérbios 20 • João 20

Anotações

DECLARAÇÃO

A graça é a base da minha vida. Não preciso merecer, apenas me aproximar. Sou amado e acolhido por Deus.

INVISTA NA PRÓXIMA GERAÇÃO

"[...] desde a infância, sabes as sagradas letras, que podem tornar-te sábio para a salvação pela fé em Cristo Jesus."

• 2Timóteo 3.15 •

Recentemente, recebi o testemunho de uma criança. Ela disse que, quando faz o devocional antes de dormir, sente que Jesus está ao seu lado, e por isso tem sonhos bons. Mas, quando não o faz, tem pesadelos. Isso revela algo profundo: a exposição à Palavra transforma até os corações mais ingênuos. O Espírito Santo age onde há abertura, e as crianças têm uma sensibilidade preciosa para perceber a presença de Deus. Por isso, faço um apelo sincero: invista na vida de uma criança.

Presentear uma criança com um devocional infantil é mais do que dar um livro, é plantar nela uma semente eterna. É fortalecer a fé, moldar o caráter e construir um alicerce firme. Não subestime o poder desse gesto. Muitas famílias são alcançadas quando uma criança leva Jesus para dentro de casa. Ensinar desde cedo que elas são amadas, perdoadas e chamadas para viver uma vida plena é proteger a mente e o coração delas do engano deste mundo. Ter o coração como o de uma criança, isto é, desarmado e inocente, é condição para experimentar o mesmo que ela recebeu: a presença do Pai.

E para você, renove sua mente com a verdade do Evangelho. Comece cada dia lembrando: você é amado, perdoado e aceito. Abençoe e seja abençoado. Que o amor do Evangelho encha o seu coração e o faça transbordar. E que esse amor também alcance os pequenos que cruzarem o seu caminho. Conheça o nosso devocional na Presença do Pai Kids;[1] todo ilustrado e com mesma mensagem, na linguagem delas. Acesse o site www.loja.vidanagraca.com.

Uma semente de fé plantada no coração de uma criança floresce por toda a vida.

Leia hoje

Salmos 103-104 • Provérbios 21 • João 21

Anotações

DECLARAÇÃO

A mesma graça que alcança o coração simples de uma criança também alcança o meu coração.

[1] PEDROZA, Naor. *Na presença do Pai Kids*. Pedroza publicações, 2025.

VOCÊ FOI EQUIPADO PARA VENCER

SETEMBRO
05
Devocional
248 /365

"Não vos sobreveio tentação que não fosse humana; mas Deus é fiel e não permitirá que sejais tentados além das vossas forças; pelo contrário, juntamente com a tentação, vos proverá livramento, de sorte que a possais suportar."

• 1Coríntios 10.13 •

Junto com a provação, Deus envia o escape e a força para vencer.

Quando você está fragilizado, o Inimigo intensifica suas investidas. Ele tenta convencê-lo de que o problema é grande demais, de que não há saída e você não vai conseguir nada. Ele lança pensamentos como: "Sou um fracasso", "Nada vai dar certo", "Meu casamento acabou". Mas esses pensamentos, que parecem seus, são setas malignas. O Diabo fala na primeira pessoa para enganar você, semeando incredulidade e desânimo.

A mente é um campo de batalha. É nela que você vence ou perde. Por isso, não aceite pensamentos de derrota. Mude a rota. Declare: "O problema é grande, mas fui equipado por Deus para cada batalha", "O que Deus começou em mim, ele vai completar", "Tudo posso naquele que me fortalece". Deus é fiel, e ele nunca permitirá que a tentação seja maior do que a sua capacidade de suportá-la. Com cada provação, ele oferece também o escape, a força e a vitória.

Embora o Inimigo lance você na cova dos leões, o Senhor estará lá para fechar a boca dessas criaturas. Pode vir a fornalha, mas ele estará com você no fogo. Junto com a provação, virá revelação, graça, favor e fé. Não se renda aos pensamentos mentirosos do Inimigo. Levante-se com a verdade e lute com as armas que Deus lhe deu. Você foi equipado para vencer.

Leia hoje

Salmos 105-106 • Provérbios 1

Anotações

DECLARAÇÃO

Sou fortalecido por Deus. Nenhuma tentação é maior do que a graça que está sobre mim.

VOCÊ PODE CONQUISTAR

"Graças, porém, a Deus, que em Cristo sempre nos conduz em triunfo e, por meio de nós, manifesta em todo lugar a fragrância do seu conhecimento."

• 2Coríntios 2.14 •

Se você estiver preso em pensamentos de incapacidade, acreditando que permanecerá sempre paralisado, lembre-se de que há solução em Jesus. Se você vigiar sua mente e rejeitar a prostração e o desânimo, começará a experimentar o sobrenatural. Lembra-se dos doze espias? Dez olharam para os gigantes e espalharam medo. Josué e Calebe, por outro lado, olharam para a promessa e disseram: "Podemos conquistar". A diferença não estava na força física nem no cenário, mas no tipo de pensamento que escolheram alimentar.

A diferença entre um crente vitorioso e um derrotado está na mente. Os dez espias contaminaram uma nação com incredulidade, e seus pensamentos distorcidos os fizeram vagar por 40 anos no deserto. Hoje, os pensamentos que ocupam sua mente também têm poder: podem prolongar o deserto ou acelerar a chegada à terra prometida. Aquilo em que acreditar hoje definirá onde estará amanhã.

A fé olha para a promessa. A incredulidade olha para o problema. A boa notícia é que Deus já declarou: em Cristo, você será sempre conduzido em triunfo. Se há uma batalha hoje, já há graça suficiente liberada para vencê-la. Triunfe sobre os pensamentos negativos. Renove sua mente com a verdade. Deus é com você, e ele jamais o deixará só.

A fé que você escolhe alimentar hoje define o destino que você alcançará amanhã.

Leia hoje

Salmos 107-108 • Provérbios 2

Anotações

DECLARAÇÃO

Renovo minha mente com a verdade. Deus me conduz em triunfo, e posso conquistar o impossível.

CONDUZIDO EM TRIUNFO

SETEMBRO

07

Devocional

250 /365

"Em todas estas coisas, porém, somos mais que vencedores, por meio daquele que nos amou."

• Romanos 8.37 •

A vitória não é ocasional, mas uma condição permanente de quem está em Cristo.

Leia hoje

Salmos 109-110 • Provérbios 3

Anotações

Na vitória de Cristo sobre o pecado, o ego e a fraqueza humana, somos conduzidos em triunfo. A Palavra não diz que isso acontece de vez em quando, mas *sempre*. É uma promessa. Cristo não apenas triunfa sobre nós, conquistando nosso coração com amor, como também nos conduz em triunfo por meio dele. A Bíblia afirma que, no Senhor, somos mais do que vencedores. Não pelo nosso mérito, mas pelo amor incondicional que nos alcançou.

Mesmo que o momento atual esteja difícil, mantenha a perspectiva certa. A vitória está no seu futuro. A cura está a caminho. A abundância, as novas conquistas, a liberdade e a superação estão vindo na sua direção. Permaneça firme na fé, alinhando sua mente à Palavra. Não olhe para o tamanho do problema, mas para a grandeza do seu Deus.

O Senhor abriu o mar, fechou a boca dos leões, ressuscitou mortos. Quando você crê que tudo é possível, seus pensamentos seguem na direção certa. A Bíblia diz que, se o Inimigo vier por um caminho, Deus o fará fugir por sete (cf. Deuteronômio 28.7). Porque maior é o que está em você do que o que está no mundo (cf. 1João 4.4). Então, levante-se e declare: eu sou vencedor em Cristo.

DECLARAÇÃO

Em Cristo sou mais do que vencedor. Protejo a minha mente com a verdade e sigo guiado pela promessa.

SETEMBRO

08

Devocional

251/365

PENSE COMO JOSUÉ E CALEBE

"Tão somente não sejais rebeldes contra o SENHOR e não temais o povo dessa terra, porquanto, como pão, os podemos devorar; retirou-se deles o seu amparo; o SENHOR é conosco; não os temais."

• Números 14.9 •

Números 14.9 nos ensina a não temer como o mundo o faz. Se tememos a Deus, não precisamos ter medo de mais nada, porque ele nos mantém seguros. Quando olhamos para os desafios com olhos naturais, somos tentados a recuar, mas a fé vê as coisas de forma diferente. Josué e Calebe viram os mesmos gigantes que os outros dez espias, mas escolheram pensar segundo a promessa. Eles não eram mais fortes fisicamente, apenas divergiram, e isso foi o diferencial no momento.

A diferença entre o crente que se sente vencedor e o que se sente derrotado está nos pensamentos que cada um decide cultivar. Dez homens contaminaram toda uma nação com medo. Por outro lado, dois homens sustentaram a fé e, por isso, entraram na terra prometida. O que você acreditar hoje definirá onde estará amanhã. Portanto, proteja a sua mente. Não padeça no deserto por causa de pensamentos errados.

O texto de 2Coríntios 2.14 afirma que, em Cristo, somos sempre conduzidos em triunfo. Essa promessa não mudou; antes, segue de pé. Creia nela e renove a sua mente a partir da Palavra. Declare que é abençoado, curado, restaurado, capacitado, justificado. O mesmo Deus que abençoou Josué e Calebe o abençoará.

Pensar como Deus pensa é o primeiro passo para viver como ele prometeu.

Leia hoje

Salmos 111-112 • Provérbios 4

Anotações

DECLARAÇÃO

Creio na promessa. Minha mente é guardada pela paz, e sou conduzido à vitória em Cristo.

A BATALHA DA MENTE

SETEMBRO
09
Devocional
252 /365

"Não seja como esse povo, sempre com medo de que alguém esteja conspirando contra eles. Não tenha medo do que eles têm medo. Esqueça as preocupações que os dominam."

• Isaías 8.12, A Mensagem •

Quem vence na mente, vence na vida.

A principal batalha da vida cristã acontece na mente. A guerra mais intensa que enfrentamos não é contra circunstâncias, pessoas ou ambientes, mas contra os pensamentos que se levantam dentro de nós. Medo, dúvida, condenação, rejeição, inferioridade, tudo começa na mente. É por isso que Isaías nos exorta: não pense como o mundo. Não tema como eles temem. Não se renda às mesmas preocupações.

Quando tememos ao Senhor, não com pavor, mas com reverência, encanto e rendição, não precisamos temer mais nada. O temor do Senhor alinha nossos pensamentos, acalma nosso coração e traz clareza ao nosso espírito. A fé correta nasce da mentalidade adequada, e esta vem pela renovação contínua da mente por meio da Palavra. O que você pensa determina o que você crê, e o que você crê governa como você vive.

A diferença entre um crente que se sente derrotado e um que se vê vitorioso está exatamente aí: nos pensamentos que ele decide cultivar. Quem alimenta a verdade, vive com liberdade. Mas quem alimenta a mentira, vive aprisionado. Por isso, proteja sua mente, renove sua fé e declare com ousadia: "Deus está comigo, então não deixarei que preocupação alguma domine a minha alma".

Leia hoje
Salmos 113-114 • Provérbios 5

Anotações

DECLARAÇÃO

Minha mente é protegida pela verdade. Não temo o que o mundo teme; antes, confio no Senhor que me guarda.

ESCOLHA O QUE OCUPARÁ A SUA MENTE

"[...] tudo o que é verdadeiro, tudo o que é respeitável, tudo o que é justo, tudo o que é puro, tudo o que é amável, tudo o que é de boa fama, se alguma virtude há e se algum louvor existe, seja isso o que ocupe o vosso pensamento."

• Filipenses 4.8 •

Deus não o obrigará a pensar no que ele ordena que pensemos. Essa é uma responsabilidade pessoal. A Bíblia nos dá uma peneira espiritual em Filipenses 4.8: se não for verdadeiro, justo, puro e de boa fama, então não deve ocupar nossa mente. Quantas vezes abrimos concessões e deixamos a mente ser povoada por medo, angústia, crítica ou desânimo? O Diabo sabe que se dominar seus pensamentos, controlará sua vida. Por isso, ele tenta semear dúvidas e pânico.

Durante a pandemia da covid-19, vimos como muitos foram vencidos pelo medo. Isso aconteceu não apenas pelas circunstâncias, mas porque passaram dias alimentando a mente com estatísticas de morte, caos e tragédia. A mente é poderosa, ela acredita e reproduz aquilo com que é alimentada. É por essa razão que precisamos filtrar o que vemos e escutamos. Não se trata de exagero espiritual, mas de sabedoria prática. Evite alimentar-se de previsões negativas, diagnósticos aterrorizantes ou conteúdos que drenam sua fé.

Você foi chamado para viver pela fé, não pelo pânico. Pela confiança, não por ansiedade. A fé cresce quando ouvimos a verdade, e a verdade vem da Palavra. Decida hoje guardar sua mente com zelo. Filtre seus pensamentos e escolha pensar como Deus pensa.

O que você pensa com frequência molda como você vive.

Leia hoje
Salmos 115-116 • Provérbios 6

Anotações

DECLARAÇÃO

Eu escolho pensar segundo a Palavra. Minha mente é guiada pela verdade, e a fé governa meu viver.

PENSE COMO DEUS PENSA

"Porque, como imagina em sua alma, assim ele é [...]."

• Provérbios 23.7 •

A fé começa a partir de um pensamento alinhado à Palavra e cresce com a confissão da verdade.

Leia hoje
Salmos 117-118 • Provérbios 7

Anotações

Não subestime os planos de Deus a partir dos seus próprios pensamentos de derrota. A guerra mais decisiva da vida cristã acontece na mente. Ainda que tudo esteja bem ao seu redor, a verdadeira batalha se trava dentro de você. Mas a boa notícia é que a vitória já foi conquistada na cruz. Agora, cabe a você renovar sua mente, restaurar seus pensamentos e viver alinhado à boa, agradável e perfeita vontade de Deus.

Escolha pensar como Deus pensa. Escolha falar como Deus fala. Declare todos os dias: "Sou abençoado, próspero, curado, filho amado, capacitado", "Tenho a paz de Cristo, a mente de Cristo", "Sou mais do que vencedor em Jesus". Alinhe seus pensamentos à Palavra. Não aceite viver prisioneiro de ideias de fracasso, insuficiência ou limitação. A fé começa na mente e se manifesta com poder na sua confissão.

Não confunda pensamento positivo com pensamento poderoso. O positivo depende de emoção. O poderoso depende da Palavra, isto é, este tipo de pensamento é bíblico. Pensamentos poderosos são aqueles que conectam você à mente de Cristo. Quando você pensa como Deus pensa, sua fé é ativada, o Céu se move e a atmosfera ao seu redor é transformada.

DECLARAÇÃO

Minha mente é renovada pela Palavra. Eu penso com fé, confesso com ousadia e vivo os planos de Deus.

FALE A FÉ QUE VOCÊ CRÊ

"Eu cri; por isso, é que falei. Também nós cremos, por isso, também falamos."

• 2Coríntios 4.13 •

A Bíblia ensina que a fé vem pelo ouvir, mas também afirma que essa fé nos leva a falar. Ouvir gera fé e falar estabelece essa fé no coração. É como uma pintura em porcelana: o ouvir pode ser comparado à tinta, mas o falar remete ao forno, e só então a tinta se funde ao material. Assim também é a revelação: quando você a fala, ela se torna parte de quem você é. A confissão da Palavra firma a verdade no seu interior.

Por isso, declare: "Sou uma mulher bendita", "Sou um homem abençoado", "Sou guiado pelo Espírito". Abra a boca e confesse a Palavra com ousadia: "Sou justo em Cristo, e já não há culpa nem condenação sobre mim", "Fui perdoado e tenho acesso ao trono da graça", "Sou uma árvore plantada junto às águas, darei fruto no tempo certo e sempre frutificarei". Essas palavras alinham sua mente e seu espírito à verdade.

Você precisa programar a sua mente com o Evangelho. Pense com propósito. Se você não definir o tom do seu dia, os pensamentos negativos o farão. Não existe neutralidade. Pensamentos de medo e derrota sempre tentarão entrar, mas você pode resistir. A forma de andar em sintonia com Deus é pensando como ele pensa, com fé, esperança e expectativa. Portanto, hoje, abra sua boca e declare sua fé nas Escrituras.

Falar a Palavra firma a fé no coração e molda a realidade ao nosso redor.

Leia hoje

Salmos 119.1-32 • Provérbios 8

Anotações

DECLARAÇÃO

Creio e, por isso, falo. Confesso a Palavra com fé e vivo o que Deus já declarou sobre mim.

SABEDORIA PARA RELACIONAMENTOS SAUDÁVEIS

"Confia no SENHOR de todo o teu coração e não te estribes no teu próprio entendimento. Reconhece-o em todos os teus caminhos, e ele endireitará as tuas veredas."

• Provérbios 3.5-6 •

A sabedoria protege, edifica e conduz a relacionamentos saudáveis.

Leia hoje

Salmos 119.33-64 • Provérbios 9

Anotações

Relacionamentos saudáveis se constroem com sabedoria, que nada mais é do que considerar o Senhor em todos os caminhos. Perceba isto: "Sabedoria é considerar o Senhor em todos os meus caminhos". Isso serve para o casamento, namoro, amizades, negócios e ministério. A sabedoria de Deus pode livrar você de muitos problemas e, mais ainda, pode impedi-lo de entrar neles.

Muitas vezes, o que falta não é amor, mas sabedoria. Essa é a capacidade de entender o outro, de calar na hora certa, de falar com doçura, de ceder sem perder a identidade. A sabedoria sabe esperar, ponderar, edificar. Ela ouve antes de reagir, busca a paz antes de discutir, valoriza o essencial e ignora o supérfluo. Ser sábio é ter o coração alinhado com Deus para tomar decisões que agradam a ele.

Se você deseja crescer nessa virtude, prepare seu coração, alimente sua mente com a Palavra e caminhe com pessoas que o edifiquem. Ande com quem teme o Senhor, com quem valoriza o Céu mais do que as opiniões da Terra. Com sabedoria, você viverá relacionamentos duradouros, saudáveis e cheios de paz. Hoje, peça ao Senhor que o torne sábio.

DECLARAÇÃO

Ando em sabedoria e construo meus relacionamentos com a direção do Senhor.

PROGRAME A SUA MENTE COM FÉ

"Tu, Senhor, conservarás em perfeita paz aquele cujo propósito é firme; porque ele confia em ti."

• Isaías 26.3 •

Hoje é o dia de programar sua mente com intencionalidade. Todas as manhãs, decida quais pensamentos irão dominar seu coração. Isso não se trata de lançar ao ar algumas frases de autoajuda, mas de abraçar a verdade da Palavra de Deus, que tem poder para transformar realidades. A mente firme no Senhor é blindada contra o medo. Quando você começa o dia com pensamentos alinhados ao Céu, algo muda dentro de você, e isso muda tudo ao redor.

Não limite o agir de Deus com pensamentos pequenos. Seus pensamentos moldam sua crença, que, por sua vez, define o rumo da sua vida. Você pode ser fortalecido em fé ao se alimentar do que Deus já declarou nas Escrituras. Assim, aprenderá a rejeitar os pensamentos que paralisam e a abraçar os que impulsionam. Viver conservado em paz depende de manter a mente firme na Rocha inabalável, que é Jesus.

O problema pode ser grande, mas Deus é infinitamente maior. Não se prenda ao que os olhos veem ou ao que o medo sugere. Concorde com as promessas bíblicas, e não com o pânico. Programe sua mente com cura, favor, alegria, paz e suprimento. Não pense pequeno; antes, creia grande. Deus ainda faz milagres, e ele já está agindo.

A mente renovada com a Palavra transforma cada dia em uma jornada de fé.

Leia hojo

Salmos 119.65-96
• Provérbios 10

Anotações

DECLARAÇÃO

Minha mente está firme no Senhor. Penso com fé, declaro a verdade e vivo na paz de Deus.

COMECE O DIA RENOVANDO SUA MENTE

"[...] vos despojeis do velho homem, que se corrompe segundo as concupiscências do engano, e vos renoveis no espírito do vosso entendimento."

• Efésios 4.22-23 •

Comece o dia com a mente renovada e assim o terminará com a fé fortalecida.

A cada manhã, tome a decisão consciente de renovar sua mente. Não com otimismo vazio, mas com o poder que vem da verdade revelada nas Escrituras. A transformação que você deseja começa no pensamento. Contudo, não devemos nos esquecer de que a mente só pode ser transformada quando for exposta intencionalmente à Palavra de Deus. Escolha ser preenchido por pensamentos que honrem ao Senhor, que ativem sua fé, fortaleçam sua identidade em Cristo e tragam à tona o favor divino, isto é, encha-se das Escrituras.

Não aceite viver dominado por pensamentos de derrota, escassez, enfermidade ou medo. Esses pensamentos não vêm de Deus e não devem encontrar abrigo no seu interior. Levante-se todos os dias com a mente programada para viver aquilo que o Céu já declarou a seu respeito: você é amado, curado, suprido, guiado e fortalecido. Deus é fiel para cumprir cada promessa, mesmo que as circunstâncias digam o contrário. Para isso, renove-se espiritualmente no entendimento.

A maneira como você começa o dia define como o mesmo se desenvolverá. Alimente-se da Palavra, declare a verdade e rejeite a mentira. Encha a mente daquilo que é eterno, puro e cheio de esperança. Creia, confesse e permaneça firme. Assim, a glória do Senhor será visível em sua vida, e tudo começará a partir de um pensamento renovado.

Leia hoje

Salmos 119.97-128 • Provérbios 11

Anotações

DECLARAÇÃO

Renovo minha mente com a verdade. Rejeito a mentira e vivo de acordo com o que Deus diz sobre mim.

SETEMBRO

16

Devocional

259 /365

SEMEIE ALÍVIO, COLHA ESPERANÇA

"A alma generosa prosperará, e quem dá a beber será dessedentado."

• Provérbios 11.25 •

O Evangelho é alívio. É bálsamo para corações cansados, esperança para dias sombrios, cura para feridas que ninguém vê. E a Bíblia é clara: quem alivia a alma de alguém, será ele mesmo aliviado. Esta é a natureza do Reino: quando você entrega consolo, você se torna canal do próprio cuidado de Deus. E sempre que você oferece um livro como este a alguém, você entrega mais do que páginas: você entrega vida, restauração e futuro.

Presentear com palavras de fé é como oferecer água no deserto. Pode ser que aquela pessoa esteja lutando em silêncio, com a alma cansada e sem forças. Uma simples palavra pode impedi-la de desistir. O que parece pequeno para quem dá pode se tornar eterno para quem recebe. A semente plantada hoje pode frutificar por toda a eternidade. Deus vê, Deus honra e Deus recompensa. Ele conhece o seu coração e sabe quando você semeia com amor.

Não subestime o poder de um gesto generoso. Por isso, semeie com ousadia, com fé e com propósito. Aquele que alivia o outro será visitado com o alívio dos Céus.

O Evangelho é alívio, e quem entrega alívio se torna alvo da bondade de Deus.

Leia hoje

Salmos 119.129-160 • Provérbios 12

Anotações

DECLARAÇÃO

Semeio consolo com fé. O alívio que dou aos outros o Senhor multiplicará sobre mim.

CERCADO DE ANJOS

"Bendizei ao Senhor, todos os seus anjos, valorosos em poder, que executais as suas ordens e lhe obedeceis à palavra."

• Salmos 103.20 •

Os anjos de Deus o cercam e guardam, cumprindo as ordens do alto a seu favor.

Leia hoje

Salmos 119.161-176 • Provérbios 13

Anotações

Você está cercado de anjos. A Palavra de Deus afirma claramente que os anjos são ministros poderosos, enviados para servir aqueles que hão de herdar a salvação, isto é, *você*. Eles são enviados para guardar, proteger e cumprir as ordens de Deus a respeito dos filhos de Deus. Eles não são figuras frágeis, como retratados em ilustrações infantis. A Bíblia descreve esses seres celestiais com força e autoridade avassaladoras.

Em 2Reis 19.35, apenas um anjo destruiu 185 mil soldados em uma única noite. Isso não serve para provocar medo em nós, mas para nos revelar a dimensão do cuidado sobrenatural de Deus sobre a nossa vida. Se Deus permite que um só anjo atue com tamanho poder, imagine o que ele pode fazer quando comissiona os exércitos dele em seu favor. E ele faz isso. O salmo 91 declara que ele ordena aos seus anjos que nos guardem em todos os nossos caminhos.

Contudo, é importante lembrar: não oramos aos anjos nem damos comandos diretamente a eles, pois obedecem à voz do Senhor. Nosso papel é crer na proteção divina, descansar na promessa e declarar a Palavra. Quando falamos o que Deus diz, os anjos ouvem e agem. Eles estão a serviço de Deus, por amor a você.

DECLARAÇÃO

Creio no cuidado de Deus. Seus anjos me cercam e obedecem à voz da Palavra liberada sobre mim.

NÃO ESTAMOS SOZINHOS

"O anjo do Senhor acampa-se ao redor dos que o temem e os livra."

• Salmos 34.7 •

Quando precisamos de socorro, falamos com o Pai, e ele envia os seus anjos. Deus não é indiferente às nossas orações. Ele responde com direção, paz e, muitas vezes, com intervenções sobrenaturais por meio dos seus mensageiros celestiais. Há inúmeros testemunhos de livramentos misteriosos registrados nas Escrituras e nas biografias de servos de Deus. Certa vez, um pastor relatou que, após sofrer um grave acidente, foi socorrido por um homem que desapareceu logo em seguida. Depois, entendeu que aquele era um anjo enviado por Deus em resposta à sua oração. O socorro chegou exatamente como havia sido declarado. Quantas experiências como essa já não escutamos?

Os anjos do Senhor estão ao nosso redor. Eles não guardam apenas indivíduos, mas também famílias, casas, igrejas e até cidades inteiras. São enviados por Deus para proteger, servir, guerrear e cumprir propósitos celestiais. Mesmo que não os vejamos, sua presença é real, ativa e alinhada à vontade do Pai.

Por isso, é essencial mantermos viva essa consciência espiritual. Não estamos sozinhos. A realidade invisível do Reino está em constante movimento. Podemos orar com fé, confiantes de que o Senhor ordena que seus anjos trabalhem a nosso favor. Eles obedecem à voz divina e se movem quando declaramos a Palavra.

Deus responde com socorro, e seus anjos são enviados com precisão e poder.

Leia hoje

Salmos 120-121 • Provérbios 14

Anotações

DECLARAÇÃO

Oro com fé, sabendo que o Senhor envia seus anjos para trabalharem a meu favor. Nunca estou só, tenho a proteção do Céu.

QUEM ESTÁ FALANDO COM VOCÊ?

"Perguntou-lhe Deus: Quem te fez saber que estavas nu [...]?"

• Gênesis 3.11 •

A voz que você ouve com frequência molda a direção que você seguirá.

Essa pergunta feita por Deus a Adão após a queda é extremamente reveladora. Deus não estava apenas questionando o que Adão sabia, mas de onde vinha aquela informação. Ele sabia que Adão havia dado ouvidos à serpente. E essa é uma lição poderosa para todos nós: quem está falando em sua mente? Para quem você tem dado ouvidos? Todos os dias, somos influenciados por vozes distintas, da cultura, das redes sociais, de diagnósticos, de notícias, das circunstâncias e, muitas vezes, do próprio Inimigo.

A grande questão é: qual voz tem moldado a sua fé, suas emoções, sua identidade e suas decisões? Precisamos aprender a identificar e silenciar as vozes que produzem medo, condenação, insegurança, culpa e incredulidade. Essas vozes não vêm de Deus. A voz do Pai consola, encoraja, cura, orienta e traz vida. Ela lembra quem você é nele: amado, justificado, aceito, guardado e capacitado. Ela o aproxima do arrependimento e das Escrituras.

Quando você decide ouvir a voz de Deus acima de todas as outras, sua mente se alinha com o Céu e seus pensamentos se tornam plataformas para a ação divina. A voz de Deus também nos lembra de que há anjos ao nosso redor, batalhando por nós. Hoje, escolha bem a quem dará ouvidos.

Leia hoje

Salmos 122-123 • Provérbios 15

Anotações

DECLARAÇÃO

Escolho ouvir a voz do Pai. Ela me fortalece, orienta e alinha minha mente ao Céu.

CONECTE-SE À VERDADE

"[...] Destruímos raciocínios falaciosos e toda arrogância que se levanta contra o conhecimento de Deus, e levamos cativo todo pensamento à obediência de Cristo."

• 2Coríntios 10.4-5, NAA •

Quem disse que você não é capaz? Quem afirmou que você não vai vencer? Quem decretou que seu casamento não tem mais solução, que sua saúde vai piorar ou que sua história acabou? Essas vozes não vêm de Deus. São vozes do medo, da dúvida, da condenação. O Senhor lhe pergunta hoje: "Quem te fez saber isso?". Essa foi a mesma pergunta feita a Adão. Nem toda informação é verdadeira nem todo pensamento é digno de espaço. Pensamentos mentirosos geram sentimentos destrutivos, e sentimentos assim geram decisões erradas. Mas como podemos romper esse ciclo? Renovando a mente a partir da verdade da Palavra de Deus. Você precisa aprender a levar todo pensamento cativo à obediência de Cristo.

A voz do Pai é diferente. Ela afirma que você é amado, perdoado, justificado e chamado, em Jesus. Quando você se alinha com a Palavra, Deus transforma perdas em ganhos, feridas em cura, ruínas em restauração. Ele já declarou: os dias que estão por vir serão melhores do que os dias que passaram. Então, levante-se e diga: "Senhor, eu creio. Eu desligo minha mente das mentiras e me conecto à tua verdade".

Hoje, escolha destruir os raciocínios falaciosos e todo engano que se levanta contra o conhecimento de Deus. Pense semelhantemente a Jesus ao conhecer como ele pensava, nas Escrituras. E, então, seja transformado!

Sua vida é moldada pela voz que você escolhe ouvir.

Leia hoje

Salmos 124-125 • Provérbios 16

Anotações

DECLARAÇÃO

Eu rejeito as mentiras do Inimigo e me alinho à verdade de Deus. Sou guiado por sua voz.

ESCOLHA A QUEM OUVIR

"[...] Este é o meu Filho amado, em quem me comprazo."

• Mateus 3.17 •

Três vozes o cercam, mas só uma revela quem você realmente é em Jesus.

Leia hoje

Salmos 126-127 • Provérbios 17

Anotações

Durante seu ministério, Jesus ouviu três vozes distintas, e você também as ouvirá. A primeira e mais importante foi a do Pai: "Este é o meu Filho amado". Essa é a voz que você precisa ouvir todos os dias. Ela afirma sua identidade, lembra que você é justificado, amado e aceito. Deus não fala para acusar, mas para afirmar sua filiação.

A segunda foi a do elogio, da bajulação. Quando ele entrou em Jerusalém, a multidão clamava: "Hosana!". Mas Jesus não se deixou seduzir pela glória humana. Ele devolvia toda glória ao Pai. Isso nos ensina a ter o coração protegido contra o orgulho. Quando for elogiado, diga: "Glória a Deus". Ademais, Jesus sabia que eles não clamavam "Hosana" de maneira consciente. O povo queria a libertação do domínio romano, e não do império das trevas e da condenação de seus pecados.

A terceira foi a da crítica. Quando o povo escolheu soltar Barrabás e gritou "Crucifica-o", Jesus não reagiu com ressentimento. Ele respondeu: "Pai, perdoa-lhes". Ele não alimentou mágoa; antes, escolheu perdoar. Aprenda com ele. Quando críticas surgirem, perdoe. Se for uma acusação na sua mente, rejeite-a. Você não precisa aceitar qualquer pensamento.

Ao acordar, silencie o mundo e ouça o Céu. Escolha ouvir a voz que afirma sua identidade em Cristo: "Você é meu filho amado, eu tenho prazer em você".

DECLARAÇÃO

Eu rejeito a glória dos homens e as críticas do Inimigo. Ouço a voz do Pai e descanso nessa identidade.

SINTONIZE SEU CORAÇÃO AO CÉU

"Aquele, porém, que entra pela porta, esse é o pastor das ovelhas [...] as ovelhas ouvem a sua voz, ele chama pelo nome as suas próprias ovelhas e as conduz para fora."

• João 10.2-3 •

Assim como Deus fala ao seu coração, o Diabo tentará falar com você, mas ele não se apresenta dizendo "Oi! Eu sou o Diabo!". Ele se infiltra nos seus pensamentos usando a primeira pessoa: "Sou um fracasso", "Minha vida nunca vai dar certo", "Não presto". E aí, você pensa que é você mesmo, mas são dardos inflamados do Inimigo tentando sabotar sua fé. Como saber de onde vem cada pensamento? Todo aquele que produzir incredulidade, acusação, culpa, medo ou desânimo não vem de Deus. Rejeite-os. Deus nunca falará para destruir você. Mesmo quando nos corrige, ele nos levanta, consola e direciona. Ele é Pai, e por isso ama nos corrigir com graça.

A Bíblia diz que as ovelhas reconhecem a voz do pastor. Jesus está falando todos os dias, mas há muitas outras vozes competindo por atenção. Vozes da cultura, da ansiedade, do passado, do medo. Aprenda a silenciar as vozes erradas e a sintonizar seu coração com a verdade. Ouça a voz que diz: "Você é meu filho amado, em quem me comprazo". Essa é a única voz que você deve alimentar.

Hoje, declare: "Sou amado, abençoado e justificado. O favor de Deus me cerca. Tenho acesso ao trono da graça. Sou herdeiro das promessas. Nada me separará do amor de Deus, em Cristo". Essa é a voz que molda e traz bênçãos superabundantes.

A voz que você escuta define o rumo da sua vida.

Leia hoje
Salmos 128-129 • Provérbios 18

Anotações

DECLARAÇÃO

Eu rejeito toda mentira do Inimigo. Ouço a voz do Pai e caminho pela verdade.

SABEDORIA PARA UMA VIDA SEGURA

"Adquire a sabedoria, adquire o entendimento e não te esqueças das palavras da minha boca, nem delas te apartes. Não desampares a sabedoria, e ela te guardará; ama-a, e ela te protegerá. O princípio da sabedoria é: adquire a sabedoria [...]."

• Provérbios 4.5-7 •

Quem caminha em sabedoria está sempre protegido.

Que conselho poderoso! Às vezes, lemos a Bíblia e não percebemos a profundidade do que está sendo dito. Esse texto mostra o quanto Deus valoriza a sabedoria. Em Deus estão contidos todos os tesouros da sabedoria e do entendimento. Toda riqueza, segurança e direção estão nele. E o que muitas vezes precisamos não é de solução imediata, mas de sabedoria para lidar com os desafios.

A sabedoria do alto é mais do que conhecimento: é a aplicação da verdade de Deus no cotidiano. Ela nos guia em momentos difíceis, protege-nos de decisões precipitadas, fortalece nossos relacionamentos e nos conduz à vida plena. Quando você ama a sabedoria, você escolhe viver guardado e bem orientado.

Hoje, ore pedindo sabedoria ao Senhor. Busque escutar os conselhos da Palavra. Decida ouvir mais e falar menos. A sabedoria constrói, preserva, protege e promove. Quem anda nela, vive em segurança.

Leia hoje
Salmos 130-131 • Provérbios 19

Anotações

DECLARAÇÃO

Eu ando em sabedoria, sou bem-orientado e guardado por Deus.

VIRE A CHAVE DOS SEUS PENSAMENTOS

"O Senhor disse: Visto que este povo se aproxima de mim e com a sua boca e com os seus lábios me honra, mas o seu coração está longe de mim [...]."

• Isaías 29.13 •

Quando você tem uma visão errada de Deus, acreditando que ele é um imperador severo que não quer vê-lo abençoado, acaba vivendo como um escravo, mesmo pertencendo à família do Rei. Muitos filhos de Deus têm promessas e herança, mas vivem sentindo-se derrotados, alimentando pensamentos limitantes e destrutivos que os impedem de avançar. Isso não precisa continuar assim. Não servimos a um imperador do mal, mas a um Rei amoroso.

Hoje, quero encorajar você a virar essa chave. Davi não chamou Mefibosete para matá-lo. Mefibosete era filho de Jônatas, neto de Saul — o homem que perseguiu o servo de Deus —, mas Davi o procurou para levá-lo ao palácio. Ele disse: "Você vai comer à minha mesa todos os dias e terá de volta tudo o que era do seu pai". Em um instante, a sorte de Mefibosete mudou. Essa restauração pode acontecer na sua vida também, desde que você rejeite os pensamentos de morte e derrota que tentam dominar sua mente.

Entre em sintonia com a vontade de Deus e viva as promessas que ele tem para cada área da sua vida. Seus pensamentos influenciam o seu destino. Por essa razão, não permita que o passado, o medo ou a dúvida controlem o seu futuro. Deus tem planos de paz, prosperidade e vitória para você.

Mude seus pensamentos, mude sua vida; Deus deseja o melhor para você.

Leia hoje
Salmos 132-133 • Provérbios 20

Anotações

DECLARAÇÃO

Eu rejeito pensamentos de derrota e me alinho aos pensamentos de paz do Senhor.

PREFIRO SER FELIZ DO QUE TER RAZÃO

"Melhor é morar numa terra deserta do que com a mulher rixosa e iracunda."

• Provérbios 21.19 •

Uma sabedoria para toda a vida: Prefiro ser feliz do que ter razão.

Leia hoje

Salmos 134-135 • Provérbios 21

Anotações

A maior parte das brigas não compensa. São discussões por bobagens, pequenas. Eu prefiro perder uma discussão e manter a paz em casa. Prefiro ser feliz do que ter razão. Escreva isso: "Prefiro ser feliz do que ter razão". Essa é uma sabedoria que serve para toda a vida, não apenas no casamento. Vejo homens que brigam por qualquer coisa com suas esposas; isso não é liderança, é tolice. O verdadeiro líder é manso, paciente e estável.

A mulher sábia também entende isso. Ela sabe como conduzir o coração do marido com mansidão. O homem precisa de afirmação. Uma esposa sábia será a primeira a elogiar e exaltar as virtudes dele. Se ela é melhor em negócios, não precisa rebaixá-lo; antes, deve ser sábia. Essa mulher pode apresentar suas ideias com respeito e deixar que ele a avalie e conduza. Quando tudo der certo, diga: "Foi ele quem liderou essa bênção". Assim, ele se sentirá afirmado, a paz reinará e a casa será abençoada.

Homens também devem aprender. Mulheres são atraídas por homens sábios, seguros e gentis. Se você está cortejando alguém, ouça mais do que fale. Observe o que essa pessoa gosta, o que desperta o interesse dela. E, quando ela começar a falar, pare e escute com atenção. Olhe nos olhos. Mulheres não querem apenas ser ouvidas, querem ser vistas com o coração. Homens não querem apenas ser considerados, querem ser honrados com respeito.

DECLARAÇÃO

Escolho a sabedoria e a paz. Minhas palavras promovem amor, honra e unidade.

PENSE COMO O TODO-PODEROSO

"Porque os meus pensamentos não são os vossos pensamentos, nem os vossos caminhos, os meus caminhos, diz o Senhor."

• Isaías 55.8 •

Você nunca verá Deus confessando palavras de derrota na Bíblia. Pelo contrário, ele declara: "Eu sou o Todo-Poderoso", "Eu sou". Ele é tudo de que você precisa. O Senhor não pensa negativamente nem pensa pequeno. Seus pensamentos são elevados, cheios de propósito, multiplicação, vida e abundância. Se desejamos andar com Deus, precisamos alinhar nossa mentalidade à dele. Não podemos viver pensando limitadamente, esperando colher ilimitadamente. A fé começa com o pensamento certo.

A vitória começa na mente. A transformação vem da renovação da mente pela Palavra. Por isso, escolha pensamentos de cura, de vitória, de prosperidade, de alegria e de paz. Se é Deus quem vai agir em sua vida, por que não crer no melhor? Por que não esperar abundância? Não limite a Deus com pensamentos humanos. Expanda sua mente com as verdades do Céu.

O problema que você enfrenta pode até ser real e grande. Mas fique com o que Deus diz, não com o que o medo sugere. Ignore o ruído das vozes contrárias, da mídia, da estatística, da lógica humana, e se firme na Palavra. O que tem valor eterno é o que Deus fala. Portanto, pense grande e com fé. Alinhe seus pensamentos ao Todo-Poderoso, e veja a realidade se curvar à verdade.

Pensar como Deus pensa é o primeiro passo para viver como Deus planejou.

Leia hoje

Salmos 136-137 • Provérbios 22

Anotações

DECLARAÇÃO

Alinho minha mente aos pensamentos do Senhor. Não limito a Deus. Creio na abundância da sua Palavra.

A PRESENÇA QUE GUIA E ENDIREITA

SETEMBRO
27
Devocional
270 /365

"Reconhece-o em todos os teus caminhos, e ele endireitará as tuas veredas."

• Provérbios 3.6 •

Sabedoria é chamar o Senhor para governar todos os seus caminhos.

Leia hoje

Salmos 138-139 • Provérbios 23

Anotações

Que alegria estarmos juntos hoje! Tudo isso que estamos compartilhando é sabedoria. E a grande chave da sabedoria está em considerar o Senhor em todos os caminhos (cf. Provérbios 3.6). Isso é sabedoria prática. É levar Deus em conta em tudo: numa conversa difícil, numa escolha profissional, numa decisão familiar. Ele é a própria sabedoria. Quando você chama o Senhor, está convidando a sabedoria para agir.

Muitos querem direção, mas não consultam o Senhor. Outros tomam decisões, depois pedem para Deus abençoar. Mas o caminho certo é reconhecer o Senhor antes, desde o início. Sabedoria é saber esperar, ouvir, refletir, agir com equilíbrio e propósito. E ela começa com esta simples atitude: considerar o Senhor. Não existe sabedoria autônoma, a sabedoria real vem do alto, e é derramada sobre os que se humilham, escutam e obedecem.

Você pode contemplar a transformação dos seus dias a partir dessa verdade. Comece hoje mesmo, chamando Jesus para os seus caminhos. Diga: "Senhor, eu preciso de ti nesta conversa, nesta escolha, neste passo". E você verá a sabedoria agindo, a direção vindo, os caminhos sendo endireitados. Deus vai à frente, e onde ele está, há paz e clareza.

DECLARAÇÃO

Eu reconheço o Senhor em tudo e caminho com sabedoria todos os dias.

DEUS PENSA EM PAZ, NÃO EM TRAGÉDIA

"Eu é que sei que pensamentos tenho a vosso respeito, diz o SENHOR; pensamentos de paz e não de mal, para vos dar o fim que desejais."

• Jeremias 29.11 •

Que palavra poderosa! Deus está pensando em paz, não em tragédia. Ele planeja um futuro cheio de esperança, não um fim triste ou desesperador. Deus está pensando em restaurar o que foi quebrado, não em castigar. É importante entender que, mesmo quando falhamos, pecamos ou erramos, Deus não muda o amor e os pensamentos que ele tem sobre nós.

Se você pensa: "Mas eu pequei, errei, falhei...", saiba que Deus não ignora seus erros, mas não trata os filhos com ira. Todos esses pecados, erros e falhas foram pagos por Jesus. Deus disciplina os filhos dele com amor, mas a ira que merecíamos foi lançada sobre Jesus na cruz. Deus corrige, sim, mas com o bondoso propósito de nos restaurar. Ele pode fechar uma porta para abrir outra melhor. Pode usar a Palavra para nos exortar e nos fazer crescer. Isso é disciplina em amor, e não punição em ira. Nunca virá dele uma enfermidade, um acidente ou uma tragédia como formas de castigo. A provação pode até vir, mas sempre acompanhada do amor do Pai para nos aproximar dele.

A bondade e a justiça de Deus se encontraram plenamente na cruz de Jesus. Por isso, mesmo quando você se sente fraco, saiba que os pensamentos do Pai para você são de paz, esperança e vitória. Creia nessa verdade. Confie na restauração que ele quer operar em sua vida. Mesmo quando as circunstâncias forem difíceis, o futuro que Deus tem para você é de luz.

Os pensamentos de Deus são de paz e de bem.

Leia hoje
Salmos 140-141 • Provérbios 24

Anotações

DECLARAÇÃO

Eu creio no amor do Pai. Ele pensa bem de mim, mesmo quando falho.

UMA SEMENTE DE CONSOLO

"O generoso prosperará; quem dá alívio aos outros alívio também receberá."

• Provérbios 11.25, NVI •

Quem dá alívio aos outros recebe alívio em dobro do Senhor.

Vamos nos lembrar do que está escrito em Provérbios 11.25: "O generoso prosperará; quem dá alívio aos outros, alívio receberá". Que tremendo! Você tem recebido alívio todos os dias ao ouvir o Evangelho. E quando você compartilha uma palavra com alguém está dando alívio à alma dela, está semeando uma semente de consolo, esperança e amor. E a colheita retorna para você em forma de alívio, provisão e favor de Deus.

Lembra-se da história de Mefibosete? Esse homem era o filho de Jônatas e neto do rei Saul. Quando sua família morreu, ele foi levado às pressas por uma ama, que o deixou cair. Ele ficou aleijado dos pés e foi morar em Lo-Debar, um lugar deserto, esquecido. Mefibosete acreditava que o rei Davi queria matá-lo, pois seu avô perseguiu a Davi. Vivia com medo, escondido, esperando o pior do rei. Mas o que Davi fazia no palácio? Pensava em honrar Jônatas, seu amigo leal. Queria fazer o bem à casa dele. Quando soube de Mefibosete, mandou chamá-lo. Enquanto Mefibosete pensava mal do rei, o rei pensava bem dele.

Isso fala conosco hoje. Muitos crentes vivem em Lo-Debar, "com os pés tortos" pela vida, achando que Deus quer castigar quando, na verdade, Deus está no trono pensando em nos abençoar. O Rei está chamando você agora para sair do deserto e se sentar à mesa dele, porque ele tem pensamentos de bem a seu respeito!

Leia hoje

Salmos 142-143 • Provérbios 25

Anotações

DECLARAÇÃO

Eu semeio consolo e esperança. Recebo o favor e o alívio de Deus todos os dias.

O PRECIOSO SANGUE DA ALIANÇA

"Quanto a ti, Sião, por causa do sangue da tua aliança, tirei os teus cativos da cova em que não havia água. Voltai à fortaleza, ó presos de esperança; também, hoje, vos anuncio que tudo vos restituirei em dobro."

• Zacarias 9.11-12 •

Esse texto apresenta belas revelações. Primeiro, ele aponta para a base de tudo: o sangue da aliança, o sangue de Jesus derramado para nos trazer vida e libertação. Tudo o que Deus faz está fundamentado nesse pacto eterno. Por meio dessa aliança, Jesus tomou sobre si nossas dores para nos dar saúde, levou nossa pobreza para nos dar abundância, sofreu angústia para nos dar alegria e nos abriu o caminho do Céu.

Por causa dessa aliança, ele nos tira da cova, de um lugar sem água, de um lugar de desespero e morte espiritual. A cova simboliza as prisões invisíveis, a sensação de estar sem saída, longe da vida plena que Deus quer nos dar. E ele nos chama a voltar à fortaleza, que é o próprio Senhor, nossa rocha e proteção. Voltar à fortaleza é entregar a ele nossas lutas, ansiedades e história, reconhecendo que fora dele não há vida verdadeira.

Ser preso de esperança é estar firmemente ligado à fé de que Deus é fiel às suas promessas, e por isso nos restaura e renova. Essa esperança é a âncora da alma, que mantém firme o coração mesmo nas tempestades. Volte-se para o Senhor hoje e receba a força, paz e restauração dele.

A esperança na promessa é a âncora da alma, que mantém firme o coração, mesmo nas tempestades.

Leia hoje

Salmos 144-145 • Provérbios 26

Anotações

DECLARAÇÃO

Sou preso de esperança. Confio na restauração e no favor do Senhor.

Na Presença do Pai

Outubro

10 — 12

O DESCANSO NO SÉTIMO DIA

"Porque o Filho do Homem é senhor do sábado."

• Mateus 12.8 •

Cristo é o descanso eterno e a força em todos os dias.

Após criar o homem no sexto dia, Deus descansou no sétimo, estabelecendo o descanso como parte essencial da Criação. Esse não foi apenas um momento de pausa, mas um ato divino que marcou o primeiro dia do homem como um dia de descanso e comunhão com Deus. O plano do Senhor sempre foi que tudo que fizermos flua a partir do descanso, e não que busquemos descansar somente depois de nos esgotarmos e ficarmos cansados.

Jesus Cristo nos revelou uma verdade profunda ao dizer: "O Filho do Homem é Senhor do sábado". Isso significa que ele é o descanso em pessoa. O sábado, mais do que um dia específico da semana, representa uma realidade espiritual para quem está em Cristo, um estado de paz, confiança e tranquilidade que vai além das circunstâncias da vida. Esse descanso verdadeiro é Cristo habitando em nós, sustentando nossa alma em meio às pressões, às ansiedades e às responsabilidades diárias. Não é ausência de trabalho ou atividade, mas uma vida vivida com a certeza de que Deus cuida de tudo e de que somos renovados diariamente em sua graça.

Ao entender isso, o coração encontra paz e a mente repousa na fidelidade de Deus. Assim se aprende a descansar no Senhor em todos os momentos, não apenas quando as tempestades cessam, mas mesmo no meio delas. Esse descanso é uma fonte constante de força e esperança.

Leia hoje

Salmos 146-147 • Provérbios 27

Anotações

DECLARAÇÃO

Descanso no Senhor e sou renovado pela sua graça diariamente.

JESUS VAI AO ENCONTRO DO CORAÇÃO

"[...] Se conheceras o dom de Deus e quem é o que te pede: dá-me de beber, tu lhe pedirias, e ele te daria água viva."

• João 4.10 •

Jesus não nos conduz por caminhos mais curtos ou religiosos. Ele não pega a rota mais previsível para chegar até nós; antes, traça o caminho do coração. Ele vai ao encontro de quem precisa, não importando se está perto ou longe, dentro ou fora, se é aceito ou rejeitado. Ele vai para onde for necessário por causa de você.

Em João 4, a mulher samaritana se encontrava distante, excluída e marcada pelo pecado. Mas Jesus foi até ela. É isso que ele faz conosco: encontra-nos mesmo quando estamos longe de Deus, vivendo em pecado. Embora se sinta afastado, indigno ou envergonhado por seu passado, saiba que Jesus quer encontrá-lo hoje. Talvez você se identifique com essa mulher: um passado cheio de erros, escolhas ruins e dores escondidas. Contudo, Jesus não olha para o passado como condição para abençoar o presente. Ele já pagou por todas as ricas bênçãos na cruz. Ele conhece as suas dores e vergonhas, mas ainda assim se senta ao seu lado, no calor do meio-dia, à beira do poço, e diz: "Dá-me de beber".

Jesus está pedindo um gesto, uma abertura, uma conversa. Não porque precise de algo seu, mas porque deseja iniciar um relacionamento com você. Ele não se escandaliza com seus erros; ele quer apenas se encontrar com você e lhe dar vida abundante.

Jesus vai ao encontro do coração para ofertar vida abundante.

Leia hoje
Salmos 148-149 • Provérbios 28

Anotações

DECLARAÇÃO

Estou aberto para que Jesus renove meu coração e minha vida. Beberei dessa água viva.

PRISIONEIRO DA ESPERANÇA

"Bendito o homem que confia no Senhor e cuja esperança é o Senhor."

• Jeremias 17.7 •

A verdadeira esperança é estar "preso" no amor e na bondade de Deus!

Leia hoje

Salmos 150 • Provérbios 29

Anotações

Eu sou um prisioneiro da esperança. A palavra "esperança" no Novo Testamento vem do grego *elpis*, que significa uma firme convicção, uma expectativa confiante de que coisas boas estão vindo da parte de Deus. A esperança bíblica não é um pensamento vago nem um otimismo barato, mas uma certeza fundamentada na fidelidade de Deus, uma convicção inabalável de que ele é bom e de que os planos dele são de paz.

Você está esperando coisas boas da parte de Deus para a sua casa, seu casamento, sua família, sua vida? Encha seu coração dessa expectativa. Assim, você será surpreendido, pois coisas boas sempre estão a caminho do cristão. Somos prisioneiros da esperança. No hebraico, a palavra para esperança é *tikva*, que também significa "corda". Isso é muito significativo, porque biblicamente nada é por acaso. A ideia de esperança está ligada à imagem de estar amarrado em Deus, preso à sua bondade, fidelidade e presença. Por isso, podemos dizer com confiança: "Eu tenho esperança, estou amarrado em Deus". Por estar ligado a ele, compartilhando da mesma vida, o nosso futuro em Cristo é maravilhoso.

O mundo tem uma esperança baseada no "talvez". Mas a esperança bíblica é garantida. Está firmada na promessa de um Deus que não mente, não falha, não muda. Uma esperança viva e segura.

DECLARAÇÃO

Minha esperança está firmada em Deus, que é fiel e imutável.

FRUTIFICANDO COM FORÇA E DOÇURA

"Serei para Israel como orvalho; ele florescerá como o lírio e lançará as suas raízes como o cedro do Líbano. Estender-se-ão os seus ramos, o seu esplendor será como o da oliveira e sua fragrância, como a do Líbano."

• Oseias 14.5-6 •

Você acha que a graça divina é necessariamente barulhenta? Deus prometeu ser como orvalho para o seu povo, aquele que traz frescor, vida e renovo. O orvalho não faz barulho, mas tem efeitos importantes sobre a natureza. Ele chega de mansinho, sem alarde e transforma o ambiente. Assim é a graça de Deus: silenciosa, mas poderosa, regando as áreas mais secas da nossa alma e nos fazendo florescer com força e beleza.

A graça é escandalosa, mas também, por vezes, silenciosa. Revestido dela, você florescerá como o lírio, e mesmo em meio à pressão, seu coração será adornado de paz. Suas raízes se aprofundarão como as do Líbano: fortes, estáveis e resistentes. Mesmo em tempos de desafios, você não será abalado, porque está enraizado no amor eterno e na justiça de Cristo. Sua vida será como uma oliveira: frutífera, constante, cheia de propósito.

O Senhor está renovando seu interior. Sua vida vai atrair, inspirar e abençoar outros por onde passar. Não importa a estação, o orvalho da graça estará sobre você. Frutifique com força e doçura e cresça em profundidade e beleza. Você é justo em Cristo, e os justos florescem.

Os frutos da graça são doces como mel e sua força é semelhante ao do cedro do Líbano.

Leia hoje

Salmos 1-2 • Provérbios 30 • Atos 1

Anotações

DECLARAÇÃO

Sou justo, forte e firme em Cristo; minhas raízes são profundas no Senhor.

A PROMESSA DE RESTITUIÇÃO

"[...] hoje, vos anuncio que tudo vos restituirei em dobro."

• Zacarias 9.12 •

Deus promete uma restauração graciosa para quem volta à fortaleza.

Para aqueles que voltam à fortaleza da esperança do Senhor, há uma promessa clara: "Hoje vos anuncio que tudo vos restituirei em dobro". Repito: "tudo" e "em todas as áreas", isto é, em seu casamento, saúde, alegria, finanças, dignidade. Não é apenas uma promessa de melhora; é uma restauração abundante e sobrenatural. Se essa promessa dada no Antigo Testamento já é impressionante, muito mais é o que nos foi doado de modo gracioso e eterno em Cristo: recebemos todas as bênçãos imerecidas e nos tornamos herdeiros de Deus.

Essa promessa é para os que estão na aliança, para os que foram libertos da cova sem água, para os que voltaram à fortaleza, que agora estão firmemente unidos com Deus e convictos de que coisas boas estão vindo da parte do Senhor. A esperança bíblica é uma expectativa firme, que não se baseia em sentimentos, mas na fidelidade imutável de Deus. Por isso, creia que ele é o Deus da aliança, e nela está garantida a esperança.

Você crê nisso? O que gostaria de ver o Senhor restituindo graciosamente na sua vida? Sonhos, saúde, finanças, casamento, liderança? Essa é uma promessa viva e poderosa. Mesmo que o Inimigo tenha roubado, mesmo que você tenha cometido erros, mesmo que se sinta abatido, deprimido ou acusado, não permaneça prostrado. Talvez você se sinta em uma cova agora, mas o Senhor vai tirar você daí. Hoje, volte para a fortaleza da esperança do Senhor.

Leia hoje

Salmos 3-4 • Provérbios 31 • Atos 2

Anotações

DECLARAÇÃO

Creio na restauração de Deus. Ele restitui o que o pecado e o Inimigo destruíram em minha vida.

UM DEUS FIEL A SUAS PROMESSAS

"Quanto a ti, Sião, por causa do sangue da tua aliança, tirei os teus cativos da cova em que não havia água."

• Zacarias 9.11 •

A palavra é clara: por causa da aliança em Cristo, Deus arranca você com braço forte, sacia sua alma com água viva e o traz de volta para a esperança. Ele promete nos dar muito mais do que merecemos, por sua graça. Se sua honra estava perdida, ele lhe dará dupla honra. Se perdeu sua alegria, ele derramará alegria dobrada. Se suas finanças foram arruinadas, ele abrirá janelas de bênçãos que não se fecharão. Encha hoje seu coração dessa firme convicção, dessa esperança segura de que coisas boas da parte de Deus estão vindo.

Os que leem este devocional são tocados porque precisam ouvir que a vida não precisa ser vista como inteiramente trágica, cheia de perdas e frustrações. Deus tem coisas boas preparadas para cada um de nós. Ele é o Deus da aliança, que cumpre suas promessas. Se hoje você enfrenta perdas, dores ou injustiças, prepare-se para também receber o favor imerecido do Senhor. A Bíblia registra a história de Israel ao conquistar Jericó. Deus ordenou que nada fosse tomado daquela cidade, pois ela era primícia, oferta dedicada a ele. Mas Acã desobedeceu, pegou o que era consagrado, causou a derrota de Israel em Ai e, por isso, foi severamente punido. Aquele lugar ficou conhecido como o vale de Acor, isto é, o "vale do problema" ou o "vale da perturbação".

Deus não quer que você fique no vale da perturbação. Ele quer que você volte à fortaleza, dedicando cada porção da sua vida diariamente a ele. Hoje, confie no poder da aliança.

Deus promete nos dar muito mais do que merecemos.

Leia hoje

Salmos 5-6 • Atos 3

Anotações

DECLARAÇÃO

Eu creio na restauração de Deus. Recebo as bênçãos que ele tem para mim hoje.

O AMADO VENCE O EXILADO

"Davi, porém, disse ao filisteu: Tu vens contra mim com espada, e com lança, e com escudo; eu, porém, vou contra ti em nome do Senhor dos Exércitos, o Deus dos exércitos de Israel, a quem tens afrontado."

• 1Samuel 17.45 •

Os que são amados sempre vencerão Satanás, o exilado!

Davi enfrentou Golias, e os seus nomes carregam revelações profundas. "Golias" vem do hebraico *galá*, que significa exilado ou despojado, isto é, alguém que perdeu tudo, até o próprio lugar. "Davi" significa amado, escolhido de Deus, que vive na aliança e na comunhão com o Pai. A batalha entre Davi e Golias não foi apenas física, mas espiritual: é a luta entre o amado, protegido pela aliança, e o exilado, que perdeu sua posição.

Quando você enfrenta seus gigantes, sejam eles problemas financeiros, doenças, crises familiares, medos ou qualquer outro desafio, lembre-se sempre de quem você é: o amado de Deus. Essa identidade é a sua força e coragem para lutar. O amor perfeito que Deus derrama em seu coração lança fora todo medo, trazendo confiança para enfrentar qualquer adversidade.

O Inimigo que se levanta contra você já foi vencido na cruz. Ele é o derrotado, o despojado de poder e autoridade. Jesus esmagou a cabeça da serpente, garantindo que você tenha vitória eterna nele. Por isso, levante-se com fé, sabendo que o Deus amado está com você e a vitória é certa.

Leia hoje
Salmos 7-8 • Atos 4

Anotações

DECLARAÇÃO

Com fé e coragem, derroto gigantes, porque Deus está comigo.

AMOR MAIS PROFUNDO QUE VALES

"Mas ele foi traspassado pelas nossas transgressões e moído pelas nossas iniquidades [...]."

• Isaías 53.5 •

Ao suar sangue no Getsêmani, entregar-se na cruz e satisfazer a justiça de Deus, Jesus levou sobre si os seus pecados, a sua depressão, a sua agonia, as suas enfermidades, as suas dores e os seus sofrimentos. O sangue que redime caiu no chão, um chão amaldiçoado pela Queda do homem. Mas agora, por causa da nova aliança em Cristo, todo lugar por onde você andar será abençoado e restaurado. Essa aliança transforma vales de desespero em fontes de vida e esperança.

Esta é a palavra para hoje: que você seja tomado de gratidão, sim, mas também de esperança verdadeira, uma santa expectativa de que Cristo nos presenteou com ricas bênçãos. Mesmo que você esteja atravessando o vale da aflição, da tribulação, da depressão ou da angústia, saiba que há uma porta de favor e de esperança aberta para você.

Mesmo nos vales da vida, você ainda pode encontrar alívio para a sua alma, pois não há vale tão profundo que o amor de Cristo não alcance. A aliança no sangue de Jesus tem o poder de transformar prisões em liberdade, dores em alegria e morte em vida eterna. Que essa esperança firme e inabalável sustente você sempre. Hoje, olhe para a Cruz e receba sua vitória.

O sangue de Jesus transforma vales em fonte de graça.

Leia hoje
Salmos 9-10 • Atos 5

Anotações

DECLARAÇÃO

Sou restaurado pelo sangue de Jesus; minha alma encontra alívio.

ELE É, TAMBÉM, O DEUS DOS VALES!

"Chegou um homem de Deus, e falou ao rei de Israel, e disse: Assim diz o SENHOR: Porquanto os siros disseram: O SENHOR é deus dos montes e não dos vales, toda esta grande multidão entregarei nas tuas mãos, e assim sabereis que eu sou o SENHOR."

• 1Reis 20.28 •

O Senhor é o Deus dos vales e das montanhas!

Muitas pessoas enfrentam vales difíceis hoje: vales de desespero, prostração e desânimo; vales financeiros, de noites maldormidas, de depressão. Outros enfrentam separações, desavenças e conflitos no casamento. Sentem-se abatidos, sem direção, presos em lugares onde não há água. Isso também aconteceu com o povo de Deus.

Contudo, a promessa da Palavra é que há um caminho, uma verdade e uma vida que nos permite atravessar vales sem que padeçamos neles. Por causa da aliança no sangue de Jesus, Deus tira seus filhos da cova onde não há água, saciando a sede da alma sedenta. Ele os chama para que voltem à fortaleza, que é o próprio Senhor. Voltando-se para ele, a sorte é mudada e bênçãos vêm em dobro, na alegria, na honra, na provisão, na paz e nos frutos da vida. Mesmo em vales de angústia, incerteza e desespero, há uma porta aberta de esperança e favor para os que confiam no Senhor.

Lembre-se de que Deus é fiel, um pai amoroso que garante o cuidado constante de seus filhos. Quem está na aliança tem acesso a essa restauração e a essa promessa de uma vida renovada, cheia de vitória e bênção.

Leia hoje
Salmos 11-12 • Atos 6

Anotações

DECLARAÇÃO

Eu confio no favor de Deus. Ele está comigo nos meus altos e baixos.

OS FILHOS NÃO PAGAM

"[...] Jesus lhe disse: Logo, estão isentos os filhos. Mas, para que não os escandalizemos, vai ao mar, lança o anzol, e o primeiro peixe que fisgar, tira-o; e, abrindo-lhe a boca, acharás um estáter [...]."

• Mateus 17.26-27 •

Um momento especial no ministério de Jesus foi quando ele mandou Pedro pescar um peixe, e dentro dele estava a moeda necessária para pagar o imposto. Contudo, o que mais tocou o meu coração foi a frase que Jesus disse a Pedro: "Os filhos não pagam", ao ser questionado sobre o imposto do templo. Essa declaração precisa ficar gravada em nossa mente e coração.

Os filhos não pagam porque Jesus já pagou por nós. Você pode se perguntar: "Mas não pagam o quê?". Eles não pagam pecado, maldição, morte, enfermidade, ansiedade ou condenação. Tudo isso foi pago integralmente por Jesus na cruz. Ele levou nossos pecados, dores, feridas e toda condenação que nos separava do Pai.

Por isso, não aceite culpa nem condenação. Você está perdoado, justificado e reconciliado com Deus pela aliança feita no sangue de Jesus. Ser filho do Pai é viver na liberdade que ele conquistou para nós, e essa verdade liberta, cura e transforma vidas. Você é amado e aceito, não por obras, mas pela graça do Senhor.

Os filhos não pagam; Jesus já pagou tudo na cruz.

Leia hoje
Salmos 13-14 • Atos 7

Anotações

DECLARAÇÃO

Sou perdoado e justificado. Vivo livre pela aliança no sangue de Jesus.

DEUS ME FAZ MATAR GIGANTES

"Davi, porém, disse ao filisteu: Tu vens contra mim com espada, e com lança, e com escudo; eu, porém, vou contra ti em nome do Senhor *dos Exércitos, o Deus dos exércitos de Israel, a quem tens afrontado."*

• 1Samuel 17.45 •

Os que são da aliança sempre vencem!

Essa história tão conhecida da Bíblia, especialmente por crianças, vai muito além de um simples confronto. O embate de Davi contra Golias é um retrato profético da maneira como devemos enfrentar nossos próprios gigantes hoje. Esses gigantes são os desafios que se levantam contra nós diariamente: dívidas, doenças, dúvidas, crises no casamento, medo, problemas com os filhos, desemprego, tristeza, processos judiciais, desânimo.

Um gigante é tudo aquilo que tenta intimidar, desanimar e paralisar a nossa fé. Mas a grande lição dada a nós por Davi é que a batalha não depende da força do braço humano, mas da aliança com Deus. Ao chamar Golias de "incircunciso", Davi não estava apenas insultando; ele declarava que Golias estava fora da aliança com o Deus vivo. Por outro lado, Davi estava dentro dessa aliança, identificado pelo sinal da circuncisão, que garantia que ele pertencia a Deus.

Com essa consciência firme, Davi enfrentou e venceu o gigante. Ele declarou com autoridade: "Quem é esse incircunciso filisteu para afrontar o exército do Deus vivo?" (cf. 1Samuel 17.26). Essa mesma confiança pode estar em você hoje, pois, em nome de Jesus, você também tem poder para matar gigantes, uma vez que faz parte da aliança com Cristo!

Leia hoje
Salmos 15-16 • Atos 8

Anotações

DECLARAÇÃO

Estou em aliança com Deus e sou vitorioso sobre todos os meus gigantes.

COBERTO PELA ALIANÇA

"Todavia, o Senhor é fiel; ele vos confirmará e guardará do Maligno."

• 2Tessalonicenses 3.3 •

Todos os dias, enfrentamos desafios que parecem grandes demais para suportar. No entanto, é essencial lembrar que o Inimigo, por mais barulhento e ameaçador que seja, está fora da aliança. Ele não tem acesso à presença de Deus nem à herança que foi conquistada para nós por meio de Jesus Cristo. Quem tem esse acesso e autoridade é você, que foi comprado por um alto preço, selado e incorporado na nova e eterna aliança em Cristo Jesus.

Guarde esta verdade profunda e libertadora em seu coração: os filhos de Deus não pagam pelos pecados, pelas doenças ou pelas crises da vida, porque Cristo já pagou o preço total na cruz. Além disso, Deus nos capacita a vencer cada gigante e obstáculo que surgir no caminho, não pela força do nosso braço, mas pelo poder do nome do Senhor dos Exércitos, aquele que nos concede vitória.

Você é um homem ou uma mulher da aliança, e isso significa que todos os ataques que enfrenta, sejam eles financeiros, emocionais, de saúde, de relacionamentos ou qualquer outra batalha, não têm a autoridade de acabar com a sua fé. Portanto, não dê espaço e autoridade para eles em seu coração. Quando enfrentar uma guerra espiritual, mantenha a consciência firme de que você está coberto pela aliança com Deus, que lhe garante ser guardado do Maligno e receber a vitória final.

Na aliança com Deus, somos protegidos e vitoriosos contra todo mal.

Leia hoje

Salmos 17-18 • Atos 9

Anotações

DECLARAÇÃO

Sou filho da aliança. Deus me guarda e me fortalece contra o Maligno.

ALIANÇA: PARCERIA PARA VENCER

"[...] Se Deus é por nós, quem será contra nós?"

• Romanos 8.31 •

Deus é o parceiro na aliança e luta nossas batalhas por nós.

Aliança significa que tudo o que é de Deus agora é seu, e tudo o que é seu também é dele. Essa união abrange até as guerras e batalhas que você enfrenta diariamente. Imagine uma mulher endividada que se casa com um homem muito rico em comunhão total de bens: a dívida dela passa a ser dele, e a riqueza dele passa a ser dela. Assim é a aliança que temos com o Senhor. Ele levou sobre si todas as nossas doenças, misérias e culpas, e nos deu em troca a vida abundante, a saúde restaurada e a vitória garantida dele.

Quem luta contra você está, na verdade, lutando contra Deus, porque você está em aliança com ele. A Escritura declara com autoridade: "Se Deus é por nós, quem será contra nós?". Ele é por você por causa da aliança firmada através de Cristo. Por isso, a luta pela sua casa, seus filhos, seu sustento e suas vitórias também é luta de Deus. Entregue suas batalhas nas mãos do Senhor, pois ele é o seu parceiro fiel e poderoso.

Não tenha medo de clamar e buscar ajuda, mesmo que você tenha contraído dívidas ou cometido erros no passado. A aliança não questiona a sua falha, ela cobre e paga. Deus assumiu suas lutas e lhe deu a vitória dele, que é perfeita, certa e eterna. Portanto, confie.

Leia hoje
Salmos 19-20 • Atos 10

Anotações

DECLARAÇÃO

Entrego minhas lutas a Deus; a vitória dele é a minha garantia.

PORTA DE ESPERANÇA

"E lhe darei, dali, as suas vinhas e o vale de Acor por porta de esperança [...]."

• Oseias 2.15 •

Anos após o vale de Acor se tornar símbolo de problema e perturbação, Deus fez uma promessa poderosa. Ele declarou: "E lhe darei, dali, as suas vinhas e o vale de Acor por porta de esperança". Mesmo no vale do problema, Deus abre portas de esperança e de favor, ou seja, Deus entrega todo o bem a quem não merece nada.

No meio do seu vale, de enfermidade, traição, desonra, escassez, angústia ou crise, Deus declara: "Aqui está uma porta de esperança", isto é, um escape, uma saída inesperada ou uma restauração que só ele pode fazer. Não permita que pensamentos pessimistas e incrédulos paralisem você. Não aceite viver sob condenação ou perspectivas humanas limitadas. O Senhor o chama a olhar para essa porta de favor e crer que ela está aberta para você. No meio da luta, ele diz: "Eu vou lutar as suas guerras, vou assinar embaixo, vou mudar a sua sorte".

Quando estiver em um vale, pergunte ao Senhor: "Onde está minha porta de esperança?", e ele vai lhe mostrar. Lembre-se de que nenhum vale dura para sempre. Há descanso verdadeiro prometido para você, uma terra de provisão que não vem por esforço, mas por graça. Uma terra onde você é provido por um Deus que cuida, restaura e honra.

Deus abre portas de esperança mesmo no vale da luta.

Leia hoje
Salmos 21-22 • Atos 11

Anotações

DECLARAÇÃO

Eu creio na porta de esperança aberta por Deus em minha vida.

NÃO SÓ FILHO, MAS FILHO AMADO

"E eis uma voz dos céus, que dizia: Este é o meu Filho amado, em quem me comprazo."

• Mateus 3.17 •

Os que sabem que são amados são vitoriosos, porque Deus luta por eles.

Leia hoje
Salmos 23-24 • Atos 12

Anotações

Quando Jesus foi batizado, uma voz do céu declarou: "Este é o meu Filho amado, de quem me agrado" (cf. Mateus 3.17). Essa é a voz que todos nós precisamos ouvir e guardar no coração. No deserto, o Diabo tentou Jesus com várias provocações: "Se és Filho de Deus...". Mas ele omitia uma palavra essencial durante as tentações, uma palavra que definia a identidade de Jesus: "amado". Ele sabe que quem tem consciência de que é amado tem poder para vencer qualquer adversidade.

Por isso, enfrente toda enfermidade, crise, escassez e medo com a convicção de que você é amado. Deus luta por você. Você é o Davi desta geração, e o gigante que está diante de você já foi derrotado. Sua vitória vem do Senhor. Além disso, a Bíblia nos ensina que aquele que alivia a alma de alguém será aliviado. Quando você compartilha o Evangelho, dá uma palavra de fé ou presenteia alguém com um livro que revela a graça de Deus, está levando alívio e esperança para essa pessoa. E as Escrituras prometem que essa graça retornará para você multiplicada.

Hoje, escolha crer: você é amado, está sob a graça, e a vitória é sua, em nome de Jesus. Amém.

DECLARAÇÃO

Estou firmado na aliança; minha vitória é certa em Jesus.

PEÇA UM CORAÇÃO COMPREENSIVO

"Dá, pois, ao teu servo coração compreensivo para julgar a teu povo, para que prudentemente discirna entre o bem e o mal; pois quem poderia julgar a este grande povo?"

• 1Reis 3.9 •

Esse foi o pedido de Salomão a Deus, um pedido simples, mas profundo. Ele não pediu riquezas, nem a morte de seus inimigos, nem longevidade. Ele pediu sabedoria e, mais especificamente, um coração compreensivo. A verdadeira sabedoria, para Salomão, não estava em acumular conhecimento, mas em discernir, saber julgar corretamente, distinguir entre o bem e o mal e tomar decisões justas e equilibradas.

Salomão sabia que, sem essa sabedoria, ele não poderia liderar bem, cuidar do povo ou administrar as questões do reinado. Esta é a oração que devemos fazer: "Senhor, dá-me um coração compreensivo". Um coração que escute atentamente, que entenda o que o Senhor quer, que reconheça a voz divina e obedeça a vontade dele. Sabedoria não é apenas conhecimento; é aplicar o que se sabe com amor e temor de Deus. Um coração compreensivo nos ajuda a discernir o certo do errado, o justo do injusto, e a agir com retidão em todas as áreas da vida. Essa é a sabedoria de que precisamos para tomar decisões sábias no dia a dia, seja no trabalho, na família ou no ministério.

Ter um coração compreensivo é o segredo para viver uma vida alinhada com Deus, frutífera em todas as áreas.

Sabedoria não é apenas conhecimento; é aplicar o que se sabe com amor e temor de Deus.

Leia hoje
Salmos 25-26 • Atos 13

Anotações

DECLARAÇÃO

Meu coração é guiado pela sabedoria e pelo amor de Deus.

A SABEDORIA QUE TRANSFORMA DECISÕES

"Se, porém, algum de vós necessita de sabedoria, peça-a a Deus, que a todos dá liberalmente e nada lhes impropera [...]."

• Tiago 1.5 •

A sabedoria divina é mais preciosa do que o ouro e mais valiosa do que qualquer bem material.

Leia hoje
Salmos 27-28 • Atos 14

Anotações

Hoje, muitas pessoas enfrentam decisões complexas e difíceis: problemas no casamento, desafios financeiros, negócios incertos e a difícil tarefa de educar os filhos. Em todas essas situações, a sabedoria do alto é indispensável para guiar os passos. Ela é mais preciosa do que o ouro e mais valiosa do que qualquer bem material, pois orienta as escolhas e evita caminhos de dor e fracasso.

Você acha que Deus não deseja que você seja sábio? Na verdade, a Bíblia nos encoraja a pedir a Deus essa sabedoria. Tiago nos lembra de que Deus a dá de forma generosa, sem recriminação, para aqueles que a pedem com fé sincera e coração humilde. Essa sabedoria divina não é apenas conhecimento intelectual, mas um discernimento profundo e prático para saber distinguir o certo do errado e agir segundo a vontade do Pai.

Que um coração compreensivo semelhante ao de Salomão também esteja em nós hoje; um coração sensível à voz do Espírito, capaz de julgar com justiça e amor, tomando decisões que abençoam a nós e aos que nos cercam. Busque essa sabedoria com confiança e verá seus caminhos sendo iluminados e suas escolhas sendo frutíferas. Lembre-se: Deus deseja dar sabedoria para todos os filhos dele.

DECLARAÇÃO

Sou guiado pela sabedoria divina e escolho segundo o coração de Deus.

A SABEDORIA DO OUVIR

"Se, porém, algum de vós necessita de sabedoria, peça-a a Deus, que a todos dá liberalmente, [...] e ser-lhe-á concedida."

• Tiago 1.5 •

Sabedoria não é apenas inteligência ou acúmulo de informações. Quando o próprio Salomão pediu sabedoria a Deus, a palavra hebraica usada foi *shama*, que significa ouvir com entendimento, escutar com discernimento. Salomão, em essência, pediu um coração sensível à voz de Deus. Sabedoria é isto: ouvir a voz do Senhor e andar conforme sua direção. Muitas vezes, pensamos que nossos maiores problemas são financeiros, conjugais ou familiares. Na verdade, o que falta é sabedoria para lidar com o dinheiro, resolver conflitos, tomar decisões corretas. Por isso, a sabedoria não é um luxo espiritual, mas uma necessidade urgente.

Tiago nos ensina que, se alguém tem falta de sabedoria, deve pedir a Deus, que a dá abundantemente a todos sem reprovação. Pedir sabedoria é reconhecer que não confiamos em nosso próprio entendimento, mas na direção do Espírito Santo.

Deus se agradou tanto do pedido de Salomão que, além da sabedoria, concedeu-lhe riquezas, honra, influência e vitória sobre os inimigos. Isso nos mostra que quem valoriza a sabedoria receberá tudo de que precisa para viver em plenitude e cumprir seu propósito.

Sabedoria é ouvir a voz do Senhor e andar conforme sua direção.

Leia hoje
Salmos 29-30 • Atos 15

Anotações

DECLARAÇÃO

Peço e recebo sabedoria para viver conforme a vontade do Senhor.

FOQUE NA PROMESSA, NÃO NO PROBLEMA

"Buscai, pois, em primeiro lugar o seu reino e a sua justiça, e todas estas coisas vos serão acrescentadas."

• Mateus 6.33 •

A verdadeira sabedoria nos convida a olhar para o alto, para as promessas de Deus.

Leia hoje
Salmos 31-32 • Atos 16

Anotações

Você conhece pessoas cercadas de bênçãos, mas que focam em problemas? Sabedoria é saber onde manter o foco, mesmo quando a vida apresenta dificuldades. Significa buscar o Reino de Deus e não sucumbir com os desafios desta curta vida. Não ignoramos os problemas, mas escolhemos não nos concentrar neles para que estes não roubem a nossa paz e esperança. A verdadeira sabedoria nos convida a olhar para o alto, para as promessas de Deus, que são firmes e seguras, mesmo quando tudo ao nosso redor parece desmoronar.

No meio das lutas, precisamos continuar acreditando no melhor que Deus preparou para nós, confiando que ele é fiel para cumprir o que prometeu. Nunca troque a promessa pelo problema, pois este é temporário, mas a promessa de Deus é eterna e infalível. Declare com fé sobre a sua vida: "Eu não trocarei a promessa pelo problema. Eu escolho confiar em Deus e ouvir a sua voz". Essa decisão fortalece o seu espírito e abre portas para milagres, direção e restauração.

Cristo nos reconciliou com o Pai por meio da obra consumada na cruz. Agora, como filhos amados, temos o privilégio de pedir ao Pai sabedoria, com a certeza de que ele nos ouvirá e nos guiará. Que a sabedoria divina nos fortaleça para enfrentar cada desafio, mirando os olhos na vitória que já foi conquistada, mantendo o foco no Rei de um reino inabalável.

DECLARAÇÃO

Mantenho o foco na palavra do Senhor e vivo pela fé em suas promessas.

OUTUBRO
20
Devocional
293 /365

ENCONTRO TRANSFORMADOR JUNTO À FONTE

Na Presença do Pai

"E era-lhe necessário atravessar a província de Samaria. Chegou, pois, a uma cidade samaritana chamada Sicar [...]. Disse-lhe Jesus: Dá-me de beber."

• João 4.4-5,7 •

Esse texto é extraordinário e profundo, pois revela como um encontro com Deus pode transformar a vida de qualquer pessoa. Jesus não estava passando aleatoriamente pela região de Samaria; ele precisava ir até lá porque havia um propósito divino. Ali, ele encontrou uma mulher samaritana à beira da fonte; uma mulher que, como muitos de nós, se sentia rejeitada, marginalizada e sozinha.

Essa samaritana tinha uma história difícil: já havia tido cinco maridos e vivia com um homem que não era seu esposo. Na cultura daquela época, ela era vista como uma pecadora e por isso evitava a convivência social, procurando ir ao poço no calor do meio-dia e assim fugir do olhar dos outros. Além disso, ser samaritana a deixava em uma posição ainda mais isolada, pois os judeus a consideravam impura e evitavam contato com esse povo.

Mesmo assim, Jesus escolheu atravessar essa barreira cultural e social para encontrá-la. Ele falou diretamente com ela, pedindo água, quebrando convenções e mostrando que o amor de Deus ultrapassa preconceitos, rejeições e condições humanas. O "necessário" para Jesus não era apenas o caminho físico, mas o encontro com o coração daquela mulher. E ele também quer ter um encontro com você hoje, para transformar a sua história e restaurar a sua vida, não importando a condição em que você se encontre ou os erros e pecados cometidos.

Jesus busca um encontro que renova e transforma o coração.

Leia hoje
Salmos 33-34 • Atos 17

Anotações

DECLARAÇÃO

Estou aberto ao amor transformador de Jesus em minha vida.

DEUS PAI: A REVELAÇÃO TRANSFORMADORA

"Pois todos vós sois filhos de Deus mediante a fé em Cristo Jesus."

• Gálatas 3.26 •

Deus é um Pai amoroso, pronto para abraçar e transformar.

Leia hoje
Salmos 35-36 • Atos 18

Anotações

Quando Jesus veio, ele trouxe uma revelação extraordinária sobre Deus, que, antes, era conhecido por muitos nomes que revelavam seu poder e atributos: Jeová-Jiré, o Deus que provê; Jeová-Nissi, nossa bandeira; Jeová-Rafá, o Deus que cura; El-Shaddai, o Todo-Poderoso. Mas nenhum nome revelava o nível de intimidade que Jesus apresentou: Pai, "Aba", que significa "Papai", um nome cheio de amor, proximidade e afeto.

Jesus veio restaurar a comunhão perdida no Éden. A religião muitas vezes pintou Deus como um juiz distante e severo, que observa para punir. Frases como "o Papai do céu está vendo" criaram medo e distância em nosso coração. Mas Jesus quebrou esses paradigmas. Ele tocou os intocáveis, os excluídos e os doentes, mostrando que Deus não rejeita ninguém. Ao tocar leprosos, por exemplo, Jesus não se contaminou, ele os purificou. Essa atitude revela o coração amoroso do Pai, que quer limpar e restaurar sua alma.

Lembre-se de que Jesus conviveu com imperfeitos: ladrões, prostitutas, políticos corruptos. Mesmo assim, ele acolheu os de coração quebrantado e os amou, suprindo suas necessidades. Esta é a revelação que transforma vidas: Deus é um bom Pai e está com mãos estendidas, pronto para amar, ouvir e transformar você.

DECLARAÇÃO

Sou um filho amado do Pai. Recebo seu amor, sua graça e sua transformação.

JESUS ESCOLHE O CAMINHO DO CORAÇÃO

"E era-lhe necessário atravessar a província de Samaria."

• João 4.4 •

O texto de João 4 revela algo profundo sobre como Jesus se movia: ele nunca escolhia o caminho mais curto geograficamente, mas o caminho do coração. A Bíblia diz que "era-lhe necessário passar por Samaria", um desvio do trajeto mais direto entre a Judeia e a Galileia. Essa "necessidade" não era física, mas espiritual, pois havia uma mulher que ele precisava encontrar, um coração sedento por cura.

Essa mulher samaritana tinha uma história marcada pela rejeição. Em uma sociedade tradicional, ela era julgada e marginalizada, o que a fazia buscar água ao meio-dia, evitando o olhar das outras mulheres. Sua solidão era fruto de dor e vergonha. Mesmo assim, Jesus decidiu atravessar essa barreira, não por benefícios geográficos, mas por amor. Ele não caminha pelos atalhos da religião, mas pela rota do amor, indo ao encontro daqueles que o mundo rejeita, que a religião condena e que a vergonha isolou. Ele é o Deus perfeito, de quem todos nós precisamos; só ele pode matar nossa sede de aceitação, salvação e alegria.

Talvez você se identifique com essa mulher. Talvez esteja longe de Deus, excluído ou marcado pelo passado. Jesus quer se encontrar com você hoje. Ele não vê seu passado para o condenar; ele já pagou o preço e está aqui para curar, restaurar e renovar sua vida.

Jesus escolhe o caminho do amor para encontrar o coração ferido.

Leia hoje
Salmos 37-38 • Atos 19

Anotações

DECLARAÇÃO

Aceito o amor de Jesus, que cura e renova o meu coração.

A VISÃO PROFÉTICA DO LAR ABENÇOADO

"Bem-aventurado aquele que teme ao Senhor e anda nos seus caminhos! [...] tudo te irá bem. Tua esposa, no interior de tua casa, será como a videira frutífera; teus filhos, como rebentos da oliveira, à roda da tua mesa."

• Salmos 128.1-3 •

Os caminhos do Senhor estão cheios de vida e vigor.

A Bíblia está repleta de imagens proféticas que fortalecem nossa fé e nos dão esperança para a família. O salmo 128 revela uma visão poderosa e cheia de vida para o lar abençoado. A esposa é comparada à videira frutífera, símbolo de alegria, celebração e prazer que nutre a casa. Os filhos são como rebentos da oliveira, representando unção, força e longevidade, trazendo vigor à família.

Mesmo que seus filhos estejam enfrentando lutas ou dificuldades, não declare derrota sobre eles. Ao contrário, profetize com fé: "Meus filhos são ungidos do Senhor", "Meus filhos se assentarão a esta mesa com Cristo". Nutra sua fé com essa palavra de autoridade que vem do alto. Pesquisas mostram que quando um broto de oliveira é enxertado em uma árvore mais velha, ele ajuda a renovar e fazer florescer novamente a árvore antiga, trazendo nova vida a ela. Assim também são os filhos para os pais: renovam sua juventude e esperança e prolongam seu legado.

Que essa visão fortaleça, traga paz e restaure a alegria no seu lar. Confie no Deus que abençoa as famílias com saúde, prosperidade e harmonia, cumprindo suas promessas geracionais.

Leia hoje

Salmos 39-40 • Atos 20

Anotações

DECLARAÇÃO

Declaro bênçãos e unção sobre a minha família, em nome de Jesus.

FRUTIFICANDO NA PRESENÇA DO SENHOR

"O justo florescerá como a palmeira, crescerá como o cedro do Líbano. Plantados na casa do Senhor, florescerão nos átrios do nosso Deus. Na velhice darão ainda frutos, serão cheios de seiva e de verdor."

• Salmos 92.12-14 •

O salmo 92 nos apresenta uma das imagens mais belas e poderosas da vida do justo diante de Deus. Mesmo quando enfrentarmos dificuldades, tribulações e até o avanço da idade, permaneceremos frutíferos e cheios da presença constante do Senhor. Ser justo em Cristo significa estar plantado na casa do Senhor, onde somos nutridos, protegidos e fortalecidos para florescer em todas as estações da vida.

Essa promessa nos convida a alimentar a fé e a esperança diariamente. Guarde essa visão em seu coração e veja-se como Deus o vê: justificado por Cristo e, portanto, cheio de vida, força e capacidade de frutificar, mesmo na velhice. Não permita que as dificuldades, limitações físicas ou emocionais desviem seu foco das promessas divinas.

Em vez disso, mantenha seus olhos na visão que Deus tem para sua vida e caminhe na direção que ele indica. Jesus quer se encontrar com você hoje, trazendo cura, restauração e força para sua jornada. Esse é um encontro que transforma sua caminhada, fortalece sua fé e renova sua esperança a cada dia.

Os que estão plantados na casa do Senhor florescem e frutificam em todas as estações.

Leia hoje
Salmos 41-42 • Atos 21

Anotações

DECLARAÇÃO

Sou justo em Cristo, cheio da presença de Deus e frutífero sempre.

O CONVITE AO VERDADEIRO DESCANSO

"Vinde a mim, todos os que estais cansados e sobrecarregados, e eu vos aliviarei."

• Mateus 11.28 •

O verdadeiro descanso é uma entrega profunda e diária a Cristo.

Leia hoje
Salmos 43-44 • Atos 22

Anotações

Cristo nos faz um convite precioso para um descanso que vai além do físico ou circunstancial. Ele nos chama para um lugar onde o cansaço e a sobrecarga são aliviados por sua presença e graça infinitas. Esse descanso é verdadeiro porque não depende do ambiente, das condições externas ou da ausência de desafios, mas da paz que habita no coração daquele que confia em Jesus.

Você está cansado? Sobrecarregado? Lembre-se de que esse descanso não é o fim da caminhada do cristão, mas o princípio, meio e fim de uma vida plena em Jesus. Quem aprende a descansar em Cristo desde o início da jornada não padecerá sobrecarregado pelas tempestades da vida, pois estará firmado no Espírito Santo, que orienta, fortalece e guia. O verdadeiro descanso é uma entrega profunda e diária. Não é uma fuga, mas a confiança total em Deus para cuidar das nossas frustrações, medos, dores e decepções. É no abrir do coração, no derramar da alma diante do Pai, que a paz verdadeira invade e renova.

Quando descansamos em Cristo, somos fortalecidos para seguir adiante com esperança e alegria, sabendo que ele cuida de cada detalhe da nossa vida. Essa paz que excede todo o entendimento guarda nosso coração e mente, permitindo que vivamos com leveza, mesmo em meio às tribulações.

DECLARAÇÃO

Entrego minha vida a Jesus e encontro graça em sua presença.

PLANTADO NA CASA DO SENHOR, FLORESÇO

"Plantados na Casa do Senhor, florescerão nos átrios do nosso Deus. Na velhice darão ainda frutos, serão cheios de seiva e de verdor."

• Salmos 92.13-14 •

Segundo as Escrituras, estar plantado na casa do Senhor não é um conceito religioso, mas uma posição espiritual profunda, que revela comunhão, intimidade e vida constante com Deus. Quando você foi enxertado em Cristo, a seiva da vida divina passou a fluir em suas veias também, dando a você renovação, crescimento e vigor constantes.

Mesmo na velhice, a Palavra promete que você continuará a dar frutos abundantes. O mundo natural pode dizer que a velhice é um tempo de declínio, escassez e fraqueza, mas a verdade espiritual é outra: na velhice, o justo permanece cheio de seiva, que representa a energia, o vigor interior, e de verdor, frescor, exuberância e vitalidade. A palavra hebraica para "verdor" é *ha'anam*, que significa exuberante, viçoso, cheio de vida e beleza. É assim que o Senhor nos vê.

Essa promessa não é apenas para os de idade mais avançada, mas para todos aqueles que estão firmes na presença do Senhor. Deus quer que você floresça abundantemente, manifestando frutos que nutram os demais, exibindo a graça e poder dele em sua vida. Declare hoje: "Sou cheio de seiva e de verdor. Sou exuberante e viçoso no Senhor". Mantenha-se firme, enraizado e alimentado pela Palavra, pois apenas assim poderá experimentar a verdadeira renovação diária que só Deus pode dar.

Os que estão plantados em Cristo são exuberantes e cheios de vida.

Leia hoje
Salmos 45-46 • Atos 23

Anotações

DECLARAÇÃO

Minha vida floresce em Deus, cheia de vigor e vitalidade.

A IMAGEM PROFÉTICA DA VIDA FRUTÍFERA

"Bem-aventurado aquele que teme ao SENHOR e anda nos seus caminhos! Tua esposa, no interior de tua casa, será como a videira frutífera; teus filhos, como rebentos da oliveira [...]."

• Salmos 128.1,3 •

Os bem-aventurados no Senhor são os bem-sucedidos na vida!

Esta é a imagem que o Senhor deseja gravar em sua alma: você é como uma palmeira que produz frutos doces, como um cedro que permanece firme e resistente. Jesus faz de você uma árvore plantada junto às águas profundas, com folhas sempre verdes, cheia de seiva e vida, mesmo nos dias difíceis ou ao avançar da idade.

"Bem-aventurado" significa feliz, bem-sucedido, alguém que alcançou sucesso. É isso que Deus está dizendo sobre você, porque você decidiu andar nos caminhos dele. Você e a sua família estão destinados a viver vitoriosamente, porque estão trilhando o caminho daquele que os sustenta e os conduz em triunfo. Seus filhos são como rebentos da oliveira, ungidos, vigorosos e chamados para perpetuar a unção. Seu lar é frutífero, um lugar de paz, prazer e alegria verdadeira. Talvez esse não seja o tipo de sucesso definido pelo sistema do mundo, mas o é pelo Reino de Deus.

Creia assim. Esta é a imagem que a nova aliança em Cristo declara a seu respeito e à sua família: você é abençoado, forte e cheio da vida do Senhor, pois está em Jesus. Perceba a importância desta visão: quando declaramos o que a Palavra fala, a fé cresce em nosso coração e passamos a enxergar a vida como Deus a vê. Isso muda nossa perspectiva e nos fortalece para vivermos em vitória.

Leia hoje
Salmos 47-48 • Atos 24

Anotações

DECLARAÇÃO

Declaro bênçãos e unção sobre minha vida e minha família.

O VERDADEIRO DESCANSO ESTÁ EM CRISTO

"Portanto, resta um repouso para o povo de Deus."

• Hebreus 4.9 •

Estamos em Cristo, e nele encontramos o descanso e a paz que o mundo não pode oferecer. A Palavra revela que o verdadeiro descanso não é apenas um tempo de inatividade ou afastamento das responsabilidades, mas um estado profundo de confiança, entrega e paz plena em Deus, que sustenta a alma mesmo em meio às dificuldades.

No Antigo Testamento, a terra prometida, Canaã, representava um lugar físico de descanso, um refúgio após anos de escravidão, sofrimento e opressão no Egito. Hoje, essa promessa é cumprida em uma pessoa: Jesus Cristo, que é o nosso verdadeiro descanso, em quem encontramos refrigério para o corpo, alma e espírito. O descanso verdadeiro não está em lugares físicos deste mundo ou na ausência de tarefas, pois é absolutamente possível estar parado num belo lugar e, mesmo assim, sentir ansiedade, medo ou inquietação. O descanso que Deus oferece é espiritual, interior e profundo, é a paz que excede todo o entendimento, que guarda o coração e a mente, mesmo quando o mundo ao redor está em caos.

Em meio às demandas da vida, em trabalhos, responsabilidades e desafios, podemos viver com o coração firme e a alma tranquila, confiando que Deus cuida de cada detalhe. Essa confiança liberta e renova as forças para seguirmos em frente com alegria e esperança, porque o Senhor é o nosso refúgio seguro e a nossa fortaleza.

Jesus Cristo é o verdadeiro descanso, aquele em quem encontramos refrigério para o corpo, alma e espírito.

Leia hoje

Salmos 49-50 • Atos 25

Anotações

DECLARAÇÃO

Minha alma descansa no Senhor, e minha vida está firmada na sua paz.

PENSAMENTOS ALTOS E ELEVADOS

"[...] diz o Senhor: porque, assim como os céus são mais altos do que a terra, assim são os meus caminhos mais altos do que os vossos caminhos, e os meus pensamentos, mais altos do que os vossos pensamentos."

• Isaías 55.8-9 •

Seus conceitos sobre Deus definem suas decisões.

Muitas pessoas ainda carregam uma imagem errada do Senhor, vendo Deus como um ser distante, rígido e severo, sempre pronto a castigar qualquer deslize nosso. Essa percepção equivocada gera medo, insegurança e uma fé limitada. A Bíblia, porém, revela uma verdade profunda e transformadora: Deus se manifestou a Jesus Cristo como um Pai cheio de amor, graça e verdade; e ele não nos rejeita, mas também nos acolhe e restaura. Essa mudança na forma como enxergamos Deus é a chave para uma vida espiritual plena e cheia de liberdade e paz.

Quando você começa a entender quem Deus realmente é, experimenta uma nova liberdade e confiança. O temor que paralisa e aprisiona dá lugar à reverência que liberta e fortalece. Você não caminha mais com medo ou ansiedade, mas com segurança plena no amor fiel do Pai. Essa mudança interior impacta profundamente todas as áreas da sua vida: relacionamentos, decisões, emoções e fé diária.

É fundamental que essa verdade se firme no seu coração hoje. Deus não é contra você, ele está ao seu lado em todas as circunstâncias. Ele tem pensamentos bons e promessas de esperança para você. Ele deseja abençoar e prosperar sua vida abundantemente. Por isso, abra mão da visão religiosa e equivocada e substitua-a pela revelação da graça que liberta. Sua mente renovada transformará toda sua caminhada.

Leia hoje

Salmos 51-52 • Atos 26

Anotações

DECLARAÇÃO

Creio no amor do Pai. Minha mente está renovada na graça e verdade de Cristo.

A ENTREGA QUE TRAZ DESCANSO

"Lançando sobre ele toda a vossa ansiedade, porque ele tem cuidado de vós."

• 1Pedro 5.7 •

A ansiedade nasce quando tentamos controlar o amanhã com as nossas próprias forças e carregar sozinhos o peso das preocupações e dos desafios que ainda nem chegaram. Ela rouba a paz, corrói o descanso e paralisa a fé. Contudo, o repouso verdadeiro vem quando aprendemos a entregar tudo nas mãos do Pai, confiando que ele é fiel e fará o melhor em seus santos propósitos.

Você sabe o que acontece quando a oração alcança os temores do nosso coração? Ao orarmos, abrimos o coração e entregamos nossos temores a Deus. Somos lembrados de que não precisamos carregar as angústias sozinhos, porque a Bíblia nos assegura que ele cuida de nós com um amor perfeito e constante. A promessa é clara: "Lançando sobre ele toda a vossa ansiedade, porque ele tem cuidado de vós". Entregar é um ato de fé, um reconhecimento de que Deus é soberano e que a graça é suficiente para sustentar cada passo do nosso caminho. Não importa quão grandes sejam as tempestades ou os problemas que enfrentamos, podemos descansar porque ele está conosco, amparando, fortalecendo e guiando. A oração dobra os temores aos pés da cruz.

Assim, quando confiamos, nossa alma encontra alívio. O descanso não é ausência de luta, mas a certeza de que o Senhor é maior do que qualquer problema. E, nessa entrega diária, encontramos paz e renovação para seguirmos confiadamente.

O descanso não é ausência de luta, mas a certeza de que o Senhor é maior do que qualquer problema e está do meu lado.

Leia hoje
Salmos 53-54 • Atos 27

Anotações

DECLARAÇÃO

Confio no Senhor e descanso em seu amor fiel e sustentador.

NADA PODE NOS SEPARAR DO AMOR DE DEUS

"Porque eu estou bem certo de que nem a morte, nem a vida, nem os anjos, nem os principados, nem as coisas do presente, nem do porvir, nem os poderes, nem a altura, nem a profundidade, nem qualquer outra criatura poderá separar-nos do amor de Deus, que está em Cristo Jesus, nosso Senhor."

• Romanos 8.38-39 •

Saber que somos profundamente amados por Deus, que tudo governa, traz uma paz que excede o entendimento.

Leia hoje

Salmos 55-56 • Atos 28

Anotações

Nada no mundo, nem a dor, nem a perda, nem o futuro incerto, tem poder de nos afastar do amor de Deus revelado em Cristo Jesus. Esta é a convicção que Paulo declara com ousadia em Romanos 8: não há força visível ou invisível, natural ou espiritual, presente ou futura, que possa romper o vínculo entre o Pai e seus filhos. Esse amor não é frágil nem condicionado às nossas ações; é eterno, seguro e absoluto, firmado na cruz e sustentado pela graça.

Descansar nesse amor é mais do que uma emoção reconfortante, é um alicerce para a vida. Saber que somos profundamente amados pelo Deus que tudo governa traz uma paz que excede o entendimento. Não importa o que enfrentamos: crises, enfermidades, perdas ou frustrações, o amor do Pai permanece intacto, sustentando-nos em cada passo. Esse amor cuida de cada aspecto da nossa história: daquilo que já passou, do que enfrentamos agora e até daquilo que ainda nem chegou.

Por isso, o verdadeiro descanso nasce da certeza de que nada nos separa de Deus. Não é um descanso que depende do silêncio ao redor, mas da convicção dentro de nós. É a liberdade de viver sem medo, com o coração firmado na fidelidade de um Pai que nunca nos abandona.

DECLARAÇÃO

Sou eternamente amado por Deus e descanso na sua fidelidade.

Novembro

11 – 12

O AMOR INABALÁVEL DE DEUS

"Porque os montes se retirarão, e os outeiros serão removidos; mas a minha misericórdia não se apartará de ti, e a aliança da minha paz não será removida, diz o Senhor, que se compadece de ti."

• Isaías 54.10 •

O amor de Deus é firme e inabalável em todas as circunstâncias.

Leia hoje
Salmos 57-58 • Provérbios 1

Anotações

Mesmo que tudo ao seu redor se abale, que montanhas desabem, colinas sejam removidas, perdas venham, doenças se manifestem e lutas se multipliquem, o amor de Deus por você permanece firme e inabalável. Nenhum erro, nenhum pecado, nenhuma circunstância tem o poder de diminuir ou afastar o carinho e a compaixão que o Senhor tem por você.

Deus nos ama sem medidas, não há nada que você possa fazer para aumentar este amor, tampouco algo que diminua sua extensão. Ele nos amou quando ainda éramos inimigos, afastados dele, e agora, reconciliados pelo sangue de Cristo, temos a certeza da salvação e da sua constante proteção contra a ira divina.

Esta é uma verdade que precisa estar profundamente enraizada em seu coração: o amor de Deus é uma aliança eterna, uma promessa que nunca falhará. Mesmo diante de tempestades e desafios da vida, essa paz divina é a nossa fortaleza e refúgio seguro. Confie nessa aliança, abrace esse amor imutável e viva com a certeza de que você é profundamente amado e sustentado pelo Pai.

Além disso, o Senhor não apenas promete permanecer ao seu lado, mas garante que a aliança de paz que ele estabeleceu não seja removida. Isso significa que, independentemente do que você enfrente, Deus é a âncora firme que mantém seu espírito estável e sua esperança viva. A compaixão do Senhor é constante e fiel e traz consolo e força para continuar.

DECLARAÇÃO

Sou eternamente amado por Deus e seguro em sua aliança de paz.

FORÇA NA CONFIANÇA ETERNA

"Confiai no Senhor perpetuamente, porque o Senhor Deus é uma rocha eterna."

• Isaías 26.4 •

Nos momentos mais difíceis, quando as lutas parecem maiores do que nossas forças, a verdadeira força nasce da confiança inabalável no Senhor. Isaías nos ensinou a aquietar o coração e esperar o livramento divino, lembrando-nos de que a peleja não é nossa, mas de Deus. Quando entregamos nossas preocupações e renunciamos à ansiedade, abrimos espaço para que o favor sobrenatural se manifeste, portas que nenhum esforço humano seria capaz de abrir. A confiança no Senhor é a chave que move o Céu e transforma nossos combates em vitórias asseguradas.

Descansar em Deus não significa parar de agir ou trabalhar, mas fazê-lo com uma paz profunda, sabendo que o Senhor caminha conosco a cada passo da jornada. Noé achou graça porque estava firme no descanso e na fidelidade de Deus, e nós podemos experimentar essa mesma graça quando entregamos nossas cargas ao Pai. Deus renova as forças dos que se sentem cansados e nos sustenta mesmo quando tudo ao nosso redor parece desabar. Essa é a força que vem da fé.

Portanto, permaneça firme, confiando no Deus que nunca falha. Ele prepara uma mesa para você mesmo em meio às dificuldades e fortalece sua alma com paz eterna. Que você experimente diariamente a liberdade e a força que só a confiança no Senhor pode proporcionar, vivendo com coragem e esperança renovadas.

A confiança no Senhor é a chave que move o Céu.

Leia hoje

Salmos 59-60 • Provérbios 2

Anotações

DECLARAÇÃO

Minha alma encontra força na confiança eterna em Deus.

PROTEGIDO NA SOMBRA DO ALTÍSSIMO

"Caiam mil ao teu lado, e dez mil, à tua direita; tu não serás atingido."

• Salmos 91.7 •

O coração que está firmado nele encontra descanso e paz que não podem ser abalados.

Leia hoje

Salmos 61-62 • Provérbios 3

Anotações

O salmo 91 nos oferece uma promessa poderosa e profunda que traz conforto e segurança para o coração aflito. Ele nos assegura que, mesmo diante das maiores ameaças da vida, Deus é nosso refúgio, nosso protetor constante. "Não te assustarás do terror noturno, nem da seta que voa de dia, nem da peste que se propaga nas trevas, nem da mortandade que assola ao meio-dia" (Salmos 91.5-6). Essas imagens representam os perigos reais e espirituais que tentam nos cercar e nos ferir, mas, para aqueles que confiam no Senhor, nenhuma dessas forças prevalecerá.

Essas palavras revelam a fidelidade de Deus em nos guardar debaixo de sua sombra protetora, onde nenhuma arma forjada contra nós prospera. O terror, as setas, as pestes e a mortandade são símbolos das lutas e ataques que enfrentamos diariamente, sejam físicos, emocionais ou espirituais. Contudo, a promessa divina é que, mesmo que milhares caiam ao seu redor, você permanecerá seguro.

A proteção de Deus não significa ausência de problemas, mas sua presença constante e poderosa em meio às dificuldades. Quando o nosso coração está firme nele, encontramos descanso e paz que não podem ser abalados, mesmo quando enfrentamos guerras ou tempestades na vida. Confie nessa promessa hoje. Saiba que, enquanto outros podem tropeçar, você está sob o cuidado infalível do Altíssimo, protegido, guardado e sustentado pela mão poderosa do Senhor, que jamais abandona seus filhos.

DECLARAÇÃO

Confio plenamente no cuidado de Deus e descanso em sua constante proteção.

O VERDADEIRO DESCANSO É A FREQUÊNCIA DO ESPÍRITO

"E me perguntou: Que vês? Respondi: olho, e eis um candelabro todo de ouro e um vaso de azeite em cima com as suas sete lâmpadas e sete tubos, um para cada uma das lâmpadas que estão em cima do candelabro."

• Zacarias 4.2 •

No livro de Zacarias, o profeta tem uma visão profunda e reveladora: um candelabro todo de ouro, que representa Cristo, a luz do mundo. O número sete, presente nas lâmpadas e tubos, simboliza a plenitude divina, e o azeite que flui no candelabro é o Espírito Santo, fonte de vida e poder para cada área da nossa existência.

Essa visão mostra que o Espírito está continuamente disponível para irrigar todos os aspectos da nossa vida: casamento, filhos, saúde, finanças, ministério e futuro. Porém, a ansiedade e a preocupação agem como uma mão que aperta os tubos por onde esse azeite deve fluir, bloqueando o suprimento espiritual e causando escassez de paz e força. Por outro lado, o verdadeiro descanso funciona como um canal aberto, permitindo que o azeite do Espírito flua livremente, trazendo luz, força e renovação constantes. Quando descansamos em Deus, nossa alma se acalma e a paz invade nosso ser, impedindo que a ansiedade tome posse do nosso coração.

Com o tempo, entendemos que muitos dos problemas que enfrentamos hoje são consequência das preocupações que não entregamos ao Senhor ontem. As áreas em que confiamos e descansamos são exatamente aquelas onde podemos ver o agir sobrenatural de Deus. Por isso, abra espaço para o fluir do azeite divino e permita que a plenitude do Espírito transforme sua vida.

Descansar em Deus abre o caminho para o Espírito fluir abundantemente.

Leia hoje
Salmos 63-64 • Provérbios 4

Anotações

DECLARAÇÃO

Eu confio no Senhor e deixo o Espírito Santo renovar minha vida constantemente.

RELACIONAMENTO VIVO, NÃO OBRIGAÇÃO

"Pois o amor de Cristo nos constrange, julgando nós isto: um morreu por todos; logo, todos morreram."

• 2Coríntios 5.14 •

A graça transforma obrigação em prazer e amor em serviço.

O Evangelho não é uma lista de tarefas a cumprir, mas uma relação viva e pulsante com aquele que nos amou primeiro. Essa relação não se sustenta por força de vontade ou medo, mas pela graça que nos atrai dia após dia, envolvendo nosso coração com seu amor incondicional. Quando permitimos que o amor de Deus nos conquiste, a fé deixa de ser um conceito e se torna uma experiência diária que transforma. É a paixão por Jesus que torna o serviço leve e a caminhada prazerosa. Ela encerra o peso do esforço e inaugura o prazer de viver em comunhão com Deus. Servir a Deus deixa de ser uma obrigação cansativa e torna-se um convite ao desfrute de sua presença e cuidado.

Deixe-se amar profundamente pelo Senhor. Permita que ele cuide de você, mesmo em momentos de fraqueza e dúvida. Permaneça nesse lugar de descanso e entrega, confiando que o Espírito Santo está trabalhando para renovar o seu coração e fortalecer a sua paixão pelo Pai. Você verá como essa paixão crescerá e trará uma transformação genuína para a sua vida espiritual. Assim, cada dia será vivido com alegria, propósito e a certeza de estar nos braços daquele que o amou primeiro.

Viver esse relacionamento é descobrir que cada palavra, oração e ato de adoração não é uma obrigação, mas uma resposta espontânea e cheia de amor. É a graça que motiva, sustenta e renova a nossa alma, levando-nos a uma vida abundante em Cristo.

Leia hoje

Salmos 65-66 • Provérbios 5

Anotações

DECLARAÇÃO

Eu vivo apaixonado por Deus, guiado pela sua graça e pelo seu amor.

CONFIANÇA QUE RENOVA E FORTALECE

"Porque assim diz o Senhor Deus, o Santo de Israel: Em vos converterdes e em sossegardes, está a vossa salvação; na tranquilidade e na confiança, a vossa força, mas não o quisestes."

• Isaías 30.15 •

Confiar no Senhor não é um ato superficial; é um compromisso profundo de soltar aos pés de Jesus pesos e ansiedades que carregamos diariamente. É entregar cada área de preocupação, medo ou incerteza, e permitir que o azeite do Espírito Santo flua livremente em nossa vida e traga uma renovação que vá além do corpo e alcance a alma. Esse tipo de confiança se manifesta em um repouso genuíno, que é a expressão mais forte da fé, pois revela a certeza de que Deus é fiel, amoroso e está no controle de todas as coisas.

Isaías 30.15 nos mostra que a salvação começa com uma mudança de mente, isto é, a *metanoia*, e o reconhecimento de que Deus é bom, de que ele nos ama e é o nosso Pai. Essa transformação mental não se restringe à vida eterna, mas também à libertação aqui e agora: da miséria, da enfermidade, da ansiedade e de toda opressão que tenta dominar o coração. A verdadeira força espiritual nasce da tranquilidade e da confiança em Deus, que nos sustentam mesmo nas adversidades.

Quando confiamos plenamente e entregamos nossas preocupações ao Senhor, a mente se clareia, a visão se torna mais nítida e os sonhos ganham vida. A prosperidade real, o sucesso duradouro e a paz constante nascem em corações que aprenderam a viver confiantes no Senhor. Por isso, entregue suas ansiedades hoje, confie na fidelidade de Deus e permita que ele renove e fortaleça você com sua graça e poder.

A confiança em Deus renova a força e clareia o caminho.

Leia hoje
Salmos 67-68 • Provérbios 6

Anotações

DECLARAÇÃO

Confio no Senhor, entrego minhas ansiedades e sou renovado em sua graça.

DESCANSO SEGURO EM DEUS

"Em paz me deito e logo pego no sono, porque, Senhor, só tu me fazes repousar seguro."

• Salmos 4.8 •

Os que confiam no favor imerecido estão apoiados na graça divina!

Leia hoje

Salmos 69-70 • Provérbios 7

Anotações

O descanso verdadeiro vem de Deus e é ele quem nos faz repousar em segurança completa. Não é resultado de esforço humano ou de circunstâncias favoráveis, mas um dom do Espírito Santo, um estado espiritual em que somos inseridos quando nos rendemos plenamente ao Senhor. Jesus mesmo nos convida: "Vinde a mim, todos os que estais cansados e sobrecarregados, e eu vos aliviarei" (Mateus 11.28). É ele quem nos conduz ao descanso profundo, que renova a alma, fortalece o coração e acalma o espírito.

Esse descanso, porém, não significa passividade ou ausência de ação. Não é inércia, mas a habilidade de trabalhar sem ansiedade, de viver com confiança plena e de adormecer em paz, sem sofrer ansiedades noturnas. É um descanso ativo, que nos permite avançar sem medo, sabendo que o Senhor está no controle e que os planos dele são elevados.

Quando confiamos no favor de Deus, deixamos de depender da nossa força limitada e passamos a caminhar seguros, apoiados na graça divina. Esse firme repouso é a fonte da paz que ultrapassa todo entendimento, a força que sustenta em meio à luta, a tranquilidade que permite enfrentar a vida com coragem e esperança. Esse descanso nos liberta do medo, da preocupação e da ansiedade, renova nossa mente e fortalece nosso espírito para enfrentarmos qualquer desafio.

DECLARAÇÃO

Eu descanso no Senhor e confio em seu cuidado e proteção constantes.

DO CÉU VEM O FLUXO DA GRAÇA

"[...] O homem não pode receber coisa alguma se do céu não lhe for dada."

• João 3.27 •

O versículo mencionado nos lembra de que tudo que recebemos na vida provém diretamente da graça e do favor soberano de Deus. O Senhor é quem abre portas, concede bênçãos e derrama provisão sobre a nossa vida, muito além do que a capacidade humana pode alcançar. Ele colocou em nós um favor sobrenatural, uma graça especial que não depende do nosso esforço, mérito ou planejamento, mas da bondade e do poder divinos. Esse favor é uma unção que gera conexões, abre caminhos e produz resultados extraordinários, surpreendendo a todos.

O favor de Deus se manifesta plenamente quando confiamos em sua provisão e entregamos as nossas ansiedades, preocupações e medos a ele. Muitas vezes, o sofrimento que enfrentamos hoje é a consequência da preocupação que alimentamos ontem, quando mantivemos em nossas mãos aquilo que deveria ter sido entregue ao Senhor. Porém, tudo o que confiamos a Deus é cuidado por ele com fidelidade, amor e poder.

Por isso, o chamado é claro: solte as mãos, confie no Senhor e permita que o fluxo da graça flua livremente sobre você. Quando você vive assim, o favor de Deus se manifesta de maneira abundante, trazendo vitórias inesperadas e bênçãos em todas as áreas da sua vida. Deus deseja que você experimente a providência do Céu de forma plena e conforme a perfeita vontade dele.

O favor de Deus se manifesta poderosamente quando há confiança e entrega.

Leia hoje
Salmos 71-72 • Provérbios 8

Anotações

DECLARAÇÃO

Eu libero minhas ansiedades e deixo o favor de Deus agir em mim.

O CRIADOR REVELADO NA CRIAÇÃO

NOVEMBRO
09
Devocional
313 /365

"Porque as suas coisas invisíveis, desde a criação do mundo, tanto o seu eterno poder, como a sua divindade, se entendem e claramente se veem pelas coisas que estão criadas, para que eles fiquem inescusáveis."

• Romanos 1.20, ACF •

A criação revela o amor e a sabedoria do nosso Deus Criador.

Parar e contemplar a criação é um convite precioso que nos permite reconhecer o poder e a sabedoria de Deus. Quando você observa o esplendor das flores, o delicado movimento das folhas, o voo preciso dos pássaros e a imensidão do céu, não está apenas vendo a natureza, mas testemunhando o cuidado amoroso de um Criador que sustenta tudo com perfeição.

Cada detalhe, desde a estrutura das células até as vastas galáxias, revela a presença de um Designer inteligente e amoroso. A complexidade e a ordem da criação não podem ser atribuídas ao acaso. Tudo o que possui design tem um projetista por trás, assim como uma cadeira só existe porque alguém a desenhou; o mesmo princípio se aplica ao Universo.

Essa compreensão fortalece nossa fé e nos enche de gratidão, pois nos lembra de que estamos nas mãos de um Deus que cuida de cada aspecto do cosmos e da nossa vida pessoal. A natureza é um testemunho silencioso, porém poderoso, do amor e do poder divinos. Que essa revelação nos inspire a confiar e a descansar em sua providência, sabendo que nada escapa ao atento olhar do Senhor.

Leia hoje
Salmos 73-74 • Provérbios 9

Anotações

DECLARAÇÃO

Confio no Deus que sustenta tudo e cuida de mim com amor.

A ELOQUÊNCIA DO CRIADOR NA CRIAÇÃO

"Pois, nele, foram criadas todas as coisas, nos céus e sobre a terra, as visíveis e as invisíveis [...]. Tudo foi criado por meio dele e para ele."

• Colossenses 1.16 •

A Bíblia revela que a criação é um testemunho eloquente e incontestável da existência de Deus. A natureza ao nosso redor, com sua ordem, beleza e complexidade, grita aos quatro ventos que há um Criador soberano, amoroso e sábio. Nós, seres humanos, somos a prova viva desse Criador perfeito, pois carregamos em nossa estrutura física, emocional e espiritual as marcas da mão divina. Não somos fruto do acaso, mas obra planejada e moldada por Deus, feita para refletir a sua glória.

Deus soprou vida no homem: embora nosso corpo seja formado do pó da terra, é o fôlego do seu próprio ser que nos dá vida verdadeira e significado. Antes mesmo da criação do mundo, estávamos nele, como ensina a carta aos colossenses. Fomos retirados de Deus para habitar nesta terra, mas nossa vida só alcança plenitude quando nos reconectamos com a fonte divina.

Não podemos ser indiferentes à presença e ao chamado do Criador. Ele é a origem de toda vida, amor e propósito. Falar com Deus é retornar à nossa verdadeira essência e reconhecer que fomos feitos para uma comunhão viva e profunda com ele, que sustenta, guia e fortalece cada passo que damos. Reconhecer isso transforma nossa perspectiva e renova nossa esperança.

Somos prova viva do Criador, chamados à comunhão com ele.

Leia hoje

Salmos 75-76 • Provérbios 10

Anotaçoes

DECLARAÇÃO

Vivo conectado à fonte da vida, confiando no amor do meu Deus.

VIVENDO PELA GRAÇA, NÃO PELO ESFORÇO

"Ó gálatas insensatos! [...] tendo começado no Espírito, agora querem se aperfeiçoar na carne?"

• Gálatas 3.1,3, NAA •

Tudo o que recebemos vem do amor de Deus, e não do nosso merecimento.

Leia hoje

Salmos 77-78 • Provérbios 11

Anotações

DECLARAÇÃO

Aceito a graça que me salva e me fortalece em todas as áreas da vida.

Paulo nos adverte com veemência contra o erro de iniciar a jornada espiritual dependendo totalmente da graça de Deus, mas depois cairmos ao tentarmos sustentar essa vida cristã por nossos próprios méritos e esforços. A verdade é que somos salvos exclusivamente pela graça divina, não por obras ou desempenho humano. E essa mesma graça é o que deve governar cada área da nossa existência, seja em busca de cura, provisão, direção ou qualquer necessidade que enfrentemos. Tudo o que recebemos vem do amor de Deus, e não do nosso merecimento.

A tentação de regressar à lógica da troca "faça isso para receber aquilo" é constante em nossa vida. Muitas vezes, avaliamos nossa espiritualidade por meio de: "Orei o suficiente? Fui bom o bastante? Mereço as bênçãos de Deus?". Mas essa postura enfraquece a fé, porque desloca o foco de Deus para nós mesmos, e é neste momento que a fé vacila. Quando Adão e Eva pecaram, seus olhos foram abertos e, ao olharem para si mesmos, perceberam sua nudez e, com vergonha, esconderam-se de Deus. Essa reação revela a tendência natural do coração humano diante da culpa: afastar-se, esconder-se e justificar-se em vez de correr para o perdão do Pai.

Hoje, o chamado é para que vivamos plenamente pela graça, sem tentar conquistar ou manter o favor divino por esforços humanos. Jesus já pagou o preço total por nós, e podemos descansar seguros nesse amor imerecido.

CONSIDERE A CRISTO

"Porque pela graça sois salvos, mediante a fé; e isto não vem de vós, é dom de Deus."

• Efésios 2.8 •

A graça nos convida a manter os olhos fixos em Cristo, e não em nós mesmos. Permanecer na graça é não se considerar, mas crer totalmente naquele que fez tudo por nós. Essa constância é uma chave espiritual fundamental para uma vida plena e vitoriosa. Não é uma obrigação nem um peso a carregar. O relacionamento com Deus não se fundamenta no "ter que", mas no privilégio de se aproximar do Pai, na alegria de ser amado.

Não temos que orar como um dever, mas temos o privilégio de conversar com o Pai, de derramar nosso coração diante dele a qualquer hora. Não temos que ler a Bíblia como uma tarefa, mas temos o prazer de ouvir a voz de Deus falando no nosso íntimo por meio da Palavra, trazendo consolo, direção e vida. Esta é a essência do descanso verdadeiro: viver uma vida marcada pela confiança e paz, sabendo que Jesus já realizou tudo por nós. Permaneça firme nessa graça, mesmo quando as circunstâncias forem desafiadoras. Não se afaste do lugar onde Deus o estabeleceu, porque ele é a fonte de toda provisão e sustento. Em meio às lutas e incertezas, lembre-se de que ele é suficiente para suprir todas as suas necessidades.

Viver na graça é experimentar a verdadeira liberdade: a que nos permita caminhar sem culpa, medo e ansiedade, confiando que um Deus amoroso está no controle de todas as coisas. Que essa verdade transforme sua vida.

Na graça de Deus, encontramos leveza e descanso para a alma.

Leia hoje
Salmos 79-80 • Provérbios 12

Anotações

DECLARAÇÃO

Permaneço firme na graça, confiando na suficiência do Senhor.

A FORÇA MAIS PODEROSA DO UNIVERSO

"Porque o Senhor é bom, a sua misericórdia dura para sempre, e, de geração em geração, a sua fidelidade."

• Salmos 100.5 •

O amor de Deus torna leve o que antes parecia pesado.

Em toda relação verdadeira, não há espaço para obrigação, mas para o querer, um desejo genuíno que nasce da paixão e do amor profundo. Quando alguém ama de verdade, deseja estar perto, compartilhar momentos, servir com alegria e agradar não para receber algo em troca, mas porque já se sente amado e completo. Essa é a essência do amor autêntico.

Assim também acontece na nossa relação com Deus. Enquanto não nos apaixonarmos por ele, o servir parecerá pesado, uma carga difícil de suportar. O peso se tornará cansativo e o fardo, pesado demais. Mas quando a paixão pelo Senhor invade o coração, tudo isso muda. O jugo de Jesus se torna suave, e seu fardo, leve, porque essa relação está firmada no amor. O amor é a força mais poderosa do Universo. Ele nos capacita a atravessar fronteiras, romper obstáculos e enfrentar desafios que, à primeira vista, parecem impossíveis. Um coração apaixonado por Deus não se deixa abater pelas circunstâncias, pois sabe que é sustentado pelo amor eterno do Pai.

Se você ainda sente o serviço pesado, permita-se apaixonar pelo Senhor. Busque conhecê-lo mais, entregue-se em adoração, oração e meditação na Palavra. Deixe que o amor dele transforme cada tarefa em alegria e propósito. No amor, tudo se torna leve, verdadeiro e pleno de sentido.

Leia hoje

Salmos 81-82 • Provérbios 13

Anotações

DECLARAÇÃO

Sou apaixonado pelo Senhor e encontro alegria em servi-lo.

AMOR QUE TRANSFORMA A JORNADA

"Porque o amor de Deus é derramado em nosso coração pelo Espírito Santo, que nos foi outorgado."

• Romanos 5.5 •

A verdadeira vida cristã não é um sistema frio de regras e obrigações. A religião muitas vezes se torna um relacionamento trabalhista, um contrato onde o esforço é calculado e a expectativa é de merecimento. Mas o Evangelho nos revela algo diferente: um relacionamento de amor com Deus. O desejo de agradar, servir e estar com ele não nasce do medo, da culpa ou da obrigação, mas do amor que ele derrama em nosso coração.

Ninguém decide se apaixonar como quem aperta um botão. A paixão é uma conquista, uma resposta a um amor que nos alcança primeiro. Deus nos amou primeiro, e assim como nos relacionamentos humanos, quer ver o nosso amor crescer e amadurecer. E à medida que o conhecemos, somos conquistados por esse amor. Isso transforma tudo. Por isso, o objetivo não é cumprir deveres, mas viver por amor. Ler a Bíblia, orar, jejuar ou servir, tudo se torna leve e prazeroso quando brota do amor pelo Senhor. O amor inaugura a alegria genuína.

Se sua caminhada está pesada, talvez falte essa paixão. Deixe o Espírito Santo revelar a graça e a bondade do Pai. Permita que seus olhos sejam iluminados para que o amor se inflame. Assim, o que antes parecia sacrifício se transforma em prazer e liberdade.

O amor de Deus transforma dever em prazer e prostração em alegria.

Leia hoje
Salmos 83-84 • Provérbios 14

Anotações

DECLARAÇÃO

Sou conquistado pelo amor do Pai e caminho com paixão e alegria.

DEIXE-SE AMAR POR DEUS

"Nós amamos porque ele nos amou primeiro."

• 1João 4.19 •

O amor de Deus conquista o coração e transforma a vida.

Essa é uma das verdades mais importantes da vida cristã. Não há obrigação nem fórmula mágica para se apaixonar por Deus. O amor verdadeiro não se força nem se impõe; ele nasce no coração que se deixa tocar, no espírito que se abre para receber. A paixão por Deus é o resultado de um encontro, de uma entrega, de um deixar-se amar. Deixe que Deus o ame, mesmo quando você se sente indigno ou distante. Permita que ele revele a sua bondade, o cuidado constante e a graça imerecida. Ele está sempre pronto para abençoar e restaurar, não por causa do que fazemos, mas por causa de quem ele é: o próprio amor perfeito.

Quando você chega diante do Senhor com sinceridade, entregando sua vida, lutas e sonhos a ele, algo começa a acontecer no seu coração. Peça a Deus: "Senhor, conquista o meu coração". E permita que esse amor divino inunde sua alma e transforme sua mente, atitudes e fé. O amor de Deus é paciente e gentil. Ele não se apressa nem desiste de nós, mesmo quando estamos fracos ou perdidos. Ele nos alcança nas nossas dúvidas, medos e falhas. É esse amor que nos ensina a amar, que nos dá forças para seguir e coragem para vencer.

Assim, você não estará apenas servindo a Deus por dever, mas vivendo uma paixão que inspira, fortalece e sustenta. O amor de Deus é o fogo que acende o nosso coração para que, por ele, façamos tudo com alegria e dedicação verdadeiras.

Leia hoje
Salmos 85-86 • Provérbios 15

Anotações

DECLARAÇÃO

Eu me deixo amar por Deus e caminho apaixonado por Jesus.

O PODER DA PAIXÃO NO CORAÇÃO

"Deleita-te também no Senhor, e ele te concederá o que deseja o teu coração."

• Salmos 37.4, ARC •

Nada descansa mais o coração do que a paixão verdadeira. Quando alguém está apaixonado, não há lugar para cansaço ou peso. A paixão traz leveza, ânimo e disposição. Ela transforma obrigações em prazeres e trabalhos em momentos de alegria. Por isso, não tente forçar essa paixão com esforço humano. O caminho é deixar Deus conquistar seu coração com o amor infinito dele.

Quando o coração está sensível ao toque do Senhor, até as menores manifestações da sua presença se tornam momentos de profundo quebrantamento, entrega e renovação. Pode ser um gesto simples, uma música que toca a alma, um instante de comunhão ou um olhar de cuidado que faz o coração se derreter. Quem está apaixonado percebe que toda circunstância se transforma em oportunidade de alegre intimidade.

Este é o segredo para uma vida cristã cheia de vigor: não depende do que fazemos, mas do quanto nos permitimos ser alcançados por Deus. Não se trata de tentar amar mais, mas de deixar-se ser amado. Quando abrimos o coração para o amor divino, tudo muda, e a caminhada se torna leve e prazerosa. A paixão acende a chama da fé, renova as forças para enfrentar as dificuldades e inspira um serviço genuíno e espontâneo. Portanto, entregue seu coração, permita-se ser alcançado e apaixonado pelo Senhor. A vida se transforma quando você descobre o prazer de viver uma relação baseada no amor, e não na obrigação.

A paixão por Deus transforma peso em prazer e cansaço em ânimo.

Leia hoje

Salmos 87-88 • Provérbios 16

Anotações

DECLARAÇÃO

Eu me deixo amar pelo Senhor e vivo apaixonado por ele.

O DESCANSO COMO EXPRESSÃO DA FÉ

"Deixo-vos a paz, a minha paz vos dou; não vo-la dou como a dá o mundo [...]."

• João 14.27 •

Descanso em Deus é sinal de fé que libera seu poder na vida.

A verdadeira paz não é fruto do esforço humano ou da luta incessante para controlar as circunstâncias. Ela nasce da confiança plena em Deus e se manifesta na quietude do coração. Esse descanso é a expressão mais profunda da fé, pois mostra que confiamos tanto na fidelidade e no cuidado do Senhor que podemos repousar, mesmo quando tudo ao redor parece caótico. É nesse estado de paz e entrega que o poder de Deus é liberado de forma sobrenatural e traz vitória e proteção.

Jesus nunca prometeu que nossa jornada seria livre de dificuldades ou provas. Pelo contrário, ele afirmou que no mundo enfrentaríamos aflições e desafios. Porém, sua promessa mais poderosa é que ele estaria conosco em todos esses momentos e nunca nos abandonaria. A paz de Deus não impede que passemos pela fornalha da provação, mas nos acompanha e fortalece dentro dela. Ela não elimina a cova dos leões, mas fecha a boca deles e garante nossa proteção.

Quem verdadeiramente teme a Deus não vive sem lutas, mas com livramentos. A diferença não está na ausência dos problemas, mas na presença e intervenção do Senhor. Descansar em Deus não significa fuga das dificuldades, mas encontro de força, coragem e paz para enfrentá-las com confiança. Essa é a fé que transforma, vence e permanece firme diante de qualquer tempestade.

Leia hoje

Salmos 89-90 • Provérbios 17

Anotações

DECLARAÇÃO

Confio no Senhor e descanso seguro em sua graça e proteção constante.

A VERDADEIRA FELICIDADE ESTÁ EM CRISTO

"Mas o fruto do Espírito é: amor, alegria, paz, longanimidade, benignidade, bondade, fidelidade."

• Gálatas 5.22 •

Vivemos em uma cultura saturada por imagens distorcidas de felicidade. A mídia constantemente exalta uma vida agitada, repleta de excessos e conquistas superficiais, como se essa fosse a verdadeira realização. Contudo, onde o Senhor não é o centro, o vazio da alma permanece cheio de tristeza, angústia e até depressão, que são as verdadeiras consequências de uma vida sem Deus. Jesus não veio para esmagar o cansado nem apagar o pavio que ainda fumega. Ele veio para reacender a chama da vida, da esperança e do amor. A bondade de Deus nos atrai ao arrependimento, não pela condenação, mas pelo seu amor restaurador. Enquanto a Lei revela o pecado, a graça de Deus quebra essas correntes e nos liberta.

A verdadeira piedade não se revela em rituais vazios, mas em um relacionamento vivo e transformador com Cristo. É nesse relacionamento que floresce o fruto do Espírito: amor, alegria, paz, paciência, amabilidade, bondade, fidelidade, mansidão e domínio próprio. Essas virtudes não brotam de esforço humano, mas da comunhão constante com o Espírito Santo. A verdadeira felicidade nasce dessa presença contínua em nós, não depende das circunstâncias, mas da certeza de que somos guiados, consolados e sustentados pelo amor de Deus. Mesmo em meio às lutas, podemos experimentar paz e alegria, porque o Espírito vive em nós.

A verdadeira felicidade nasce do relacionamento vivo com Cristo.

Leia hoje
Salmos 91-92 • Provérbios 18

Anotações

DECLARAÇÃO

Eu medito em Cristo e encontro paz, força e alegria em meu coração.

FIRMADOS NA FORÇA DO SENHOR

"Mas os que esperam no Senhor renovam as suas forças, sobem com asas como águias, correm e não se cansam, caminham e não se fatigam."

• Isaías 40.31 •

O que entregamos a Deus ontem está sendo cuidado por ele hoje.

Leia hoje
Salmos 91-92 • Provérbios 18

Anotações

DECLARAÇÃO
Eu confio em Deus, entrego minhas ansiedades e vivo na sua graça.

Devemos sempre nos lembrar de que o Senhor é quem verdadeiramente renova a nossa força. Ele é o médico que cura nossas feridas, o sustentador que nos ampara nas dificuldades e o guia que dirige nossos passos. Em meio às lutas da vida, é vital resistir à tentação de substituir o essencial pelo secundário, tentando controlar tudo com a nossa própria força limitada. Que nosso coração esteja firme, inabalável e ancorado nele, mesmo diante das tempestades e provações.

Quando confiamos em Deus e entregamos a ele o controle, um favor sobrenatural começa a fluir sobre nossa vida. A ansiedade, por outro lado, bloqueia esse fluxo da graça e proteção divina que ele deseja derramar sobre nós. O que você entregou a Deus ontem está sendo cuidado por ele hoje. As preocupações que ontem roubaram seu sono podem continuar perturbando sua mente, mas saiba que a graça de Deus está agindo para suprir e resolver cada uma delas.

Entregar-se completamente ao Senhor é um ato de fé e confiança que abre as portas para o agir poderoso de Deus em todas as áreas da sua vida. Ele é fiel para cuidar de tudo, mesmo quando não vemos resultados imediatos. Portanto, descanse na certeza de que Deus está no controle, renovando suas forças e guiando seus caminhos para a vitória e a prosperidade.

ALÍVIO PARA A ALMA ANSIOSA

"Quando a ansiedade já me dominava no íntimo, o teu consolo trouxe alívio à minha alma."

• Salmos 94.19, NVI •

Você já notou como a ansiedade é uma realidade silenciosa que, muitas vezes, instala-se em nosso interior sem alarde? O salmista sabia exatamente o que era viver assim, com a alma aflita, o coração sobrecarregado e a mente em constante agitação. Esse versículo é um grito de quem sabe que a angústia pode ser profunda, mas que a presença de Deus alcança ainda mais fundo.

A ansiedade tenta nos convencer de que estamos sozinhos, que tudo depende de nós, que o futuro é incerto demais para confiar. Mas a Palavra nos lembra: há consolo, há alívio e há presença para os que estão em Cristo. Deus não ignora a dor que carregamos por dentro. Ele entra nos nossos pensamentos tumultuados e derrama paz. Confiar no Senhor em tempos de ansiedade é um ato de fé. É escolher descansar na certeza de que ele está perto, mesmo quando os sentimentos dizem o contrário. É lembrar que o consolo dele não é frágil nem passageiro, mas forte o suficiente para acalmar a alma no meio do caos.

Não permita que a ansiedade dite o rumo do seu dia. Faça como o salmista: reconheça sua angústia diante de Deus e permita que o consolo dele o envolva. O alívio que você procura não está na ausência de problemas, mas na presença constante do Pai que cuida de você.

Confiar no Senhor em tempos de ansiedade é um ato de fé.

Leia hoje
Salmos 95-96 • Provérbios 20

Anotações

DECLARAÇÃO

Eu descanso em Deus e deixo o Espírito fluir em minha vida plenamente.

CONVERTER O CORAÇÃO A CRISTO

"Em vos converterdes e em sossegardes, está a vossa salvação; na tranquilidade e na confiança, a vossa força [...]."

• Isaías 30.15 •

Quando confiamos em Deus, encontramos força na sua paz e fidelidade.

A palavra de Isaías nos revela uma verdade profunda e transformadora: a verdadeira salvação e força espiritual só se manifestam quando nos convertemos e repousamos no Senhor. Esse versículo, inserido em um contexto de advertência, expõe o coração de um povo que preferia confiar em alianças humanas, cavalos velozes e estratégias terrenas em vez de descansar no Senhor. Mesmo diante do convite divino à quietude e confiança, muitos rejeitaram essa direção e seguiram por caminhos agitados.

Esta mesma palavra ecoa em nossos dias: a verdadeira salvação e força espiritual não brotam da agitação nem da pressa, mas da rendição. Converter-se aqui não significa apenas mudar atitudes externas, mas realinhar mente e coração com a vontade de Deus. Quando entregamos as nossas ansiedades e decisões ao Senhor e confiamos em seu cuidado, o poder divino flui sobre nós de maneira sobrenatural.

Este é o convite de Deus para todos nós: viver pela graça, permanecer firmes em seu amor e descansar em sua presença, mesmo em meio às tempestades. Essa confiança ativa o favor celestial e garante vitória, prosperidade e renovação em todas as áreas da vida. Não é uma teoria, mas uma realidade que transforma vidas. Portanto, hoje, escolha converter-se ao Senhor, sossegar no cuidado divino e confiar nele plenamente. Deixe que a força dele renove seu espírito e guie seus passos rumo à vitória.

Leia hoje
Salmos 97-98 • Provérbios 21

Anotações

DECLARAÇÃO

Eu descanso no Senhor, creio em sua graça e recebo sua força.

CORREÇÃO QUE TRANSFORMA

"Porque o Senhor repreende a quem ama, assim como o pai, ao filho a quem quer bem."

• Provérbios 3.12 •

Biblicamente, corrigir alguém não significa rejeitá-lo. A correção que realmente transforma é uma ação que parte da graça, não da condenação, e reafirma a identidade da pessoa. Essa disciplina divina muda corações porque é baseada em amor e verdade, nunca em julgamento severo ou rejeição. A graça presente nessa correção é poderosa, porque aumenta o favor de Deus sobre nossa vida e nos sustenta nos momentos difíceis.

O descanso que vem de Deus é a expressão mais visível da fé genuína. Você só descansa verdadeiramente quando entrega tudo nas mãos do Senhor, confia em seu cuidado e crê que ele está zelando por você em cada situação, mesmo nas correções e desafios que enfrenta. É assim que brota a firme certeza de que Deus está no controle e de que nada escapa ao seu olhar cuidadoso de Pai. Essa confiança produz paz interior para continuar, mesmo quando somos confrontados ou precisamos mudar de atitude. A disciplina que vem de Deus não destrói, mas reconstrói; ela não afronta, mas confronta. Ela nos guia para a plenitude da vida em Cristo, onde a graça e a verdade caminham juntas, e o amor de Deus nos envolve e nos restaura.

Portanto, receba a correção como um ato de amor, permita que ela transforme sua vida e viva em descanso, sabendo que o Senhor cuida de você com carinho e fidelidade.

O descanso que vem de Deus é a expressão mais visível da fé genuína.

Leia hoje
Salmos 99-100 • Provérbios 22

Anotações

DECLARAÇÃO

Eu confio em Deus, aceito sua disciplina e descanso na sua graça.

GRAÇA E DESCANSO DE MÃOS DADAS

"Porém Noé achou graça diante do Senhor."

• Gênesis 6.8 •

Descansar no Senhor é abrir as portas para o favor e a graça divinos.

A palavra "graça" aparece pela primeira vez na Bíblia no texto mencionado, indicando que Noé achou graça diante do Senhor. Um detalhe importante está na conexão entre a palavra "graça" e o nome Noé, que, em hebraico, significa "descanso". Graça e descanso caminham de mãos dadas. Essa associação, portanto, revela que o descanso não é meramente uma pausa física ou um momento de inatividade, mas um estado espiritual de confiança e espera plenas em Deus.

Quando descansamos em Deus e entregamos a ele nossas preocupações, ansiedades e lutas, abrimos as portas para que o Céu se mova graciosamente a nosso favor. Noé viveu em um tempo de grande corrupção e maldade, e mesmo assim encontrou descanso no Senhor, o que lhe garantiu graça e proteção. Ele foi escolhido para ser o instrumento de Deus a fim de preservar a vida e iniciar um novo tempo. Da mesma forma, Deus quer que você viva esse descanso de fé, confiando na fidelidade dele e experimentando o favor divino no seu casamento, no seu trabalho, na sua saúde, na sua família.

Por isso, permita-se descansar na presença do Senhor. Entregue seus medos e ansiedades. Abra mão da luta para assumir a confiança. Dessa forma, a graça de Deus será evidente em sua jornada, abrindo portas, transformando situações e trazendo vitória.

Leia hoje

Salmos 101-102 • Provérbios 23

Anotações

DECLARAÇÃO

Eu descanso em Deus, confio em sua fidelidade e recebo o favor divino em minha vida.

O FAVOR QUE NÃO DEPENDE DE MÉRITO

"[...] aos seus amados ele o dá enquanto dormem."

• Salmos 127.2 •

Graça é favor imerecido, é o amor do Pai que não depende do nosso desempenho, mas da nossa filiação por meio de Cristo. Ela é o agir de Deus em nosso favor, mesmo quando não merecemos, quando falhamos ou nos sentimos incapazes. É como o amor de um pai que cuida, sustenta e alimenta seu filho, mesmo que ele não corresponda plenamente. Assim é o nosso Pai celestial: fiel, amoroso, presente e generoso.

Descansar em Deus é confiar plenamente nele, entregando nossas lutas, ansiedades e preocupações. Salmos 127.2 nos lembra de que Deus provê para os seus amados mesmo enquanto eles descansam ou dormem. Isto é uma promessa maravilhosa: enquanto você confia e se rende, o favor de Deus se move em sua vida, trazendo clareza, saúde, paz e soluções para situações que pareciam sem saída. Por isso, aprenda a descansar verdadeiramente.

Confie no amor e na fidelidade do Pai. Abra mão da ansiedade e permita que a graça flua livremente em todas as áreas da sua vida. Assim, o favor de Deus se manifestará poderosamente e renovará você a cada dia.

Enquanto confiamos e nos rendemos, o favor de Deus se move em nossa vida.

Leia hoje
Salmos 103-104 • Provérbios 24

Anotações

DECLARAÇÃO

Eu descanso no amor do Pai e recebo seu favor em todas as áreas da minha vida.

TOMAR POSIÇÃO NA FÉ

"[...] Não temais, nem vos assusteis [...] pois a peleja não é vossa, mas de Deus [...] tomai posição, ficai parados e vede o salvamento que o Senhor vos dará [...]."

• 2Crônicas 20.15,17 •

A verdadeira força não está em nossa capacidade de lutar, mas em reconhecer quem é o nosso Deus.

Leia hoje

Salmos 105-106 • Provérbios 25

Anotações

Em momentos de crise, é natural que o medo e a ansiedade tentem dominar o nosso coração. No entanto, a palavra de Deus em 2Crônicas 20 traz um chamado claro e reconfortante: "Não temais, nem vos assusteis". O Senhor nos lembra que a batalha que enfrentamos não pertence a nós, mas a ele, o Deus Todo-Poderoso, que luta em nosso favor. Essa declaração nos convida a uma postura de fé inabalável e confiança plena na intervenção divina.

Tomar posição na fé é um ato de coragem, rendição e confiança. Na passagem mencionada, quando Josafá e o povo de Judá foram cercados por um exército numeroso, sua primeira reação foi buscar o Senhor. Em resposta, Deus declarou por meio do profeta: "Não tenham medo nem fiquem desanimados por causa desse exército enorme, pois a batalha não é de vocês, mas de Deus" (v.15). Essa palavra nos ensina que a verdadeira força não está em nossa capacidade de lutar, mas em reconhecer quem é o nosso Deus. "Ficar parado" não significa inatividade, mas um descanso ativo: é se posicionar em fé, orar, louvar e confiar, sabendo que Deus está à frente da batalha.

Essa promessa não ficou no passado. Ela se aplica a nós hoje, em cada luta espiritual, emocional, familiar ou material. Quando paramos de tentar resolver tudo com nossas próprias mãos e entregamos nossas batalhas ao Senhor, abrimos espaço para o seu agir sobrenatural. A postura de fé atrai o mover de Deus.

DECLARAÇÃO

Eu confio no Senhor, permaneço firme e vejo seu livramento em minha vida.

AQUIETAR-SE PARA VER O LIVRAMENTO

"[...] Não temais; aquietai-vos e vede o livramento do SENHOR [...]."

• Êxodo 14.13 •

No momento crítico diante do Mar Vermelho, Moisés deu uma ordem clara ao povo de Israel: "Não temais, aquietai-vos e vede o livramento do Senhor". Essa palavra não foi apenas um comando para ficar parado, mas um convite profundo à entrega e à confiança total em Deus. Quando estamos ansiosos e agitados demais diante de um momento-chave da vida, perdemos a paz e a visão do mover divino em nossa realidade.

A ansiedade nunca resolve nossos problemas; pelo contrário, ela nos rouba a tranquilidade e impede que vejamos as soluções que Deus já está preparando. Muitas vezes, a preocupação que carregamos hoje é consequência de não termos entregado nossas cargas ao Senhor no momento certo. O segredo está em soltar o controle e descansar no cuidado fiel de Deus. Tudo o que você confiou a Deus ontem, ele está cuidando hoje. O Senhor é fiel para agir em nosso favor, mesmo quando não enxergamos o caminho à frente. Por isso, aquiete seu coração e confie na fidelidade do Pai, que nunca abandona seus filhos.

Ao invés de se desesperar ou tentar resolver tudo por conta própria, aprenda a aquietar-se diante do Senhor, reconhecendo que ele está no controle. Essa atitude de fé ativa o livramento divino e gera testemunhos milagrosos da intervenção divina, assim como aconteceu no Mar Vermelho.

O segredo está em soltar o controle e descansar no cuidado fiel de Deus.

Leia hoje

Salmos 107-108 • Provérbios 26

Anotações

DECLARAÇÃO

Eu confio no Senhor, descanso nele e recebo a sua paz em minha vida.

O DESCANSO DO BOM PASTOR

"Preparas-me uma mesa na presença dos meus adversários."

• Salmos 23.5 •

O descanso nasce da certeza de que Deus nos guia e provê.

Descansar, à luz do salmo 23, é mais do que cessar esforços, é repousar com confiança sob o cuidado do Bom Pastor. "Em verdes pastagens me faz repousar e me conduz a águas tranquilas" (Salmos 23.2, NVI) revela que o descanso nasce da certeza de que Deus nos guia e provê. É ele quem restaura a alma cansada, quem nos conduz por caminhos de justiça, mesmo quando tudo ao redor parece caótico. O verdadeiro descanso, então, não vem da ausência de problemas, mas da presença constante daquele que nos guarda.

Quando o salmista diz: "Preparas um banquete para mim à vista dos meus inimigos" (Salmos 23.5, NVI), ele está nos lembrando que o cuidado de Deus não depende das circunstâncias. O Senhor não apenas nos sustenta, mas nos honra em meio à batalha. Ele unge nossa cabeça com óleo, símbolo de consagração e renovo, e faz nosso cálice transbordar. Descansar é confiar que, mesmo cercados por ameaças, não estamos sozinhos. Deus está ali, servindo-nos com sua presença, paz e provisão.

Por isso, hoje, escolha esse descanso de fé. Deixe que o Senhor conduza sua jornada com bondade e misericórdia, como promete no final do salmo: "sei que a bondade e a fidelidade me acompanharão todos os dias da minha vida" (v.6). Mesmo no vale escuro, ele não nos deixa. Sua vara e seu cajado nos protegem. A mesa está posta. O Pastor está por perto.

Leia hoje
Salmos 109-110 • Provérbios 27

Anotações

DECLARAÇÃO

Eu descanso no Senhor e recebo sua graça em minha vida.

O CORAÇÃO QUE CONFIA INTEIRAMENTE

"Confia no Senhor de todo o teu coração e não te estribes no teu próprio entendimento."

• Provérbios 3.5 •

Na caminhada da vida, somos constantemente confrontados por desafios que atingem diferentes áreas: o casamento, as finanças, a saúde e as emoções. Esses momentos de luta e incerteza podem nos fazer sentir sozinhos e sobrecarregados, mas a Palavra de Deus nos convida a resolver cada um desses desafios, rendendo-nos ao Senhor com fé e entrega genuína. E ela nos convida a um caminho ainda mais profundo: confiar plenamente nele, reconhecendo que seus planos são mais altos e sua condução, perfeita. Entregar-se não é sinal de fraqueza, mas de coragem; é declarar, com o coração aberto, que confiamos mais na soberania de Deus do que em nossa própria lógica.

Descansar em Deus, nesse contexto, é um ato de fé ativa. Não significa cruzar os braços diante da luta, mas caminhar com paz mesmo em meio à tempestade, sabendo que o Senhor está à frente. É abrir mão da ansiedade que tenta controlar tudo e optar por confiar em um Deus que vê além, que sustenta, provê e guarda. A confiança descrita em Provérbios 3.5 é radical, pois ela exige que deixemos de lado o impulso de entender tudo com nossos próprios raciocínios, para abraçarmos a segurança de que Deus sabe exatamente o que faz.

Por isso, hoje, decida descansar nessa verdade. Lance sobre ele seus medos, dúvidas e preocupações. Confie de todo o coração e permita que a paz divina governe seus passos.

Descansar em Deus não significa cruzar os braços diante da luta, mas caminhar com paz mesmo em meio à tempestade.

Leia hoje
Salmos 111-112 • Provérbios 28

Anotações

DECLARAÇÃO

Entrego meus desafios a Deus e descanso na perfeita provisão dele.

DESCANSANDO NO REFÚGIO SEGURO

"Deus é o nosso refúgio e fortaleza, socorro bem-presente nas tribulações."

• Salmos 46.1 •

O verdadeiro descanso é um posicionamento interior de confiança, uma resposta espiritual diante das pressões da vida.

Leia hoje

Salmos 113-114 • Provérbios 29

Anotações

DECLARAÇÃO

Eu descanso em Deus, meu refúgio e fortaleza.

O verdadeiro descanso vai além de interromper atividades ou buscar momentos de alívio físico. Ele é um posicionamento interior de confiança, uma resposta espiritual diante das pressões da vida. O salmo 46 apresenta um cenário de caos, onde há montes que se abalam, águas turbulentas, nações em tumulto e, mesmo assim, afirma que Deus permanece presente e firme. Descansar, nesse contexto, é aprender a aquietar a alma mesmo quando tudo ao redor parece instável. É escolher repousar na certeza de que há um Deus soberano, que não se abala e que permanece conosco em cada desafio.

A ansiedade tenta ocupar o lugar da confiança e bloquear o agir sobrenatural de Deus. Quando insistimos em resolver tudo com nossas próprias forças, afastamo-nos da fonte da verdadeira paz. Mas o descanso espiritual, como revela o salmo, é espaço fértil para a ação divina. É quando cessa a inquietação interior que conseguimos ouvir a direção de Deus, perceber suas estratégias e experimentar o renovo que vem do alto. Nesse repouso consciente, o Espírito nos unge, fortalece e nos conduz com sabedoria mesmo em tempos de crise.

Deus não promete ausência de conflito, mas presença constante em meio à batalha. Ele prepara uma mesa no meio da oposição, sustenta os que confiam nele e transforma a entrega em testemunho vivo de sua fidelidade.

COMEÇAR E TERMINAR COM PROPÓSITO

"Agora, completem a obra, para que o forte desejo de realizá-la seja igualado pela disposição em concluí-la, de acordo com o que possuem."

• 2Coríntios 8.11, NVI •

A vida é feita de ciclos, e cada ciclo tem um propósito divino. Uns começam com alegria, outros com dor; uns exigem fé para iniciar, outros exigem coragem para terminar. Deus nos chama a discernir os tempos, a perceber quando é hora de semear e quando é tempo de colher, quando é tempo de permanecer e quando é momento de partir. Começar com o coração alinhado aos Céus é essencial, mas terminar com fidelidade é ainda mais valioso. Muitos iniciam cheios de entusiasmo, porém poucos concluem com excelência.

Jesus, o nosso maior exemplo, iniciou seu ministério com clareza e o concluiu na cruz, declarando com autoridade: "Está consumado". Ele nos ensinou que há honra em concluir o que foi começado conforme a vontade do Pai. Muitos desistem no meio do caminho, vencidos pelo medo, distração ou cansaço. Mas aqueles que perseveram até o fim são os que recebem a coroa. Finalizar um ciclo com excelência é um testemunho de maturidade espiritual. É reconhecer que cada estação da vida tem valor e que até o encerramento de um tempo faz parte da edificação de algo maior dentro de nós.

Se você está prestes a começar algo novo, consagre este início ao Senhor, entregando sua caminhada para que seja guiada pela graça e pelo poder do Espírito Santo. E se está diante do término de uma fase, entregue esse fechamento com gratidão e confiança. Deus honra aqueles que vivem com propósito, que perseveram na fé e terminam com fidelidade. Que nossos ciclos revelem a glória dele, do primeiro ao último passo.

Iniciar com o coração alinhado aos Céus é essencial, mas terminar com fidelidade é a marca dos filhos de Deus.

Leia hoje

Salmos 115-116 • Provérbios 30

Anotações

DECLARAÇÃO

Como discípulo de Jesus, eu escolho perseverar, completar com excelência e cumprir o propósito do Senhor em cada ciclo da minha vida.

Na Presença do Pai

Dezembro

12 — 12

JESUS QUER CURAR VOCÊ

"E Jesus, estendendo a mão, tocou-lhe, dizendo: Quero, fica limpo! [...]"

• Mateus 8.3 •

Jesus toca para curar e restaurar; ele não exige merecimento.

Hoje, podemos relembrar uma verdade transformadora: Jesus quer nos curar. Muitas pessoas reconhecem que Deus tem poder para curar, mas duvidam se ele realmente deseja isso para elas. Esse dilema ficou claro no encontro do leproso com Jesus. O homem doente se aproximou cheio de fé, mas também inseguro, e disse: "Senhor, se quiseres, podes purificar-me". Em seguida, Jesus não hesitou. Ele estendeu a mão, tocou nele e disse: "Quero, fica limpo". E o milagre aconteceu ali mesmo, de imediato. Essa passagem revela que a dúvida do leproso não dizia respeito ao poder de Deus, mas ao desejo dele de nos abençoar.

Muitas vezes, ficamos presos a uma lógica de merecimento. Sabemos que Deus pode restaurar relacionamentos, prover recursos e curar enfermidades, mas olhamos para nossas falhas e imperfeições e nos perguntamos: "Será que Deus realmente deseja me abençoar?". A resposta está na graça divina. Jesus não exigiu que aquele homem passasse por um exame moral ou espiritual. Ele simplesmente estendeu a mão e o tocou. O toque de Jesus não foi feito com nojo ou repulsa; ao contrário, como fonte de pureza, ele o tocou com amor e misericórdia.

Hoje, mesmo que você se sinta indigno, saiba que Jesus quer tocar a sua vida. Ele quer curar suas feridas, restaurar sua alma e renovar sua esperança. Abra seu coração para essa graça e permita que a vida dele flua em você.

Leia hoje

Salmos 117-118
Provérbios 31

Anotações

DECLARAÇÃO

Eu recebo o toque de cura e graça de Jesus em minha vida.

O DESCANSO É SANTO

"E, havendo Deus terminado no dia sétimo a sua obra [...] descansou [...]. E abençoou Deus o dia sétimo e o santificou [...]."

• Gênesis 2.2-3 •

A primeira menção de santidade na Bíblia está diretamente ligada ao descanso. Deus não apenas descansou, mas separou e abençoou esse tempo, tornando-o santo. A palavra hebraica *kadash* significa separar, consagrar e dedicar. Assim, o descanso não é um momento qualquer para o cristão, mas um estado de consagração a Deus, no qual aquele se coloca sob seu cuidado e proteção.

Descansar em Deus é muito mais do que cessar atividades; é uma postura de fé e entrega total. É reconhecer que ele é soberano, que está no controle e que sua graça é suficiente para nos sustentar. Quando nos rendemos a esse descanso, nossa alma encontra paz e nossa vida é renovada. É no descanso que recebemos forças, criatividade, visão e direção para continuar.

Santidade é, portanto, o fruto natural de um coração que descansa no Senhor. Quando deixamos a ansiedade de lado e confiamos plenamente em Deus, entramos em um lugar de graça, onde a presença dele nos transforma e fortalece. Que você viva essa vida santa e separada pelo descanso, que é também cheia de favor e plena em Deus.

Santidade é o fruto natural da vida de Deus em nós.

Leia hoje
Salmos 119.1-32

Anotações

DECLARAÇÃO

Eu sou santo pela fé que repousa na graça e no favor do Senhor.

VITORIOSAMENTE ASSENTADOS

"Disse o Senhor ao meu senhor: Assenta-te à minha direita, até que eu ponha os teus inimigos debaixo dos teus pés."

• Salmos 110.1 •

Assentar-se com Cristo é viver com paz, confiança e a autoridade do Céu.

Leia hoje
Salmos 119.33-64

Anotações

DECLARAÇÃO

Eu descanso na autoridade de Cristo e vivo como vencedor em todas as áreas da minha vida.

O versículo mencionado revela um diálogo profundo e poderoso entre Deus Pai e Deus Filho, Jesus Cristo, profetizando o momento em que o Filho, após a ressurreição, se assentaria à direita do Pai com plena autoridade. Jesus está em uma posição de descanso e soberania, sujeitando todos os inimigos sob seu domínio absoluto. Esse assentar representa não apenas repouso, mas reinado, domínio e vitória completa sobre toda oposição.

O mais impressionante é que essa vitória não é exclusiva de Jesus. Em Efésios 2.6, aprendemos que, em Cristo, nós também fomos ressuscitados e assentados com ele nos lugares celestiais. Estar assentado simboliza a posição de autoridade que recebemos, uma posição de descanso e poder que nos concede reinado sobre o medo, a dúvida, as enfermidades e toda forma de adversidade.

Entender essa verdade, e aprender a viver na dimensão espiritual dessa posição, leva-nos a experimentar a liberdade plena de um filho de Deus. Você não luta para vencer, porque a vitória já foi conquistada e, em Cristo, agora descansa e reina em cada área da vida. Sua fé se firma na certeza de que o Inimigo já foi derrotado e de que o favor e a proteção de Deus estão sobre você constantemente. Assentar-se com Cristo é viver com paz, confiança e a autoridade do Céu. Essa é a vida abundante que Deus quer para você.

A VITÓRIA ESTABELECIDA

"Ora, todo sacerdote se apresenta, dia após dia [...] e a oferecer muitas vezes os mesmos sacrifícios, que nunca jamais podem remover pecados; Jesus, porém, tendo oferecido, para sempre, um único sacrifício pelos pecados, assentou-se à destra de Deus."

• Hebreus 10.11-12 •

No mundo antigo, quando um rei vencia uma guerra, ele trazia o inimigo derrotado acorrentado e prostrado diante de si, colocando o pé sobre suas costas e declarando publicamente sua vitória absoluta. Essa imagem poderosa é um retrato da cruz de Cristo, onde Jesus venceu o Diabo, o pecado e a morte de forma definitiva. Hoje, pelo poder do Espírito Santo, ele anuncia essa mesma vitória para você. Os inimigos que você enfrenta já foram derrotados, e serão colocados debaixo dos seus pés, um a um, porque a obra consumada na cruz garantiu o triunfo.

Estar assentado com Cristo nos lugares celestiais significa viver em plena consciência dessa vitória e autoridade. Não precisamos lutar como se ainda estivéssemos perdidos ou indefesos, pois Jesus já conquistou tudo por nós. Descansar nessa obra consumada traz paz ao coração e coragem para enfrentar qualquer desafio. Essa certeza liberta da ansiedade e da dúvida, fazendo você caminhar com confiança no favor de Deus.

Por isso, abrace hoje essa verdade espiritual. Reconheça diariamente que você, como filho de Deus, é mais que vencedor em Cristo. Viva como um filho amado, revestido de poder e autoridade, ciente de que a vitória não depende das suas forças, mas da fidelidade daquele que já venceu por você.

A vitória não é conquistada; é-nos dada, em Cristo.

Leia hoje
Salmos 119.65-96

Anotações

DECLARAÇÃO

Eu descanso na obra consumada de Jesus e vivo como vencedor pelo poder do Espírito Santo.

POSICIONADO NA VITÓRIA

"E, juntamente com ele, nos ressuscitou, e nos fez assentar nos lugares celestiais em Cristo Jesus."

• Efésios 2.6 •

Ao assumir sua posição celestial, você libera o poder do Céu para agir.

Essa verdade revela que, espiritualmente, já fomos posicionados na mais alta autoridade e poder em Cristo. Não estamos de pé na luta por nossas próprias forças, mas assentados com Jesus, em um lugar de descanso e domínio sobre todas as circunstâncias.

Quando você descansa e crê na obra consumada na cruz, reconhece que sua cura, provisão, libertação e paz já foram conquistadas. Embora algumas bênçãos ainda não se manifestem fisicamente, elas já são reais no Reino. O descanso da fé é o que ativa essas promessas para que sejam manifestadas no tempo de Deus. Muitas vezes, a ansiedade e o esforço nos levam a tentar lutar sozinhos, esquecendo-nos de que já fomos posicionados em Cristo. Esse descanso não é fraqueza, mas confiança firme na vitória que Jesus nos garantiu. Ao assumir sua posição celestial, você libera o poder do Céu para agir em sua vida, trazendo vitória sobre inimigos espirituais, problemas financeiros, enfermidades e conflitos emocionais, mas, acima de tudo, confiando que, em qualquer desafio que enfrente, Deus soberanamente cuida de você.

Portanto, posicione-se firmemente nessa verdade. Faça do descanso uma postura diária, sabendo que o Rei está no trono e que você já foi colocado para reinar com ele. Ao descansar na vitória, você viverá em paz, força e domínio.

Leia hoje
Salmos 119.97-128

Anotações

DECLARAÇÃO

Estou assentado com Jesus e recebo a vitória do Céu em minha vida.

A GRAÇA QUE LIBERTA E EMPODERA

"Porque a lei do Espírito da vida, em Cristo Jesus, te livrou da lei do pecado e da morte."

• Romanos 8.2 •

Confiar nos próprios esforços, nas promessas feitas na hora do desespero ou nas orações apressadas pode levar à frustração e ao desânimo. Mas crer que somos filhos amados, justificados, e que o Senhor trabalha por nós é o que realmente libera o poder divino sobre nossa vida. A graça desloca o foco de nós mesmos para Cristo. Enquanto a Lei coloca o homem no centro, a graça coloca Cristo no centro da nossa existência. E onde Cristo está no centro, aí há poder, transformação e vitória para quem crer verdadeiramente.

O Evangelho da graça liberta muitas pessoas das garras da depressão, quebra as cadeias do pecado e dissolve opressões malignas. O pecado perde a força quando o medo desaparece, e isso acontece exatamente quando renovamos a mente com a verdade do Evangelho. Quando compreendemos que nossa salvação e vitória não dependem do que fazemos, mas da obra consumada de Cristo, o poder de Deus começa a operar livremente em nós, gerando liberdade, paz e vida abundante.

Não importa qual seja a sua luta hoje, creia firmemente: onde há graça abundante, haverá também poder abundante. Continue se alimentando da Palavra da graça, renovando sua mente e fortalecendo sua fé. À medida que sua fé crescer, o poder de Deus se manifestará em cada aspecto de sua vida de maneira real e constante, trazendo libertação, restauração e um novo vigor espiritual.

Onde há graça abundante, haverá também poder abundante.

Leia hoje
Salmos 119.129-160

Anotações

DECLARAÇÃO

Sou um filho amado, justificado e cheio do poder da graça que me sustenta.

COMECE PELO DESCANSO DIVINO

"Esforcemo-nos, pois, por entrar naquele descanso, a fim de que ninguém caia, segundo o mesmo exemplo de desobediência."

• Hebreus 4.11 •

Esta é a essência da graça: um lugar onde tudo já está preparado.

Leia hoje
Salmos 119.161-176

Anotações

Na maioria das vezes, Deus contraria a lógica humana. Enquanto nós tendemos a trabalhar primeiro para folgar depois, ele nos convida a começar pelo descanso para que a sua ação em nossa vida seja plena. Depois de sua criação, o primeiro dia do homem foi o sétimo, o dia do descanso. Isso revela que nossa jornada deve iniciar na confiança e no descanso em Deus, sabendo que tudo já está provido e que a verdadeira prosperidade começa quando paramos de lutar sozinhos e entregamos o controle ao Senhor.

Hebreus 4.11 nos exorta a nos esforçarmos para entrar nesse descanso, para que não caiamos na desobediência e na incredulidade. O Senhor quer nos conduzir a uma terra que *mana* leite e mel, e não apenas a uma terra onde *há* leite e mel; há um lugar onde esses frutos brotam espontaneamente, pelo favor e provisão divina, sem o desgaste e esforço exaustivos — no descanso de Deus. Essa é a chamada para viver no sobrenatural, confiando que Deus prepara tudo em nosso favor.

No Egito, os frutos que sustentavam o povo — pepinos, melões, cebolas e alhos — precisavam ser colhidos do chão, exigindo muito esforço e trabalho. Porém, na terra prometida, os frutos são uvas, romãs e figos, colhidos diretamente das árvores, prontos para o uso. Esta é a essência da graça: um lugar onde tudo já está preparado e basta estender a mão para receber. Viva cheio de graça, hoje!

DECLARAÇÃO

Descanso em Deus, confiando que ele prepara tudo para mim.

OLHE PARA A PROMESSA, NÃO PARA O PROBLEMA

"[...] Não por força nem por poder, mas pelo meu Espírito, diz o SENHOR dos Exércitos."

• Zacarias 4.6 •

Deus prometeu ao povo de Israel uma terra cheia de abundância, com cidades grandes e boas, casas repletas de bens, poços cavados e vinhas e olivais prontos para a colheita. Tudo estava preparado pelo favor divino, sem que eles precisassem parar para construir ou plantar. Contudo, quando chegaram em Cades-Barneia, enviaram espias para investigar a terra prometida. Apesar de terem visto a fertilidade e a riqueza da terra, os espias focaram mais nos gigantes que habitavam lá e permitiram que o medo tomasse conta deles. Essa atitude causou uma incredulidade que impediu o povo de entrar na terra que Deus havia preparado para eles.

Muitas vezes, diante de problemas e desafios, é fácil olhar para o "gigante" à frente, seja a doença, a crise financeira, o relacionamento difícil ou a luta espiritual, e esquecer da promessa que Deus já fez. Confiar nas promessas de Deus significa escolher focar na fidelidade dele e na vitória já conquistada em Cristo, e não no tamanho dos obstáculos.

Quando você decide olhar para a promessa, confiando no poder do Espírito Santo para agir, reina com Cristo e vive na certeza do favor divino. Essa fé permite que, mesmo em meio às lutas, você permaneça firme e seguro, sabendo que o gigante já foi derrotado. Assim, avance confiante, pois a vitória já é sua, e o Senhor está preparando o caminho para que você prospere.

Quando você decide olhar para a promessa, você reina com Cristo.

Leia hoje
Salmos 120–121

Anotações

DECLARAÇÃO

Confio na promessa do Senhor e avanço vitorioso em seu favor.

LIBERTAÇÃO DE CORRENTES INVISÍVEIS

DEZEMBRO

09

Devocional

343 /365

"Pela fé, ele abandonou o Egito, não ficando amedrontado com a cólera do rei; antes, permaneceu firme como quem vê aquele que é invisível."

• Hebreus 11.27 •

A fé no poder de Deus traz vitória sobre qualquer gigante.

Leia hoje

Salmos 122-123

Anotações

Quando os espias retornaram da terra prometida, descreveram gigantes — os filhos de Enaque, cujo nome em hebraico significa "coleira" ou "corrente no pescoço". Isso revela que o verdadeiro inimigo não era apenas físico, mas uma corrente invisível que prendia o povo. Embora fossem libertos da escravidão no Egito, eles ainda estavam presos a uma mentalidade de escravos, marcada pela incredulidade, medo e limitação. Essa prisão mental os impedia de avançar e tomar posse das bênçãos prometidas.

A escravidão verdadeira é a da mente presa à dúvida e ao medo. Hebreus 3 mostra que a razão para não entrarem na terra prometida foi a incredulidade, e não a força dos gigantes. Essa dúvida é um jugo que aprisiona muitos até hoje. A promessa está disponível, mas a mente presa não enxerga a liberdade que já foi conquistada. Porém, a fé é a chave que rompe essas correntes, abre portas e permite avançar confiante. Você pode estar enfrentando gigantes hoje, mas não deixe que o medo e a dúvida o mantenham cativo. Deus já preparou a vitória para você.

Escolha crer na fidelidade do Senhor. Rompa as cadeias da dúvida e da insegurança, e caminhe em liberdade, sabendo que a promessa de Deus é segura. Você foi chamado para viver vitoriosamente, e não como escravo do medo. A fé no poder de Deus traz vitória sobre qualquer gigante.

DECLARAÇÃO

Sou livre pela fé, e caminho confiante na promessa do Senhor.

A VERDADEIRA CANAÃ

"Guardemos firmes a confissão da esperança, sem vacilar, pois quem fez a promessa é fiel."

• Hebreus 10.23 •

Hoje, a nossa Canaã é o descanso da fé, um lugar espiritual onde a confiança em Deus se torna tangível. Esse descanso não significa ausência de ação, mas uma entrega plena que gera paz profunda no coração, mesmo em meio às batalhas da vida. É a fé que se manifesta não na agitação, mas no sossego da alma, abrindo portas para o favor e a provisão sobrenaturais que Deus já preparou. Assim como o leite e o mel fluíam abundantemente na terra prometida, também fluirão bênçãos em sua vida quando você escolher confiar no Senhor.

Na história de Israel, a terra prometida estava ocupada por gigantes, que simbolizam as dificuldades e obstáculos que enfrentamos hoje. Porém, mais do que o tamanho dos gigantes, o que paralisava o povo era a incredulidade e o medo derivados de uma mentalidade de escravos, tornando-os incapazes de desfrutarem da promessa. Mas Cristo, por sua graça e obra consumada na cruz, libertou-nos dessas correntes. Tudo já foi consumado: a vitória foi assegurada e a promessa é a nossa herança. Ao renovar a mente e firmar os pés na Palavra pela fé, caminhamos rumo à plena manifestação das promessas de Deus.

Entrar na verdadeira Canaã é aceitar que não precisamos lutar com nossas próprias forças, mas descansar na graça que opera poderosamente em nós. É uma transformação interior que nos tira do medo e da dúvida e nos libera para viver a liberdade dos filhos de Deus.

O descanso da fé é também liberdade para viver as promessas de Deus.

Leia hoje
Salmos 124-125

Anotações

DECLARAÇÃO

Eu renuncio toda dúvida e desfruto das promessas entregues pela graça e fé em Cristo.

CAPACITADO PELO ESPÍRITO

"Mas o Consolador, o Espírito Santo, a quem o Pai enviará em meu nome, esse vos ensinará todas as coisas e vos fará lembrar de tudo o que vos tenho dito."

• João 14.26 •

Em Cristo, toda palavra contrária e toda seta do Inimigo se desfazem.

Leia hoje
Salmos 126-127

Anotações

Para você, que se sente incapaz, o Espírito Santo é quem o capacita e fortalece. Ele não só sustenta seu corpo e mente, mas também concede sabedoria e discernimento para enfrentar cada desafio. Mesmo quando você se encontra no fundo do poço, o Espírito é a luz que ilumina o caminho a seguir. Ele fala ao seu coração com ternura e poder, mostrando qual passo dar para que você não se perca, guiando seus passos na direção certa e renovando suas forças a cada dia.

Não importa o tamanho da luta, da dor ou da dificuldade que esteja enfrentando, você pode abrir a boca e clamar por Jesus com fé, sabendo que ele ouve todas as suas orações. Ele é o socorro presente, o refúgio seguro na angústia. Em Cristo, toda palavra contrária e toda seta do Inimigo se desfazem. Anjos do Senhor ministram proteção constante a você e sua família. São incontáveis as bênçãos recebidas em Jesus!

Portanto, confie na fidelidade do Senhor para completar a boa obra que ele iniciou em sua vida. Ele não abandona seus filhos; antes, é fiel para cumprir suas promessas. Hoje, abrace essas promessas e declare, com fé, quão capacitado pelo Espírito você é.

DECLARAÇÃO

Recebo a sabedoria, a força e a direção do Espírito Santo para cumprir o propósito de Deus.

UNIDO COM CRISTO

"Mas aquele que se une ao Senhor é um espírito com ele."

• 1Coríntios 6.17 •

Você é um com Cristo, unido a ele por um vínculo espiritual inquebrável. Essa união significa que, quando o mundo espiritual olha para você, não vê suas fraquezas, falhas ou limitações, mas vê o Filho de Deus habitando em sua vida. Deus o vê revestido da justiça do Filho e, a partir dessa nova identidade, você está chamado a viver em paz, descansar e triunfar. Essa consciência deve ser o alicerce da sua fé diária, pois ela confirma que você está aprovado e pode se achegar ao Pai com total confiança.

Quantas vezes o Inimigo tenta nos intimidar e ameaçar? Contudo, ele não pode resistir ao nome de Cristo, honrado e proclamado pelo cristão. É de vital importância reconhecer que somos um só espírito com Cristo, pois essa verdade nos concede autoridade, proteção e poder para enfrentarmos todas as adversidades que surgirem.

Quando você vive consciente da sua união com Cristo, sua vida se transforma radicalmente. Os ataques do Inimigo perdem a força, porque ele sabe que está lidando com alguém que está gloriosamente revestido da justiça do Cordeiro Santo. Essa é a realidade que sustenta o crente vitorioso. Portanto, viva todos os dias seguro dessa verdade e confiante na vitória que já lhe foi concedida por meio da Cruz. Descansar em Cristo é, na prática, reinar sobre toda oposição e viver em paz, coragem e autoridade.

Quando você vive consciente da sua união com Cristo, sua vida se transforma radicalmente.

Leia hoje

Salmos 128-129

Anotações

DECLARAÇÃO

Vivo na vitória e na autoridade de Cristo, rejeitando todo ataque do Inimigo.

A HERANÇA DE CRISTO EM NÓS

"[...] Estou crucificado com Cristo; logo, já não sou eu quem vive, mas Cristo vive em mim [...]."

• Gálatas 2.20 •

Tudo o que é verdade a respeito de Cristo se tornou verdade a seu respeito também.

Leia hoje
Salmos 130-131

Anotações

Tudo o que é verdade a respeito de Cristo se tornou verdade a seu respeito também. Se ele é abençoado, você é abençoado. Se ele é justo, você é justo. Se ele é saudável, você é saudável. Se ele é amado, você também é. Esta é a grande verdade da nova aliança: estamos unidos a Cristo em um só espírito. Essa união profunda permite que nos acheguemos a Deus com ousadia, pedindo com confiança e andando com segurança, conscientes de que o favor de Deus repousa sobre nós. Não estamos sozinhos nem desamparados, mas plenamente sustentados pela graça e pela autoridade que ele nos deu.

Essa fé que abraça nossa identidade em Cristo muda tudo. Ela transforma nossa maneira de viver, orar e nos relacionar e fortalece nossa postura diante dos desafios cotidianos. A consciência de que somos um com Cristo traz autoridade espiritual real para nossa vida, dando-nos poder para resistir às tentações, vencer o medo e proclamar vitória. Não somos fracos, abandonados ou indignos — somos vencedores que carregam o poder de Deus. Em Cristo, recebemos tudo o que ele conquistou na cruz, e essa herança divina nos garante proteção, provisão, paz e vitória em todas as áreas.

Por isso, ande diariamente na convicção dessa verdade. Rejeite todo sentimento de insuficiência, condenação ou dúvida. Você é amado, justificado e capacitado por Deus. A graça que nos une a Cristo é o nosso escudo e fortaleza.

DECLARAÇÃO

Eu sou unido a Cristo, revestido da justiça e da vitória do Senhor.

O INÍCIO DA OBRA DE DEUS

"Porém a mim o Senhor, meu Deus, me tem dado descanso de todos os lados; não há nem inimigo, nem adversidade alguma."

• 1Reis 5.4 •

Na perspectiva bíblica, o dia começa ao anoitecer, enquanto ainda dormimos, e isso é um lembrete de que a obra é do Senhor, não nossa. Isso nos ensina a depender da graça de Deus, confiando que ele continua agindo mesmo quando não estamos vendo ou fazendo. Descansar, nesse contexto, é mais do que pausar as atividades: é um estado de confiança e entrega que reconhece a presença e o valor de Cristo em nós.

Enquanto a lógica humana nos leva a pensar que primeiro se trabalha e depois se descansa, Deus estabelece o contrário: o descanso antecede o trabalho. Quando começamos a jornada a partir do repouso, corpo, mente e espírito se alinham com o propósito divino, gerando clareza, força e sabedoria. Sem esse descanso, lutamos contra o desgaste e a ansiedade, que comprometem nossa capacidade de agir com discernimento.

Salomão é exemplo dessa realidade: viveu um tempo de paz que possibilitou a construção do Templo. Da mesma forma, o descanso é o solo fértil onde a edificação acontece. Em contextos de guerra, conflito ou medo, não se constrói nada duradouro. Para edificar sonhos, fortalecer relacionamentos e alcançar promessas, é preciso primeiro descansar e confiar na fidelidade do Senhor.

O descanso é o solo fértil onde a edificação acontece.

Leia hoje
Salmos 132-133

Anotações

DECLARAÇÃO

Eu descanso no Senhor e recebo força para construir e prosperar.

UMA ENTREGA LIBERTADORA

"Com isso, cheguei a uma conclusão: todos temos de orar, porque, quando as represas arrebentarem e tudo inundarem, estaremos em terreno alto e sairemos ilesos. O Eterno é minha ilha de refúgio, ele mantém o perigo bem longe da praia [...]"

• Salmos 32.6, A •

A entrega a Deus liberta a alma e renova o espírito.

Leia hoje
Salmos 134-135

Anotações

A verdadeira liberdade espiritual começa quando decidimos entregar tudo a Deus. Ao colocarmos diante do Senhor nossos medos, culpas, erros e cargas, abrimos espaço para que a graça dele transforme nossa alma. Essa entrega não é um sinal de fraqueza, mas de coragem e fé. O peso que antes nos esmagava perde seu poder, a culpa que nos consumia evapora, e o pecado que nos aprisionava tem sua força quebrada. Isso acontece com a alma que se entrega ao Senhor, ela encontra alívio e paz duradouros. Não precisamos carregar os fardos da vida sozinhos, tampouco esconder sentimentos; a entrega sincera é o caminho para a renovação verdadeira.

Em meio às tempestades da vida, Deus é nosso refúgio seguro. Ele nos guarda e protege mesmo quando tudo parece ruir ao nosso redor. Quando meditamos constantemente na Palavra, nossa mente se fortalece e nossa fé cresce, preparando-nos para vencer as batalhas internas, que todos enfrentamos. O campo da guerra espiritual é a mente, e a renovação dela pela Palavra de Deus é o que nos conduz à boa, perfeita e agradável vontade do Pai.

É, portanto, através de uma entrega genuína de espírito, alma e corpo ao Senhor que somos verdadeiramente livres. Hoje, entregue-se, confie no cuidado divino e viva a liberdade que somente ele pode conceder.

DECLARAÇÃO

Eu entrego minhas cargas ao Senhor e vivo na liberdade e na paz que só ele oferece.

DEZEMBRO

16

Devocional

350 /365

A PALAVRA QUE PROSPERA

"Não cesses de falar deste Livro da Lei; antes, medita nele dia e noite, para que tenhas cuidado de fazer segundo tudo quanto nele está escrito; então, farás prosperar o teu caminho e serás bem-sucedido."

• Josué 1.8 •

Josué nos revela que a verdadeira prosperidade começa com uma vida enraizada na Palavra de Deus. Meditar nela constantemente não é apenas ler, mas permitir que suas verdades moldem nossas decisões, pensamentos e atitudes. Esse contato contínuo gera sabedoria e discernimento, capacitando-nos a andar com fé e confiança na direção que o Senhor nos dá, assim como Josué fez ao assumir a liderança de um povo rumo à promessa.

No contexto bíblico, "meditar" também envolve confessar a Palavra com os lábios. Ao declarar o que Deus diz, ativamos a fé, alinhamos nosso coração com a verdade e abrimos espaço para o agir sobrenatural. Josué recebeu instruções claras sobre guardar e falar a Lei, porque a vitória viria da obediência e da confissão constante, não apenas de estratégias humanas.

Por isso, estabelecer um hábito diário de meditação e confissão da Palavra é essencial para quem deseja viver sob o favor de Deus. Quando a mente é renovada pela verdade, e a boca declara com fé o que o Senhor prometeu, a caminhada se torna segura. Prosperar, então, não é apenas alcançar metas, mas viver segundo a vontade de Deus, como um testemunho vivo da fidelidade divina.

Meditar e confessar a Palavra abre as portas da prosperidade na vida.

Leia hoje

Salmos 136-137

Anotações

DECLARAÇÃO

Eu vivo pela fé na Palavra de Deus e prospero em todos os meus caminhos.

A VOZ QUE LIBERTA

"De seis angústias ele o livrará, e na sétima o mal não tocará em você. Na fome ele livrará você da morte; na guerra, do poder da espada."

• JÓ 5.19-20 •

A confissão contínua da verdade de Deus fortalece o coração.

Leia hoje
Salmos 138-139

Anotações

Antes de o Inimigo tentar roubar a bênção da sua vida, ele repetidamente tenta calar a voz da sua fé. Por isso, não se cale diante das adversidades. Crendo que Deus o livrará cada vez que o mal tentar atingir você, fale com ousadia e declare aquilo que a Palavra de Deus diz. Confesse: "Sou perdoado. Sou amado. Sou justificado. Sou filho da aliança. Sou herdeiro de Deus. Sou abençoado. Em Cristo, sou protegido do mal". Essas confissões não são palavras vazias, mas expressões vivas da fé que trazem à existência aquilo que Deus já concedeu no mundo espiritual.

No mundo espiritual, o silêncio pode ser perigoso. Jó 5.19 nos lembra de que Deus livra seus filhos de todas as aflições, mas, antes disso, é preciso permanecer firme na fé. Diante da adversidade, não se cale. Proclame com ousadia quem você é em Cristo. A confissão contínua da verdade de Deus fortalece o coração e nos posiciona em terreno seguro. Assim como Jó foi sustentado mesmo em meio à dor, você também será guardado ao declarar a fidelidade do Senhor sobre sua vida.

Ainda que venham lutas, aquele que crê e, com fé, declara a Palavra de Deus permanece de pé, protegido pelo Deus que livra seis vezes e, na sétima, também estende sua mão. Lembre-se: ainda que o Inimigo venha com desgraças e males sete vezes, o Senhor é poderoso para silenciar e desfazer cada uma.

DECLARAÇÃO

Eu confesso a verdade da Palavra e permaneço firme na fé, vivendo em vitória.

O LEÃO E O CORDEIRO

"[...] Eis que o Leão da tribo de Judá, a Raiz de Davi, venceu para abrir o livro e os seus sete selos."

• Apocalipse 5.5 •

A Bíblia nos apresenta um contraste fascinante em Jesus Cristo: ele é simultaneamente o Leão da tribo de Judá e o Cordeiro de Deus. Para o Inimigo, Jesus é o Leão que ruge com poder, aquele que esmagou a cabeça da serpente e derrotou o mal para sempre. Essa imagem representa força, autoridade e domínio absoluto sobre o poder das trevas. Ele é o Rei vencedor, que nos garante a vitória em todas as batalhas espirituais.

Para nós, porém, Jesus é o Cordeiro manso e humilde, que se entregou para tirar o pecado do mundo. É nele que encontramos o favor suave e restaurador de Deus, que cobre nossas imperfeições como o orvalho que revigora a relva pela manhã. O sangue derramado por Jesus na cruz nos dá acesso irrestrito à presença do Pai, não baseado em nosso mérito, mas no sacrifício perfeito do Cordeiro.

Esse favor não significa permissão para continuar em pecado, mas libertação para viver uma vida santa e plena. O Espírito da vida, que habita em nós por meio de Cristo, libertou-nos da condenação da lei do pecado e da morte, trazendo vida e paz verdadeiras. Mesmo quando falhamos, o sangue de Jesus nos purifica e nos mantém firmes na aliança da graça, onde somos amados e aceitos pelo Pai. Por isso, viva confiante, sabendo que Cristo, o Leão e o Cordeiro, está ao seu lado.

Mesmo quando falhamos, o sangue de Jesus nos purifica e nos mantém firmes na aliança da graça.

Leia hoje
Salmos 140-141

Anotações

DECLARAÇÃO

Eu sou coberto pelo favor de Deus e justificado pela vitória do Cordeiro, seguro na proteção do Leão.

SINTONIZADO COM O ESPÍRITO

"O Espírito e a noiva dizem: Vem! Aquele que ouve, diga: Vem! [...]"

• Apocalipse 22.17 •

Deus não grita no caos; ele sussurra no íntimo de quem se aquieta.

Leia hoje
Salmos 142-143

Anotações

Muitos se perguntam por que não conseguem ouvir a voz do Espírito Santo em suas vidas. A verdade profunda é que o Espírito fala numa frequência muito especial: a do descanso. Quando estamos sintonizados em frequências erradas como ansiedade, culpa e agitação, acabamos com ruído demais na mente e pouca atenção para a doce voz do Senhor. Devemos nos lembrar de que o Espírito fala na frequência da quietude, em uma voz suave, percebida apenas por corações em paz e rendidos. Ele se revela no silêncio da alma que confia, e não no barulho do medo ou do controle.

Quando escolhemos descansar em Deus, nossos ouvidos espirituais se abrem. A entrega nos posiciona para ouvirmos com clareza a direção divina em todas as áreas da vida. Deus não grita no caos; ele sussurra no íntimo de quem se aquieta. O descanso, então, não é passividade, mas uma chave para discernir a vontade do Pai.

O Espírito está sempre falando, o problema está na sintonia. Quando alinhamos mente e coração com a Palavra e descansamos pela fé, a voz dele se torna inconfundível. Decida hoje confiar, silenciar e ouvir. Essa sintonia com o Espírito abrirá caminhos, trará direção e liberará milagres sobre a sua vida.

DECLARAÇÃO

Meu coração está sintonizado com o Espírito Santo, e vivo guiado pela sua paz e direção.

A FREQUÊNCIA DA PAZ

"Seja a paz de Cristo o árbitro em vosso coração [...]."

• Colossenses 3.15 •

A sintonia com o Espírito Santo acontece na frequência da paz. Jesus, em João 14, afirmou que o Espírito nos ensinaria todas as coisas e, logo depois, declarou: "Deixo-vos a minha paz, a minha paz vos dou". Essa não é uma coincidência. A paz é o ambiente natural em que o Espírito se comunica com o nosso coração. A Palavra também diz que a paz deve ser o árbitro em nossas decisões, como um juiz que determina o rumo do jogo, dizendo se devemos seguir ou parar. Assim, a paz fundamentada nas Escrituras é o sinal que nos indica o caminho certo.

Não significa que devemos esperar "sentir paz" para agir, mas que devemos permanecer na paz do Senhor continuamente. Se você está em Cristo, essa paz já habita em você. Caminhe nela diariamente. Contudo, se ao tomar uma decisão, a paz fundamentada na Bíblia se desfizer, pare e reavalie, pois esse pode ser um sinal de que o Espírito não confirma o caminho escolhido. Jamais tome decisões quando estiver cheio das obras da carne. A voz do Espírito se manifesta no descanso e na tranquilidade do coração, no fruto do Espírito.

Por isso, cultivar a paz interior é vital para manter a sintonia com Deus. Em meio ao caos do mundo, escolha repousar na presença do Senhor. Assim, sua vida será guiada pela direção do Espírito, com segurança e clareza, porque a paz de Deus está sempre disponível para conduzir você pelo destino que ele preparou.

A paz é o ambiente natural em que o Espírito se comunica com o nosso coração.

Leia hoje
Salmos 144-145

Anotações

DECLARAÇÃO

Permaneço na paz de Deus, ouvindo e seguindo a voz do Espírito.

NÃO DECIDA PELA EMOÇÃO

"E a paz de Deus, que excede todo o entendimento, guardará o vosso coração e a vossa mente em Cristo Jesus."

• Filipenses 4.7 •

Enquanto nossos olhos naturais enxergam apenas o momento presente, Deus vê o quadro completo.

Leia hoje
Salmos 146-147

Anotações

Certa vez, fui injustamente caluniado no trabalho e, tomado pela indignação, decidi pedir demissão. Estava cheio de raiva quando entrei no carro, pronto para agir carnalmente. Porém, naquele momento, o Espírito Santo falou comigo: "Quem decide a sua vida? É você ou sou eu?". Naquela manhã, eu até havia entregado o meu dia a Deus, mas, ao enfrentar essa dor, quis agir pelo impulso pecaminoso. Imediatamente, escolhi aquietar meu coração, perdoei e deixei Deus conduzir os próximos passos. Para minha surpresa, aquele mês se tornou o melhor da minha vida na empresa, e Deus usou aquele período para me direcionar a um novo chamado: o ministério pastoral.

Essa experiência me ensinou uma lição fundamental: decisões não devem ser tomadas no calor da emoção ou da mágoa, mas precisam ser guiadas pela paz e direção do Espírito Santo. A carne reage rápido, mas o Espírito nos conduz com sabedoria. Enquanto nossos olhos naturais enxergam apenas o momento presente, Deus vê o quadro completo, início, meio e fim de nossa jornada.

Por isso, não se deixe dominar pela turbulência das circunstâncias externas. Ouça o que o Espírito diz ao seu coração, ouça a voz pacificadora das Escrituras. Decidir biblicamente é escolher viver pela fé, e não pela vista. Viver assim é declarar confiança no Senhor que guia todos os seus passos.

DECLARAÇÃO

Eu sigo a direção do Espírito Santo, confiando na paz que ele me dá em cada decisão.

DEZEMBRO

22

Devocional

356 /365

DECISÕES CHEIAS DA PAZ DO ESPÍRITO

"Não andeis ansiosos de coisa alguma; em tudo, porém, sejam conhecidas, diante de Deus, as vossas petições, pela oração e pela súplica, com ações de graças."

• Filipenses 4.6 •

Se você está com a cabeça quente, nervoso, magoado, frustrado ou se as coisas não estão acontecendo como gostaria, é hora de parar e refletir em oração. Não decida bruscamente na hora da ira, nem faça promessas na hora da emoção. A agitação emocional pode levar a decisões precipitadas, que podem trazer consequências difíceis. Em vez disso, aprenda a tomar decisões guiadas pelo Espírito Santo, que age em um coração tranquilo e pacífico. É fundamental acalmar o coração antes de agir, evitando falar de forma impetuosa, reclamar, murmurar ou proferir palavras negativas. Se o que você vai dizer não for para edificar, prefira o silêncio.

Vá orar e abra o seu coração diante de Deus até que mágoas, ressentimentos e amarguras se dissipem. Confesse: "Senhor, minha vontade é desfazer tudo isso! Contudo, não seja feita a minha vontade, mas a tua". Quando o seu coração recebe a paz divina, Deus começa a operar uma transformação em seu interior, limpando feridas e trazendo clareza e direção. É nesse lugar de serenidade que a voz do Espírito se torna clara e poderosa dentro de nós.

Hoje, pergunte: "Senhor, qual é o caminho que devo seguir?". A resposta virá com uma paz, tranquilidade e alegria bíblicas, confirmando que você está sintonizado na frequência do Espírito Santo. Aquietar-se para ouvir a voz de Deus não é sinal de fraqueza, mas de maturidade espiritual.

Decidir biblicamente é escolher viver pela fé, e não pela vista.

Leia hoje

Salmos 148-149

Anotações

DECLARAÇÃO

Eu tomo decisões guiado pela paz e pela direção do Espírito Santo.

O TESOURO QUE HABITA EM VOCÊ

"Aos quais Deus quis dar a conhecer qual seja a riqueza da glória deste mistério entre os gentios, isto é, Cristo em vós, a esperança da glória."

• Colossenses 1.27 •

O maior tesouro que carregamos não é algo físico, mas espiritual: Cristo habita em nós.

Leia hoje
Salmos 150

Anotações

O maior tesouro que carregamos não é algo físico, mas espiritual: Cristo habita em nós. Esse mistério, oculto por séculos, foi finalmente revelado por Deus. A presença de Cristo em nosso interior é uma realidade poderosa, sobrenatural e transformadora. Quanto mais entendemos o que Jesus fez na cruz, maior é a profundidade da nossa fé e mais forte se torna a nossa confiança. A Cruz é o ato máximo do amor do Pai, que nos concede não apenas perdão, mas uma nova identidade.

Por um lado, quando tratamos a Cruz como algo comum, nossa fé enfraquece e acabamos perdendo a percepção do cuidado, proteção e amor divinos. Por outro, reconhecer que Cristo vive em nós é saber que nunca estamos sozinhos; ele nos fortalece, guia e restaura. Essa presença é fonte de esperança, força e alegria inabaláveis.

Por isso, valorize esse tesouro. Mantenha-se conectado a Cristo, alimentando sua alma com a Palavra e em oração, para que a esperança da glória se manifeste em cada área da sua vida. Hoje, celebramos que Deus quis nos dar a conhecer a riqueza da glória, que é Cristo em nós!

DECLARAÇÃO

Sou cheio da glória de Cristo, a esperança viva que habita em mim.

VALOR REVELADO NA IDENTIDADE

"Porque pela graça sois salvos, mediante a fé; e isto não vem de vós, é dom de Deus."

• Efésios 2.8 •

O valor de algo está profundamente ligado à sua origem e àquele a quem pertence. Um violino antigo pode parecer comum, mas se for um *Stradivarius*, carrega em si o selo de um mestre e um valor inestimável. Assim também somos nós: mesmo quando nos sentimos desgastados ou sem brilho, nossa essência revela que pertencemos a Deus. Fomos salvos pela graça, não por méritos ou aparência externa, mas porque Cristo, o maior tesouro, habita em nós.

Essa verdade muda nossa perspectiva. Não precisamos conquistar nosso valor ou aprovação por esforço próprio, porque a salvação e a identidade que recebemos vêm da graça, o dom imerecido de Deus. Ele nos criou para vivermos a partir do descanso, não da exaustão. Confiar em sua obra, e não em nosso desempenho, liberta-nos da pressão de "merecer" e nos coloca num lugar de paz e confiança.

Quando vivemos conscientes de que somos filhos amados e salvos pela graça, passamos a caminhar com segurança, mesmo em tempos difíceis. O olhar do Pai nos reveste de dignidade, e nossa identidade se firma não nas circunstâncias, mas na fidelidade dele. Somos preciosos, não por aquilo que fazemos, mas por quem habita em nós.

Nosso valor está em Cristo, que habita em nós com poder e glória.

Leia hoje
Salmos 1-2

Anotações

DECLARAÇÃO

Sou precioso aos olhos do Senhor, revestido da glória e da graça dele, e isso é dom de Deus.

DEUS VEIO ATÉ NÓS

"Porque um menino nos nasceu, um filho se nos deu; o governo está sobre os seus ombros; e o seu nome será: Maravilhoso Conselheiro, Deus Forte, Pai da Eternidade, Príncipe da Paz."

• Isaías 9.6 •

O menino que nasceu é o Rei que reina. Seu trono é a cruz, o seu cetro é o amor.

Leia hoje
Salmos 3-4

Anotações

O Natal é o anúncio de que Deus decidiu vir até nós. Não foi o homem que subiu até Deus, mas este se inclinou até o homem. Ele se fez carne. Ele entrou na nossa história. Aquele que sustenta todas as coisas pela Palavra do seu poder foi colocado numa manjedoura. O Criador se fez criatura. O Eterno entrou no tempo. O Santo se fez pecado por nós.

Hoje, lembramos que Jesus nasceu para morrer. A manjedoura aponta para a cruz. Ele veio para cumprir a missão do Pai, para salvar o que estava perdido. E o que era impossível aos homens, Deus o fez. Por isso, a graça começa ali, no nascimento do Filho, e culmina no "está consumado" da cruz. No Natal, celebramos a chegada da graça, não como um conceito, mas como uma pessoa. A graça tem nome, tem rosto, tem mãos furadas e um lado traspassado. No Natal, a justiça de Deus começou a ser revelada, não como juízo contra nós, mas como favor imerecido em nosso favor.

O menino que nasceu é o Rei que reina. Mas o trono dele é a cruz, e o cetro dele é o amor. Ele não veio para ser servido, mas para servir e dar a sua vida em resgate de muitos. Esta é a glória do Natal: Deus não nos deu uma religião, deu-nos seu Filho. Ele não nos deu um método, deu-nos uma Pessoa. Ele não nos deu regras, deu-nos graça.

Hoje, neste Natal, descanse no que ele fez. Receba o presente eterno da salvação e diga com fé: "Senhor, obrigado porque vieste até mim".

DECLARAÇÃO

Hoje, celebro o Natal com fé: o Filho me foi dado, e eu recebo com alegria o presente da graça.

EDIFICANDO EM PAZ E DESCANSO

"Porém a mim o Senhor, meu Deus, me tem dado descanso de todos os lados; não há nem inimigo, nem adversidade alguma. Pelo que intento edificar uma casa ao nome do Senhor, meu Deus, como falou o Senhor a Davi, meu pai [...]."

• 1Reis 5.4-5 •

A Palavra revela que, para edificar algo sólido, duradouro e frutífero, é preciso estar em um lugar de descanso. Davi, apesar de ser um homem segundo o coração de Deus, não pôde construir o templo porque era um homem de guerra. Seu coração estava em batalha, e um guerreiro não está no ambiente adequado para edificar. Mas seu filho, Salomão, um homem de paz e descanso, recebeu essa missão. O nome "Salomão" vem da palavra hebraica *shalom*, que significa paz, harmonia, plenitude. Ele também foi chamado de "Jedidias", que quer dizer "filho amado". Essas designações indicam o ambiente espiritual ideal para construir: um coração tranquilo, pacífico e alinhado com Deus.

Você, hoje, é chamado para viver essa mesma realidade. Como filho amado, você é convidado a permanecer em paz, porque é desse lugar que se edifica com firmeza e sabedoria. Edificar a vida, o casamento, a família, o ministério ou qualquer sonho exige essa atmosfera de serenidade e confiança. Quando o coração está em guerra, o medo, a ansiedade e o desgaste impedem a construção sólida. O descanso espiritual é o solo fértil onde a edificação cresce e permanece.

A certeza da obra consumada por Cristo nos dá essa paz. Tudo já foi conquistado na cruz, e por isso podemos avançar confiantes. Deixe o Senhor ser seu descanso e fortaleça sua fé para edificar o que ele preparou para você. Confie, permaneça e avance em paz.

Filhos amados edificam o Reino de paz.

Leia hoje
Salmos 5-6

Anotações

DECLARAÇÃO

Descanso em Deus e construo minha vida sobre a paz que ele me dá.

A ALIANÇA DA PAZ

"Porei nas nuvens o meu arco; será por sinal da aliança entre mim e a terra."

• Gênesis 9.13 •

A paz do Espírito nos guia em cada passo rumo ao recomeço.

Imagine o cenário em que Noé e sua família se encontravam após o dilúvio: o mundo devastado, tudo parecia ter chegado ao fim, mas eles permaneciam na arca, aguardando um sinal de Deus para saber se poderiam começar de novo. A pomba, símbolo do Espírito Santo, retornou trazendo uma folha nova de oliveira, uma pequena e delicada promessa de vida e restauração. Essa folha representava a diminuição das águas da destruição e o início de um novo tempo de esperança. Na cultura bíblica, a oliveira é símbolo de paz, unção e prosperidade, tudo o que Deus deseja derramar sobre nós.

A aliança que Deus fez com Noé continua sendo um lembrete de sua fidelidade eterna. Sempre que vemos o arco-íris, devemos nos lembrar de que Deus prometeu nunca mais destruir a terra por água e de que ele está conosco em todos os momentos, mesmo nos tempos mais difíceis. A paz do Espírito é essa certeza que nos guia e traz conforto e direção clara em meio à incerteza da vida.

Portanto, quando sentir a paz invadir seu coração e o Espírito falar ao seu íntimo, não hesite: confie. Deus está fechando ciclos difíceis e abrindo portas de bênção e renovação para você. Seja guiado pela paz que só ele pode dar, avançando com fé e esperança, pois o seu recomeço está próximo, cheio de vida, unção e vitória.

Leia hoje

Salmos 7-8

Anotações

DECLARAÇÃO

Confio no Senhor e sigo guiado pela sua paz que renova minha vida.

O TEMPO DE DEUS É SEMPRE O CERTO

"À tarde, ela voltou a ele; trazia no bico uma folha nova de oliveira; assim entendeu Noé que as águas tinham minguado de sobre a terra."

• Gênesis 8.11 •

A primeira vez que a palavra "tarde" aparece na Bíblia traz um significado especial. No hebraico, a palavra *et* indica "no tempo certo", "na hora exata", "no momento adequado". A pomba retornou à tarde, não por acaso, mas no momento que Deus havia determinado. Isso nos ensina uma lição poderosa: mesmo quando tudo parece incerto e caótico, o Espírito Santo nos guia e posiciona exatamente onde precisamos estar, no tempo certo.

Essa verdade se reflete também na cruz. Jesus morreu à tarde, por volta das três horas, cumprindo o segundo sacrifício do templo. Ele declarou: "Está consumado", mostrando que toda a obra redentora de Deus acontece no tempo exato e perfeito. A fé na obra consumada de Cristo nos posiciona espiritual, emocional e até fisicamente no lugar e no momento que Deus planejou para a nossa vida.

Por isso, mesmo quando não entendemos o que está acontecendo, podemos descansar e confiar que Deus está no controle. Ele está preparando o caminho e nos conduzindo com sabedoria, para que alcancemos a vitória no tempo certo. Não adianta forçar ou apressar as coisas; Deus trabalha com perfeição. Sua vida está sendo vivida no tempo certo e a bênção chegará no momento certo. O seu Deus não falha nos propósitos que tem. Lembre-se: ele não se atrasa!

O Espírito Santo nos guia e posiciona exatamente onde precisamos estar, no tempo certo, no lugar exato.

Leia hoje
Salmos 9-10

Anotações

DECLARAÇÃO

Eu descanso na direção do Espírito Santo, sabendo que estou no tempo e lugar perfeitos para cumprir o propósito divino.

A PAZ COMO GUIA DO ESPÍRITO

"Ao cair da tarde daquele dia, o primeiro da semana, trancadas as portas da casa onde estavam os discípulos com medo dos judeus, veio Jesus, pôs-se no meio e disse-lhes: Paz seja convosco!"

• João 20.19 •

Os cravos nas mãos são a prova da paz conquistada.

João 20.19 aconteceu em um momento de grande temor. Os discípulos estavam escondidos, trancados por medo das autoridades, abalados pela crucificação de Jesus e confusos sobre o futuro. É nesse cenário de portas fechadas e corações aflitos que Jesus ressurreto aparece entre eles e declara: "Paz seja com vocês". Essa não foi apenas uma saudação, mas uma liberação espiritual, era a presença do Príncipe da Paz dissipando o medo e restaurando a confiança. Assim também acontece conosco: mesmo em meio à insegurança, o Espírito Santo nos conduz por meio da paz, sinal de que Jesus está presente e de que um novo começo nos espera.

Antes de enviar os discípulos em missão ou lhes dar qualquer instrução, Jesus escolheu restaurar a paz em seus corações. Essa paz não significava ausência de problemas, mas presença real de Deus em meio às dificuldades. Ela nos fortalece, consola e prepara para o que está por vir. Viver em paz com Deus é viver sintonizado com o Espírito. É essa paz que acalma a mente ansiosa, fortalece a fé e guia nossas decisões. Quando a cultivamos, tornamo-nos sensíveis à voz de Deus e confiantes diante das adversidades.

Que essa paz, que excede todo entendimento, seja sua base firme hoje. Mesmo que as circunstâncias sejam incertas, permaneça tranquilo: Jesus está com você, e onde ele está, há segurança, direção e vitória. Lembre-se: paz seja com você!

Leia hoje
Salmos 11-12

Anotações

DECLARAÇÃO

Eu recebo a paz de Cristo, caminho em confiança e sigo a direção do Espírito Santo em todas as áreas da vida.

PERDÃO QUE RESTAURA O LAR

"Suportem uns aos outros e perdoem as queixas que tiverem uns contra os outros. Perdoem como o Senhor os perdoou."

• Colossenses 3.13, NVI •

A família é o lugar onde mais amamos, mas também onde mais nos ferimos. Palavras lançadas no impulso, atitudes impensadas, silêncios que se alongam, a rotina que gera indiferença, dias de emburrar a cara — tudo isso corrói a paz no lar. Conflitos são naturais, mas a saúde de uma família não está na ausência deles, e sim na prática constante do perdão. Pedir perdão exige humildade; perdoar, obediência. Ambos são essenciais para que nossa casa seja um reflexo real da graça que recebemos de Deus.

Deus nos perdoou enquanto estávamos longe, quebrantados e errados; ele fez isso sem exigir méritos de nós. Do mesmo modo, somos chamados a perdoar dentro do lar, não porque o outro mereça ou se desculpe "do jeito certo", mas porque fomos alcançados por um amor que transforma. O perdão destrói mágoas, dorruba muros e restaura relacionamentos. Quando pais se humilham perante os filhos e casais buscam reconciliação na oração, o Reino de Deus se manifesta na casa.

Se, hoje, o orgulho o está impedindo, que o Espírito Santo o inspire a dar o primeiro passo. Uma palavra, um gesto, um abraço sincero. Que o perdão deixe de ser exceção e se torne a cultura dentro de sua casa. Assim, a presença de Deus permanecerá e a paz se firmará. Lembre-se: perdoar e pedir perdão são elementos fundamentais ao iniciar e finalizar ciclos. Viva a cultura do Reino em seu lar hoje!

O perdão desarma a mágoa, quebra muros e reata vínculos.

Leia hoje
Salmos 13-14

Anotações

DECLARAÇÃO

Como fui perdoado, perdoarei. Como Cristo espera de mim, também pedirei perdão. E Deus será glorificado em minha casa.

EIS QUE TUDO SE FAZ NOVO

"Esqueçam o que se foi; não vivam no passado. Vejam, eu farei uma coisa nova! Ela está prestes a acontecer! Vocês não a percebem? Até no deserto vou abrir um caminho e riachos no ermo."

• Isaías 43.18-19, NVI •

A chave para este novo ano não está em fazer mais, mas em confiar mais.

Deus é especialista em recomeços. Ele não se limita ao calendário, mas usa cada novo ciclo para nos lembrar que está fazendo algo novo. Hoje, um novo tempo começa, não porque está mudando o ano, mas porque a graça continua sendo a resposta. O que passou, passou. A Cruz já apagou o passado. E diante de você há um caminho de favor, aberto em meio ao deserto.

Talvez você tenha encerrado o ano com expectativas frustradas ou dores não resolvidas. Mas o Céu não está em silêncio. O Pai não desistiu de você. O mesmo Deus que o sustentou até aqui já preparou suprimento para cada novo passo. Onde você vê impossibilidade, ele vê um caminho. Onde há sequidão, ele promete riachos. A chave para este novo ano não está em fazer mais, mas em confiar mais. A fé não é um esforço, é um descanso. O maior milagre não é ver tudo mudar ao redor, mas saber que, mesmo sem ver, você está seguro. Você não precisa carregar pesos antigos. O Senhor está dizendo: "Esqueça o que se foi e olhe para a cruz".

Hoje é dia de alinhar o coração com o novo ciclo que o Pai preparou e que, em breve, se iniciará. Receba a abundância da graça para reinar em vida e glorificar a Deus. Deixe o Espírito Santo guiar seus passos e a Palavra encher sua mente. Prepare-se para viver o favor imerecido de forma visível, concreta e contínua. O melhor de Deus não ficou no passado, está diante de você: é Cristo.

Leia hoje
Salmos 15-16

Anotações

DECLARAÇÃO

Em Cristo, o velho passou; o novo chegou. Eu recebo, com fé e descanso, um ano de graça e abundância.

Parabéns! Você completou uma jornada extraordinária.

Talvez ainda não perceba, mas algo precioso aconteceu: você foi profundamente transformado por dentro. Com o tempo, os frutos dessa mudança se tornarão claramente visíveis.

As palavras que leu aqui não passaram apenas pelos seus olhos, elas alcançaram o seu coração e iniciaram uma obra silenciosa, firme e poderosa. Continue se alimentando da verdade bíblica que recebeu, pois ela é viva, eficaz e continuará produzindo fé, cura e liberdade em sua vida.

Depois de 365 dias mergulhando na Palavra, sua mente foi renovada, suas convicções fortalecidas e sua esperança enraizada. Você está mais forte do que imagina. A graça de Deus o envolveu em todos os momentos, e o Espírito Santo está agindo com poder em você.

Agora é tempo de agradecer. Separe alguns minutos para orar com gratidão e reconhecer que tudo o que recebeu veio do Pai, que é bom, fiel e generoso. Ele é a fonte de toda transformação e, aos que se rendem com humildade, concede ainda mais graça.

Guarde no coração tudo o que aprendeu nesta jornada. Lembre-se de que você é perdoado, amado, justificado e filho de Deus. E creia: permanecendo em Jesus, você pode desfrutar de dias cheios de vida, alegria e liberdade. Viva isso com fé e ousadia. Viva de maneira vitoriosa!

Anotações

Anotações

Anotações

Anotações

Anotações

Esta obra foi composta em *Georgia*
e impressa por Gráfica Leograf sobre papel
Offset 70 g/m² para Editora Vida.